马克思主义大众化传播方略

任素琴　主　编
马成瑶　副主编

中国传媒大学出版社
·北京·

目录
CONTENTS

第一章　传媒与马克思主义大众化

当代的人们生活在信息社会里，处在信息的包围中。信息已如同衣服与食物一样，成为人们生活中不可缺少的部分。信息主要是通过媒介来传播的。传播媒介的发展，使信息得到更加迅速的传播和更加充分的利用。

传媒的特征决定着它处在意识形态领域的前沿，在构建社会的精神生活和主流价值观方面，在推进人们思想意识改变和推动社会民主、法治进程以及提高国民素质方面，发挥着关键性的作用。随着社会经济的快速发展和科学技术的不断进步，信息的传递和获取越来越快捷，传媒的作用也越来越突出。信息技术的不断突破，使得大众传媒不仅在一个主权国家产生影响，而且在各个国家之间也产生着巨大的影响。传播技术的发展已使得传媒影响的范围遍及全球。人类自有文字记载的历史以来，传媒从未像今天这样广泛、深刻、密切地影响着人们的生活，甚至在某些情况下发生着决定性的影响，而且这一趋势将不以人们的意志为转移地发展和扩大。传媒建设已与物质生产和精神生产一样，直接影响着人类社会文明的进步。建设好、发展好传媒业，关系着国家和民族发展的大局，关系着经济社会发展的进程，关系着国家社会的长治久安。因此，促进传媒业的健康发展也就成为当代世界各国经济与社会发展的重要目标之一。

一、传媒的性质与时代特征

（一）传媒的性质

什么是传媒？传媒是"传播"和"媒介"的合成词，既是指具有承载信息传播功能的物质，如报纸、杂志、广播、电视等；又是指从事信息采集、加工、制作和传播的社会组织，如广播电台、电视台、报社、通讯社等。就其本质属性来说，传媒是一定的社会经济基础通过传播手段的反映。历史唯物主义认为，在社会发展的基本矛盾中，生产力决定生产关系，经济基础决定上层建筑，而传媒在整个社会组织中属于上层建筑的范畴。传媒具有意识形态的属性，它是意识形态的一个组成部分。传媒组织及其业务活动，是传媒这一意识形态的物质载体。经济基础的性质决定着传媒业的性质。传媒同哲学、文学、艺术、宗教等社会意识相比，具有更加强烈的政治性。传媒较其他意识形态对经济基础的作用更加直接，对社会生活的反映更加迅速、范围更加广大、影响更为重要。传媒通过其特有的信息传播手段为社会经济基础服务，成为推动社会经济基础发展和完善的重要力量。

（二）传媒的社会性和阶级性

传媒具有鲜明的社会性和阶级性。传媒业要面向整个社会，为各个阶层的社会大众提供信息服务。在人类发展的进程中，尤其在近代以来，大众传媒已经彰显了极其突出的社会整合功能和社会服务功能。同时，社会的发展和环境的变迁，也决定着传媒的变化和调整。在阶级社会里，传媒组织和传媒从业人员在信息传播的过程中，表现出特定的立场和观点，代表一定的阶级利益和要求，为一定的阶级和政治集团服务。传媒业一般是由在社会上占统治地位的阶级所支配的。统治阶级利用自己的政治地位和雄厚的物质力量，通过各种手段来影响、掌握、控制报刊、广播、电视、通讯社、网络等传媒机构，传播统治阶级的意志，使之成为在社会上占统治地位的思想。诚然，被统治的阶级也会千方百计通过合法或非法的方式，利用传媒宣传自己的思想和主张，但在统治阶级的制约下，其影响力微弱，难以成为社会的主流意识形态。

中国的传媒业是建立在以公有制为主体的社会主义经济基础之上的，这就决定了传媒业的性质是党和人民的事业，而不是个别人或个别团体的私有财产。传媒业是社会主义事业的重要组成部分，坚持党管媒体、始终为人民服务是社会主义传媒业的根本准则。我们党的革命领袖把媒体称为党和人民的“哨兵”与“号手”，这是对新闻传媒性质形象化的概括。这表明新闻传媒是党和政府的宣传机关，必须在政治上与党和政府保持高度一致，必须绝对服从党的领导。从中央到地方的各级党委都要高度重视并经常研究、指导新闻传媒的工作。传媒工作者忠于党和人民的主要表现是自觉接受党的领导。传媒工作一旦脱离了党的领导，就如同轮船在大海中迷失了航向。广大传媒工作者要在思想上、政治上自觉与党保持一致，在工作中自觉贯彻党的要求，在报道、编辑、出版、播音、主持等具体工作中，要全心全意完成党交给的任务，尽职尽责做好各项宣传报道。新闻传媒应当把体现党的意志和反映人民的心声统一起来，当好党和人民的“耳目”“喉舌”，特别是在危难时刻、紧要关头，更要把党和人民的利益放在首位，能够及时准确地为党、政府和人民提供国内外的真实信息；及时准确地宣传党和政府的路线、方针、政策；及时准确地反映人民群众的意见、呼声、要求，这是社会主义传媒业区别于其他社会条件下传媒组织的根本标志。

（三）传媒的时代特征

马克思主义产生已经 170 多年，而在 21 世纪的今天，怎么使马克思主义与时俱进？

第一，就是要突出时代特征。当代中国和当代世界发生了深刻的变化、变革与调整，向我们提出了许多新的问题，需要我们认真地思考、积极地回应。马克思主义作为一种开放的思想体系，始终和世界的发展紧密联系在一起，始终和人类文明的进步联系在一起，它要顺应时代的潮流，把握时代的特征，体现时代的要求，回答时代的课题。

第二，就是要深刻把握国情。毛泽东指出："认清中国的国情，乃是认清一切革命的基本的根据。"[①]这一点特别重要，因为毛泽东思想的产生就是和中国革命的实践、中国社会主义建设的实践以及中国的国情联系在一起的。邓小平指出："党的十三大要阐述中国社会主义是处在一个什么阶段，就是处在初级阶段，是初级阶段的社会主义……一切都要从这个实际出发，根据这个实际来制订规划。"[②]这个论述，第一次把社会主义初级阶段作为基本国情加以把握，明确了这一问题是党制定路线、方针、政策的出发点和根本依据。所以，我们今天坚持和发展中国特色社会主义，也要了解中国的国情，特别是要把握我们仍然处在社会主义初级阶段这个最大的实际特征。

第三，就是要紧密结合实践。马克思提出："全部社会生活在本质上是实践的。"[③]对于马克思主义中国化来讲，实践是基础，实践是主题，实践是主线，实践是主渠道，离开了实践，马克思主义中国化就无从谈起。那么，今天我们改革开放建设中国特色社会主义也要紧密结合中国的实际，今天最大的实际就是要推进改革开放，就要更加注重以人为本，把人民群众的根本利益实现好、维护好、发展好。

第四，就是要强化问题意识。马克思主义不是一种书斋哲学，它的本质是实践的、革命的、批判的。要充分认识世界大变革、大发展、大调整产生的重大影响，充分认识国际金融危机对世界经济的严重影响，充分认识防止全球变暖、低碳经济对各国经济与社会发展的深远影响，从而更好地应对新形势、把握新变化、做出新判断、提出新思想，为进一步推动改革开放，建设和发展中国特色社会主义提供理论支持。

---

① 毛泽东. 毛泽东选集(第 2 卷)[M]. 北京：人民出版社，1991：633.

② 邓小平. 邓小平文选(第 3 卷)[M]. 北京：人民出版社，1993：252.

③ 马克思，恩格斯. 马克思恩格斯选集(第 1 卷)[M]. 中共中央马克思恩格斯列宁斯大林著作编译局，译. 北京：人民出版社，1995：135.

为社会主义服务既是中国传媒事业的政治任务，也是传播活动的指导思想。它要求传媒组织和机构在传播活动中，必须以社会主义思想体系为指导，坚决抵制和反对腐朽思想及落后观念，自觉宣传党和国家的路线、方针、政策。在我们国家，传媒为人民服务和为社会主义服务是一致的，坚持了为社会主义服务的方向也就是坚持了为人民服务的方向。

随着中国特色社会主义事业的发展以及社会主义市场经济体制的不断完善，新时期的传媒业具备了双重属性。在改革开放初期，国家就批准新闻媒体可以实行"事业单位，企业管理"的运营方针，社会主义传媒事业开始兼有了事业性和产业性的双重属性。一方面，传媒事业的意识形态性质决定它必须服从党的绝对领导，当好党和政府的"号手""喉舌"；另一方面，在管理上可以采取企业的方法，自主经营，自负盈亏，依法纳税。这样，既在政治建设方向上恪守党性原则，又在经济上依法按照社会主义市场经济规律行事。产业属性为社会主义传媒事业的发展提供了资金支持。坚持双重属性的方针，形成了社会主义传媒事业蓬勃发展的大好局面。

时代的发展不断突破着我们对于传媒的认知，更新着我们关于传媒的理念。从世界范围来说，当代传媒的社会境况及新的特征已与传统传媒有着显著的不同。

1. 当代传媒是全球化时代的传媒

恩格斯说："资产阶级，由于开拓了世界市场，使一切国家的生产和消费都成为世界性的了。"①经济的全球化、区域问题的全球化，促使各种文化相互碰撞、交流、吸纳和融合，人们的全球化意识日益强烈。一国政府已无法单纯依据本国的需要和条件设定发展目标，而置其他国家的利益或全球公共利益于不顾，因此，必须更多地从全球化的角度来选择本国可能的发展目标。世界人民因全球化问题而形成了一个相互依存的命运共同体。因而，全球化问题越来越受到媒体的关注。大众传媒的传播内容、传播对象、机构设置和活动空间也已全球化，现代传媒日益关注全球各地的发展，致力于全球问题的解决，并形成了广泛的国际多边合作机制与载体。

2. 当代传媒是信息时代的传媒

以微电子、计算机、通讯、网络等技术为标志的信息技术革命，深刻影响和改变着当代人们的经济生活、政治生活、文化生活等全部社会生活。信息化、网络化、数字化已成为当代传媒的发展趋势，公共性、多元交互性、开放性、自主性已成为当代传媒的

---

① 马克思，恩格斯. 马克思恩格斯选集(第1卷)[M]. 中共中央马克思恩格斯列宁斯大林著作编译局，译. 北京：人民出版社，1995：404.

显著特征。以信息技术为基础的大众传媒，其传播速度更快、覆盖面更广、报道内容层次更深、影响更大，并已成为人们生活中一种极其重要的社会构成。

3. 当代传媒是具有超级影响力的传媒

新世纪以来，媒体地位大大提高，在社会上享有极大的公信力。以报刊、广播、电视、网络为支撑的各种媒体相互叠加、高度融合，往往形成能够左右一个区域乃至国际社会的力量，各国都把媒体作为组织社会、动员社会的有效手段。有人惊呼，媒体全球传播所形成的意识形态方面的诉求，已经构成由军事、经济等物质杠杆所代表的"硬实力"之外的一种新型力量——"软实力"，并已成为影响全球政策的主要力量。当代媒体在社会上扮演了举足轻重的角色。社会生活、国家秩序、世界和平在媒体的平衡擎制中走向了高度文明，科技的进步推动着传媒引领社会走向数字化，传媒所构筑的"地球村"真正还原了人类的旷世梦想。媒体不但是信息，是文化，也是生活；人类在媒体营造的和谐世界中实践着和平与发展。

4. 当代传媒是非对称发展的传媒

在经济全球化的进程中，无处不在的西方文化产品充斥着世界，尤其是发展中国家，西方文化观念和西方文化习俗日趋全球化。美国文化占据了全球大众文化的主导地位。美国凭借优势，特别是在多媒体、互联网、卫星电视等方面的强大实力，积极打入他国文化市场，进行文化渗透。同样，在新闻领域，实力雄厚的发达国家也居于垄断地位，信息传播的不对称，国际舆论传播"西强我弱"的格局，是当代传媒无法回避的现实问题。当代传媒将呈现出统一性和多样性共存、撞击与交流互动、机遇与挑战并行、先行与后发同在的发展局面。

二、传媒的传统职能

在日益全球化的今天，人们生活在同一个"地球村"里，对传媒的依赖是不言而喻的。大众传媒也以它无形的巨大影响力，渗透到社会生活的每一个角落，从而在潜移默化中改变着人们的生活环境、生存理念、思维方式和价值取向。

（一）传播信息、反映现实

传播信息、反映现实是大众传媒最基本的作用。美国报业巨子普利策曾经说过："如果说国家就是一艘船，新闻记者就是站立在船头上的眺望者。他要注意来往船只，以及在地平线上出现的任何值得注意的小事。他要报告漂泊的遇难者，以便将其救起。他要透视雾幕和风暴,以便对前途的危险提出警告。”而传媒人就是这样的眺望者。

在复杂多样的社会环境中,人们为了更好地生存和发展,迫切需要知道近在身边的事情,也需要了解更大范围乃至全世界的事情。人们接触传媒机构的目的,也就是想通过这一渠道,来获取关于社会和自然界的信息,以便认识、了解社会和周围环境,调整自己的行动。传媒业正是以现代化的传播手段,及时地向人们传递着各种各样的信息,使人们了解周围世界的真实情况。传媒已成为现代人生活、工作、决策不可缺少的工具。如果传媒机构丧失了对新事物、新情况、新问题、新人物的传播和描述,丧失了向人们提供认识社会和自然的作用,也就失去了自身存在的价值。当前,传媒机构数量不断增多,规模日益扩大,传播手段快速进步,使人们对提供信息服务的媒体有了更多的选择余地。这就要求传媒组织和机构必须不断提升信息传播的能力,以适应人们及时、准确、全面了解政治、经济、文化、社会等各类信息的需要。

今天,传媒业面对的是开放的、充满活力的社会,必须把立足点转移到面向群众上来,牢固树立“受众第一”的观念,依托受众的欲知需求去采编和传播。要准确掌握和了解受众的心理,在满足受众获得性、自主性、参与性心理上狠下功夫,提高信息传播的质量。作为党和政府的“耳目喉舌”和联系群众的纽带,传媒组织要及时地将上级的信息迅速传递给广大人民群众,将广大人民群众的信息及时地传递给上级,使民主决策良性互动,党的纲领、路线、方针、政策能够密切联系实际,更好地贯彻执行。传媒还应当将人民群众在社会实践中创造出来的光辉业绩,涌现出来的英雄模范,在全社会传播开来,大力弘扬;将人民群众遇到的问题、提出的建议和要求,及时地放到社会公共议题里进行解决,只有这样,传媒在现代社会里才能发挥应有的作用。

(二)宣传鼓动、教育引导

宣传鼓动、教育引导是大众传媒的另一个重要作用。传媒在传播信息的同时,总是对一定阶级和社会制度的思想进行宣传,向公众灌输符合一定阶级的意识形态。传媒传播的信息也往往经过把关选择,不可避免地包含着特定的观念、价值和意识形态。任何国家、任何政党以及各种利益集团都把传媒当成宣传自己主张、发挥影响力和维护自身利益的工具。通过传媒的宣传鼓动,组织和动员人民群众的力量是夺取革命及建设胜利的一条基本经验。无产阶级革命领袖十分重视传媒的宣传作用。毛泽东一生为党报党刊写下了大量的评论、消息和理论文章,他认为,党报党刊就是教育人民、培养干部的“学校”。邓小平把能否开展批评与自我批评作为办好报纸的标准之一,他认为:“报纸最有力量的是批评与自我批评。”①实践经验表明,搞好宣传教育是传媒发挥“耳目喉舌”作用的重要体现。传媒在形成和引导舆论方面,也有着巨大的不可替代的作用。马克思曾经指出,报纸是作为社会舆论的纸币来流通的。报纸最适当的使命就是向公众介绍当前的形势、研究变革的条件、讨论改变的方法,形成舆论,给共同的意志指出一个正确的方向。

在现实社会中,人们由于经济利益、政治立场、价值观念、道德意识、思想情趣的不同,对重大事件和有争议的问题往往产生不同的意见与态度。为了社会的进步与和谐,必须协调、整合各种舆论,得出对社会发展有益的、比较一致的意见,用以统一人们的思想和行动。传媒机构可以通过对客观事实连续不断的报道,及时告诉人们关于事实的真相;可以通过发布重大事件,引起人们的普遍重视;可以通过对一些问题发表意见,对广大公众施加影响,从而引导他们的言论和行动,朝着有利于社会总体利益的方向发展,这是传媒极为重要的社会功能。

(三)舆论引导、舆论监督

舆论引导、舆论监督是大众传媒在社会生活中发挥的独特作用。传媒的公信力以及它在公众中的美誉度,在于它能够开展舆论引导、舆论监督;在于它能够揭露社会弊端,促进政府、政党、团体、企业等组织依法工作,提高工作效率等方面发挥着重要作用。邓小平指出:“要使我们党的报刊成为全国安定团结的思想上的中心。报刊、广播、电视都要把促进安定团结,提高青年的社会主义觉悟,作为自己的一项经常性的、基本的任务。”②他主张大众传媒要积极为社会主义现代化建设创造舆论环境。胡锦涛同志在视察人民日报社时要求新闻媒体,要坚持正确的舆论导向,提高舆论引导能力,营造良好的舆论环境,更好地发挥宣传党的主张、弘扬社会正气、通达社情民意、引导社会热点、疏导公众情绪、搞好舆论监督的重要作用。胡锦涛同志特别强调,要把提高舆论引导能力放在突出位置,进行深入研究,拿出切实措施,取得新的成效。大众传媒发挥舆论引导、舆论监督的作用,是建设社会主义和谐社会、发展社会主义民主制度的必然要求。

开展舆论引导和舆论监督,要着眼大局、围绕大局、服务大局。所反映的舆论问题应当符合绝大多数人的根本利益,不能为少数人或个别集团的利益舆论造势,也不能为了自身的利益而损害国家和人民的根本利益。舆论监督要把重点放在公众关注的

---

① 邓小平. 邓小平文选(第1卷)[M]. 北京:人民出版社,1994:150.

② 邓小平. 邓小平文选(第2卷)[M]. 北京:人民出版社,1994:225.

社会热点、焦点、难点问题上，尤其对那些关系国家和人民根本利益的重大问题，要旗帜鲜明地开展引导和监督。舆论监督的目的，是为了发现问题、正视问题、解决问题，总结经验，警示人民，而不能为了追求轰动效应而干扰大局。舆论监督既要敢于及时大胆地揭露社会弊端，又要大力宣扬社会的新事物、新风尚，激扬民气，凝聚民心。正确的、积极的舆论监督既是传媒的职责，也是人们信赖传媒的根本所在。

(四)传播知识、传承文化

传播知识、传承文化是大众传媒具备的一项天然功能。从一定意义上来说，大众传媒就是文化的一部分。人们获得间接知识主要有两个渠道，一是来自课堂和书本的知识；二是来自各种传播媒介。在信息高度发达的当今社会，大众传媒在传播科学技术和文化知识方面的作用越来越重要。媒体传播具有范围广、层次多、知识新、形式活的特点，正是这些特点决定了它比学校教育和家庭教育有着更加独特的优势。可以说在现代人的知识结构中，有相当一部分知识不是来自学校教育和家庭教育，而是来自大众传媒。在今天，人们可以随时随地收听广播、收看电视、阅读报刊、浏览网页，并通过它们获得知识。人们可以根据自身工作、学习和生活的需要，在大众传媒间选择所需的知识。大众传媒及时地向人们介绍新知识、新技术、新成果、新经验，大大缩短了知识的传播周期。离开了大众传媒，知识的进步和文化的发展是不可想象的。

目前，我国的科学文化水平还比较落后，国民的文化素质还比较低，通过大众传媒来提高整个社会的科学文化水平，增强全民族的文化素质是当前传媒组织的重要任务。传媒组织在传播科学文化知识的过程中，要坚持真实性、通俗性、科学性、思想性的原则，要实事求是、通俗易懂地将科学文化知识介绍给人们。要引导人们崇尚科学，追求事物发展的规律，探求客观真理，在改造客观世界的同时改造自己的主观世界。

(五)服务生活、服务社会

服务生活、服务社会是由大众传媒的特性所决定的。随着社会生产力的发展，社会公众物质生活水平和文化生活水平的不断提高，人们有更多的时间和精力享受休闲娱乐活动。在紧张的工作、学习之余，释放身心、缓解疲劳，调节精神状态，休闲放松等已成为人们生活的必需。接触传播媒介，是较为便捷、成本较低的休闲放松方式。当代的媒介产品十分注重审美功能，从制作印刷到画面音响都力求精美，尽量给人们以愉悦的感受。媒介产品的内容所反映出来的情趣，也能感染和陶冶受众的心情，调节人们的情绪，丰富人们的精神生活。不仅如此，传媒组织还提供了丰富多彩的娱乐性节目，使现代人在紧张的工作之余得到充分的休息调整。由此可见，娱乐与传媒结合的根本动因在于人们的需要。传媒的娱乐功能在当前受到前所未有的重视，成为吸引公众、扩大影响力的重要手段。但是，传媒在提供娱乐性服务的同时，必须坚持健康向上的原则，切忌迎合媚俗。如果为了追求经济效益过分地屈从市场，过分地依靠收视率、收听率、发行量等业务指标，可能会导致娱乐服务的低俗化，甚至会出现不健康的娱乐产品危害社会的精神文明建设。传媒服务社会的另一个方面是刊载广告。广告是传媒得以运行和发展的物质支撑，广告和传媒之间是良性互补的关系，传媒业的壮大和其公信力可以为广告提供更多更好的载体，与此同时，更多的广告又壮大了传媒业的实力。传播媒介为人们提供了认识和了解商品的便利条件，激发了消费需求，开拓了消费市场，促进了生产的发展。广告本身也含有很强烈的针对性、知识性、审美性信息，在指导消费、介绍商品的同时，也传播了一定的知识，增加了人们精神上的享受。

三、传媒与政治、经济、文化

（一）传媒与政治

传媒与政治都属于上层建筑的范畴。传媒与政治既有相同点也有不同点，相同点就是二者都是以民众为对象的，二者都在关注社会焦点问题。政治的目标是能够拥有最多的民众，传媒的目标也是能够拥有最多的受众。传媒的特点是追求信息效果最大化，这一特点决定了传媒对社会焦点、热点问题的关注。如果一件事情能够引起全社会大众都来关心，那它就是社会的焦点、热点问题。而对于政治来说，一件事情能够引起社会大多数人的关注，必然会影响到全社会的平衡稳定或变革发展，必然会牵扯到最大多数人的利益，肯定也是社会焦点、热点问题。在关注社会焦点、热点问题上，传媒与政治是相通的。

传媒与政治也有不同点，这就是传媒遵循信息传播的规律，政治遵循政党活动的规律。信息传播的规律是追求传播效果的最大化，传播的面越大越好，传播的速度越快越好。政治则不同，虽然政治也追求民众的最大化，但永远不追求信息的最大化，而是根据需要，该大则大，该小则小。政治的进程也是根据需要，该快就快，该慢就慢。一般来说，政治要求社会稳定，不希望社会动荡；政治要求对信息进行引导。政治主体千方百计地用自己的世界观、价值观引导社会意识，并按此改造社会。传媒与政治的各自特征决定了它们之间是对立统一、矛盾互补的关系。

传媒是人类社会物质生产和精神生产发展到一定阶段的产物，自它产生出来，就深深地打上了政治的烙印，可以说，传媒与政治有着天然的联系，特别是在阶级斗争激烈的时期，传媒成为政治的手段，政治成为传媒的灵魂。尤其是近代以来，政治局势变化直接影响着传媒的命运，政治制度也制约着传媒的内容取舍和发展规模。可以说，传媒与政治密不可分，传播过程与政治进程也是相辅相成的。传媒影响着政治进程，而政治权力也决定着传媒传播的方向和内容。

在当今世界，无论任何社会制度的国家，都是通过控制大众传媒来实现对社会的控制的，这是十分普遍的做法。纵观世界政治发展进程，尽管一些国家特别是西方发达国家极力强调传媒自由，但实际上，大众传媒从来没有毫无限制的自由，它只是在一定限制条件下的自由。大众传媒面对社会责任，面对法律制约，面对政治势力的干预，不可能没有任何约束和限制。从目前来看，利用法律进行约束是政治权力对大众传媒进行控制的最主要的途径。随着人类文明的不断进步，现代国家的政府和政党组织，一般都是通过法律和政策来制约大众传媒的发展，即不再直接以行政手段硬性干预大众传媒的自由，而是通过法律手段规范大众传媒的权利与义务，使之满足于政治权力维护社会秩序的需要。

在社会主义制度下，国家要求大众传媒坚持社会主义性质，要维护社会主义制度，维护社会主义国家安全，维护正常社会秩序。社会主义国家的宪法以及专门的传媒法律法规，都对大众传媒的活动进行了限制和规定，大众传媒不得散布有碍国家安全、颠覆社会主义制度的言论。在重大新闻的处理上，要考虑社会的稳定和国家的稳定。同时，社会主义国家保障传媒言论自由，保障传媒从业人员的正当人身权利和采访、发表文章的自由，保障人民群众依法享有通过大众传媒发表意见和建议的自由。

在传媒与政治的关系中，虽然政治处在主导的地位，但是，传媒对政治的影响也是十分明显的，甚至是至关重要的。在现代社会中，信息流通已经成为政治生活中活动最频繁、最富有影响力的因素之一，大众传媒成了展示政治主张和政治实力的极佳舞台。大众传媒不仅提供了政治舞台和空间，使参与政治活动的主体得到一个表演的场所，而且使政治主体的主张和影响力得以迅速和广泛地传播开来，大众传媒在国家政治生活中起到了举足轻重的作用。具体表现为：

第一，大众传媒对政党政治的发展和走向产生重大影响。在媒体时代，政党在受众面前的竞争，往往不是直接而严肃的纲领方面的竞争，而是更多集中于政党的媒体形象。现代政治家要频繁地在本国甚至世界观众面前“登台亮相”，不具备良好的媒体形象是难以获得较高支持率的。现代政治选举似乎越来越呈现这样一条规律，谁在媒体面前表现得漂亮，谁就能够赢得选民的青睐。因此，如何应对大众传媒已成为现代政党必须面对的重要课题。西方一些政党越来越倾向选择善于同媒体打交道的人作为政党的领袖。为了争取选民，一些政党十分注意根据传媒的规律来修饰和包装自己的政策纲领，对政策性新闻进行精心组织和协调，根据政治需要塑造党的特定形象。有些政党在选举时期，专门成立工作小组，每日汇报、分析社会舆情，对紧急情况迅速提出对策。由此可见，大众传媒对政党政治影响之大。

第二，大众传媒对人们的政治行为选择产生重大影响。在现代社会，大众传媒的普及使人们对政治事件和政治人物的了解变得十分容易，参与政治、监督政治也变得十分容易。通过大量报道、聚集宣传，往往会大大提高某些事件或某些人物的社会影响，引起人们的高度关注，进而影响人们对特定事件和人物的看法，形成大众主流舆论。随着大众传播技术手段和物资设备的发达与丰富，大众传媒进一步扩大了影响范围和影响力度，一项具体的政治活动和政治行为，通过大众媒介的传播，很可能在全国乃至全世界产生重大影响。对一个事件的同时知晓，在政治上带来的直接后果就是使同一事件在不同的地方得到了相距遥远、互不认识的人们产生了相同的态度和立场，激发人们在政治行为上形成一致性。特别是当重大事件突然出现时，这种政治行为上的一致性更加容易形成。

第三，大众传媒已经渗透并影响到社会的日常政治生活。人们生活在社会中，思想观念和行为方式不断受到外界的影响，在收看电视、收听广播、浏览网页、阅读报刊的过程中，个人的政治生活态度和方式被不断改变。人们从媒体上得到有关的政治信息后，往往会采取一定的政治行动，或者通过大众传媒来表达意愿，或者直接策划其他形式的政治活动。由此可见，大众传媒对人们日常政治生活的渗透，在政治领域已经有具体化的影响了。

（二）传媒与经济

传媒作为人类社会物质生产与精神生产发展到一定阶段的产物，它的基础是经济，经济的发展影响或决定着传媒的发展。法国传播学家阿芒·马特拉曾经说过："传播推动着进步，成为经济增长和民主发展的测量仪。"[①]从大众传媒的发展历史来看，生产关系性质、经济发展水平、经济体制和经济政策都制约着传媒业的发展。在以公有制为主体的经济制度下，大众传媒掌握在人民大众的手中，为人民大众服务、为全社会服务是大众传媒的宗旨，大众传媒的受众面最广，大众传媒的发展最有保障。大众传媒的发展水平取决于经济的发展水平。经济越发达，大众传媒获得的物质和技术支持就越大。古登堡印刷术为大众化报刊提供了最初的技术支持。

---

① 马特拉.世界传播与文化霸权:思想与战略的历史[M].北京:中央编译出版社,2001:2.

人们对社会政治、经济、军事、文化等各方面信息的迫切需求，催生了近代社会的新闻传播业。无线电技术的出现，开辟了电子媒介的时代。作为军事技术而研发的互联网络，为了经济利益被广泛运用于民用通讯领域，并迎来了全新的信息时代。经济始终是传媒发展的主要推动力。由此我们可以看出，从传媒的产生到发展，从新技术的开发到新媒介的普及，经济永远是决定因素。社会生产力水平制约着传媒业的发展水平，这是一条客观规律。

传媒与经济之间，不仅是制约和决定的关系，而且是相互促进、相互推动的关系，尤其在当前的信息时代，大众传媒的信息生产活动对社会经济发挥着巨大的推动作用。各种经济活动的开展，需要大量的、及时的、准确的新闻信息。大众传媒通过对信息的收集、加工、制作、传播，引导社会生产和大众消费，推动生产的发展和人们生活水平的提高。大众传媒开展的舆论监督，对不公正、不公平的现象进行有力抨击，可以有效地监督社会的经济秩序。大众传媒对党和政府的路线、方针、政策的宣传，对先进生产技术和经验的传播，可以使人民群众加深对国家经济行为的理解，提高生产积极性和生产经营水平。同时，大众传媒也会得到公众的拥护和支持。大众传媒对经济的推动作用还凸显在广告信息的传播上。社会经济规模的不断扩大，必然导致市场的激烈竞争，而商业广告是实现经济活动目标的重要途径。大众传媒通过刊载、发布商业广告，满足公众的消费需求，增加商品的销售量，实现生产的集约化，刺激生产者对商品进行优胜劣汰，指导经济生产活动合理地进行，与此同时，个人的消费活动也能在大众传媒的指引下不断地趋向理性。

随着社会主义市场经济制度的确立和完善，我国的大众传媒也经历了市场化改革的进程，大众传媒的经营方针、经营体制、经营模式都发生了巨大的变化，并由政府拨款的事业单位逐步转变为独立经营、自负盈亏的市场经济主体。这一改革，不仅对增强我国传媒业的实力有着重要的意义，而且对我国的社会主义市场经济体制改革起到了深化作用。在传媒业蓬勃发展的今天，大众传媒要正确处理社会效益与经济效益的关系，正确处理政治属性和经济属性的关系，这是确保在市场经济条件下传媒业健康发展的重要环节。要坚持把社会效益放在第一位的原则，任何时候都不能动摇。在社会效益与经济效益发生冲突的时候，经济效益要无条件服从社会效益，同时，也要注重经济效益，如果没有经济效益，传媒业本身也难以得到发展。有了经济效益，传媒业才能改进装备、完善发展手段、培养技术人才。既有社会效益又有经济效益是大众传媒发展的理想境地，只有这样，传媒业才能更好地为社会主义服务、为人民大众服务。

（三）传媒与文化

从广义上来说，文化是人类社会物质和精神的生产能力及其创造的物质和精神的全部财富。从狭义上来说，文化是包括知识、信仰、艺术、道德、法律、习俗在内的一切社会意识形态。人类社会发展至今，产生了多种多样的文化形态，不同民族、不同地域、不同阶层都有自己的文化传统。文化之所以得以继承和发展，主要依赖于传媒，文化和传媒有着天然的密不可分的联系。可以说，传媒既是文化的一个组成部分，又是继承和弘扬文化的载体。“使社会遗产代代相传”是传媒的一个基本职能。在当今社会，传媒时时刻刻在传承着文化。本地域、本民族的乃至全球的文化形态与成果，通过传媒不间断地播出和出版，不间断地被继承、扬弃。与其他渠道的教育功能相比，报刊、广播、电视以及互联网中知识和文化的传播，具有更强的普遍性和广泛性。人们在接受正规学校教育之前以及在学校教育结束之后，通过接受传媒传播的文化融入更大的社会，自觉地成为社会文化的接受者。传媒成为文化变动着的、延续着的载体。在一定意义上，传播文化就是传播活动的历史。文化决定着传媒传播的内容与方式，有什么样的文化就有什么样的传媒。传媒受文化浸润的影响，反映文化、代表文化，并成为一定文化的“喉舌”。因此，有人认为，“一张报纸就是一个国家文化的一部日记，它默记着民族文化演变与变革的轨迹，预示文化进化与传播的趋势”。

传媒又是文化的引导者、塑造者，是形成新文化的重要手段。在今天，通过大众传媒，已构建了电视文化、音像文化、摇滚文化、流行文化等。作为人类物质文明和精神文明结晶的文化，不经过大众传媒是难以得到继承和发展的。大众传媒不仅塑造着新的文化，而且引导着人们的文化取向。大众传媒及时捕捉社会生活中的焦点、热点问题，满足社会公众的情趣、追求，让人们在潜移默化中接受文化，并在放松和娱乐中接受文化熏陶。大众传媒在塑造大众文化品格，丰富大众文化内涵，提高人民群众文化生活水平，提高全民族的审美素质和精神文明建设水平等方面，发挥着不可替代的作用。

诚然，在当今社会，人们不仅消费物质产品，同时也消费文化产品。随着生活水平的提高，社会大众对文化消费的需求有时甚至超过了对物质消费的需求。这种消费需求，往往在一定范围内呈现出一种以个体需求为内在基础，以吃喝玩、健康、旅游为外在表现形态的娱乐化倾向。而今天的大众传媒与商业活动、经济利益有着密不可分的关系，在利润最大化原则的驱动下，某些大众传媒的内容易变得粗俗，容易显示出享乐倾向和游戏特性。那些粗制滥造的文化垃圾不仅无助于人类精神境界的提高和心灵世界的升华，相反，会造成文化的低级倾向，严重降低社会公众的思想品位和文化修养水平。因此，这就要求传媒工作者必须走在时代的前列，代表先进文化的发展方向，坚持以马克思主义为指导，以培养有理想、有道德、有纪律、有文化的公民为目标，发展面向现代化、面向世界、面向未来的民族的、科学的、大众的社会主义文化，引导文化朝着积极的、健康的、和谐的、大众化的方向发展。

四、传媒与社会

当今的社会已成为信息的社会，“君子不出门，便知天下事”已变成现实。大众传媒作为当今社会中重要的信息生产系统，对其他社会系统产生着重要的影响，信息犹如人体的血液，传送着社会这个大的机体必需的生产要素。有了信息，各系统之间就会互通有无，保持紧密的联系。大众传媒的社会协调功能，集中体现在充分有效地传播社会发展所需的大量信息上。信息传播的越及时、越充分，社会分工、生产活动、科学实验就越发展，社会效益就越大。可以说，大众传媒信息功能是有序还是紊乱，直接影响着整个社会系统能否良性运作。

大众传媒对社会发展既有促进作用，也有消极作用，二者是辩证统一的关系。大众传媒在实现人的社会化方面也扮演着越来越重要的角色。在传统的社会里，人的社会化进程主要由家庭、学校、工作单位等社会组织担任，主要依靠人际传播、群体传播以及组织传播把人融入到社会中。而在现代社会，人的社会化进程主要由大众传媒来推动。进入 21 世纪以后，人们收听广播、收看电视、浏览网页、阅读书刊的时间几乎占去一天中三分之一的时间，大众传媒成为学校、家庭、工作单位之外最主要的教育渠道。各国政府及社会组织，普遍把大众传媒作为提高公民科学文化素质水平的手段。正如社会心理学家塔尔德在《模仿律》中所指出的，“社会行为不是发明就是模仿，而模仿占了主导的地位”。在当今时代，大众传媒的新闻报道、舆论引导和舆论监督，帮助人们在人生的每一个阶段，在家庭、学校、工作单位等不同场所学习、模仿，认同社会目标和价值取向。由此可见，大众传媒不仅仅传达着信息和知识，而且包含着特定的观念和价值。大众传媒不仅具有告知作用，而且具有指示性作用，对人的行为具有制约功能。

作为社会的信息传递系统，大众传媒首先是社会角色而不是政治角色。它在促进人的社会化进程中，有时也表现出负面影响。一方面，大众传媒提供大量的娱乐性节目，往往使人们沉醉其间，放弃对社会现实的思考；另一方面，一些表面化的信息又往往使人们难以认识事物的真正面目，丧失批判、鉴别社会的能力。正如英国作家赫胥黎在他的作品《美丽新世界》中所警示的那样：“在一个科技发达的时代里，造成精神毁灭的敌人可能是一个满面笑容的人。”

大众传媒是上层建筑的一部分，是以传播、沟通为使命的。大众传媒的性质与使命要求其必须充分认清自身所肩负的社会责任，不断创造与现代组织相适应的文化新观念和新思想，并据此规范自身的行动，不断定义自我，超越自我。只有这样，大众传媒的信息传播才不是盲目的，而是理智的；不是自发自在的，而是自觉自为的，在构建社会先进价值观、推进社会民主、提高社会民众的国民素质方面，发挥出应有的作用。

第二章　毛泽东关于马克思主义大众化传播的理论与实践

一、毛泽东的马克思主义大众化传播思想

(一)毛泽东马克思主义大众化传播的背景与条件

1.毛泽东推进马克思主义大众化传播的时代背景

毛泽东是早期接触马克思主义理论的政治家之一,他在学习和传播马克思主义的过程中,深入了解中国的具体实际,总结出马克思主义中国化的思想,从而走上了传播马克思主义的道路。从19世纪末到20世纪初,中国经历了前所未有的侵略与反侵略的斗争,导致中国陷入半殖民地半封建社会的困苦中。从太平天国运动、戊戌变法到辛亥革命,中国人始终在探索独立自强的道路。这一次次的失败证明:离开中国国情的革命道路是走不通的,脱离人民的革命力量是脆弱的,没有坚定的领导核心的队伍是迷茫的。马克思主义的革命道路成为解决中国问题的唯一道路。

毛泽东在1940年指出,现在的世界是革命和战争的新时代,是资本主义决然死灭和社会主义决然兴盛的时代。此时,中国革命的主题就是争取民族独立和人民解放。一方面,人民正在经受着封建主义、帝国主义和官僚资本主义的压迫与剥削,渴望获得自由;另一方面,各种改革、改良、起义运动的反抗形式逐渐显露出不同的结果。在这样的历史背景下,中国人民与中国共产党选择了马克思主义作为指导思想,选择了走新民主主义革命的道路,选择了"实现人自由而全面的发展"的奋斗目标。毛泽东认为,只有适应中国的具体国情,才能使中国摆脱苦难。在这样的背景下,以马克思主义理论为指导思想的中国共产党担起重任,发动群众力量,开辟了一条新的革命道路。

2.毛泽东推进马克思主义大众化传播的现实条件

现实条件是指毛泽东推进马克思主义大众化的物质基础,包括两个方面:一是实

践基础;二是群众基础。

从近代中国的历史进程来讲,中国经历了两次重大的实践活动,即新民主主义革命和社会主义建设。从本质上来说,马克思主义大众化的实践基础就是马克思主义中国化的实践过程。新民主主义革命始于1919年的"五四运动",初期的表现形式是马克思主义理论的宣传刊物不断涌现,如《新青年》《湘江评论》《每周评论》《觉悟》《曙光》《天津学生联合会报》《新社会》等。当然,同时期出现的一些社会团体也成了传播马克思主义理论的主要阵地,这些社团包括新民学会(湖南)、觉悟社(天津)、平民教育演讲团等。1940年,毛泽东在《解放》杂志上发表了《新民主主义论》,开启了新民主主义革命的新篇章。在无产阶级的领导下,人民大众进行了反对封建主义、帝国主义和官僚资本主义的革命。新民主主义革命的胜利为社会主义革命的开始奠定了坚实的基础。中华人民共和国成立之后的社会主义改造是实现马克思主义大众化的高潮时期之一。马克思主义得以在更广阔的范围内进行有效的传播。学校、工厂、政府机关单位、合作社、家庭等社会组织"细胞"成为马克思主义的传播阵地,使马克思主义的思想和理论得到最广泛的传播。

群众基础是指在实践运动中所产生的,支持中国共产党,支持马克思主义的工人、农民、先进知识分子等。特别是中国的无产阶级,他们是中国近代历史上崛起最迅速、力量最强大的阶级,有带领中国革命走向胜利的能力。据调查显示,中国工人数量在1919年"五四运动"前期已发展到近200万人,在1912年到1919年间组织罢工斗争运动达130多起。中国工人逐渐走上政治舞台,表现出极高的政治觉悟。毛泽东在《中国社会各阶级分析》中明确指出了无产阶级领导民主革命的可能性、必要性和历史必然性。只有无产阶级是"最集中的群体,具有坚定反抗一切压迫、剥削阶级的力量……工业无产阶级是我们革命的领导力量"。① 在该文中,毛泽东还指出:"一切半无产阶级、小资产阶级,是我们最接近的朋友。那动摇不定的中产阶级,其右翼可能是我们的敌人,其左翼可能是我们的朋友——但我们要时常提防他们,不要让他们扰乱了我们的阵线。"②

无产阶级是先进生产力的代表,具有革命性、组织性和纪律性,是彻底的革命阶级。但是无产阶级单靠自己本身的力量无法成功,必须要有马克思主义理论作为指导。"五四运动"是第一次工人运动与马克思主义理论的结合。在马克思主义理论的指导下,中国的工人运动真正发挥了其应有的作用,不仅掀起了工人运动的高潮,还将

---

① 毛泽东.毛泽东选集(第1卷)[M].北京:人民出版社,1991:9.

② 同①.

马克思主义传播到更广泛的地区，其影响力深远。“当一个富有生命力的民族受外国侵略者压迫的时候，它就必须把自己的全部力量、自己的全部心血、自己的全部精力用来反抗外来的敌人。”①这表现出了群众的力量是马克思主义大众化传播的关键。

3.毛泽东推进马克思主义大众化传播的理论条件

毛泽东的马克思主义大众化传播思想的理论条件包括两个方面：一是马克思主义基本理论；二是中国传统哲学。在毛泽东早年的求学生涯中，他深受中国传统文化与西方哲学理论的影响，并逐渐自成体系，如《体育之研究》。中国传统哲学中“入仕”“仁人”的儒家思想和“天人合一”“万物相依”的道家思想也对毛泽东的影响颇深。青年时代，毛泽东曾对梁启超非常推崇。在梁启超“开启民智、塑造新民”思想的影响下，毛泽东开始对资产阶级民主革命的理论进行研究。后来，通过不断的社会实践，在对中国革命的前途命运更深刻了解的情况下，毛泽东发现了资产阶级民主革命的不足之处。

随后，毛泽东开始接触马克思主义，并逐渐走向一条崭新的革命道路。马克思主义的基本理论是马克思主义大众化的理论源泉。“当时鼓吹革命的报刊中有《湘江日报》，它经常讨论‘社会主义’，我就是从这里第一次知道‘社会主义’这个名词。”②这是毛泽东第一次公开表述他接受社会主义的报刊。“五四运动”爆发后，陈独秀主编的《新青年》杂志在青年学生之间被广泛地传阅，毛泽东也从梁启超等人的资产阶级改良思想转向陈独秀、李大钊等人的激进民主主义思想。“我读了许多关于苏联的事情，同时热烈地寻找在当时中国所能见到的一点共产主义书籍……并且建立了我对于马克思主义的信仰。”③青年时期的毛泽东接触了大量的马克思主义理论知识。从中去粗取精、去伪存真，逐渐坚定了追求马克思主义道路的信念。

4.毛泽东推进马克思主义大众化传播的主观条件

毛泽东在马克思主义传播过程中形成了马克思主义大众化的思想，这与他的人生经历密不可分。高昂的学习热情、注重实际的思想观点、善于理解掌握与批判的学习精神是毛泽东的重要品质，毛泽东一直在探寻中国的出路。他作为一名时刻关心中国前途命运的进步青年，在求学阶段，强烈的学习意愿使他广泛阅读大量的中西方书籍，这为他以后的理论探索奠定了坚实的基础。毛泽东在新民学会长沙会员大会上的发

---

① 马克思，恩格斯.马克思恩格斯全集(第8卷)[M].中共中央马克思恩格斯列宁斯大林著作编译局，译.北京：人民出版社，1964：630.

② 斯诺.西行漫记[M].胡仲持，冯宾符，等，译.北京：三联书店，2009：117.

③ 斯诺.毛泽东自传[M].汪衡，译.北京：解放军文艺出版社，2001：36.

言中表示，“世界解决社会问题的方法大概有下列几种：社会政策、社会民主主义、激烈方法的共产主义（列宁的主义）、温和方法的共产主义（罗素的主义）、无政府主义。我们可以拿来参考，以决定自己的方法”。[①] 由此可见，毛泽东不仅对各种理论思潮都有涉猎，并愿意用批判的思维去理解和掌握这些理论，结合中国的实际，在此基础上找到中国问题的解决之路。

（二）毛泽东对马克思主义大众化的探索

在毛泽东的思想中虽然没有明确指出马克思主义大众化，但是关于“大众化”的概念和马克思主义大众化的思想非常丰富，这些内容主要集中在毛泽东的著作中。毛泽东提出马克思主义要与中国的具体实践相结合，就是为推进马克思主义大众化传播做准备。

1. 毛泽东对“人民大众”的深刻分析

毛泽东对人民大众的力量有着深刻的理解，他曾指出：“什么叫作大众化？就是我们的文艺工作者的思想感情和工农兵大众的思想感情打成一片。”[②]“这种新民主主义的文化是大众的，因而即是民主的。它应为全民族中百分之九十以上的工农劳苦民众服务，并逐渐成为他们的文化。”[③]毛泽东的“大众化”概念来源于他的马克思主义文化思想。新民主主义的文化是为新民主主义政治服务的，新民主主义文化的大众化属于新民主主义时期马克思主义大众化的一部分。

2. 毛泽东强调“适合中国的具体国情”

毛泽东自始至终都是一名反对教条主义的革命理论家。他认为马克思主义虽是领导世界革命的指导思想，但中国革命的具体做法还要从中国的具体实际出发。1938年，他开始倡导马克思主义中国化，反对离开中国谈马克思主义。在毛泽东看来，马克思主义中国化包含两个方面：一是马克思主义的基本理论和学说要与中国的具体实际相结合，焕发中国风采；二是在马克思主义大众化传播的过程中，要采用具有中国作风和中国气派的方式传播马克思主义，使用中国语言传播马克思主义。毛泽东提出的新民主主义革命理论就是马克思主义与中国具体国情相结合的典范。

3. 毛泽东采用人民喜闻乐见的形式

毛泽东推崇中国作风和中国气派，关注人民群众的生活。他提出的群众路线理论

---

① 中共中央文献研究室. 毛泽东文集（第 1 卷）[M]. 北京：人民出版社，1993：2.

② 毛泽东. 毛泽东选集（第 3 卷）[M]. 北京：人民出版社，1991：851.

③ 毛泽东. 毛泽东选集（第 2 卷）[M]. 北京：人民出版社，1991：708.

就是从人民群众的生活出发，贴近人民，服务群众。毛泽东在进行马克思主义大众化传播的过程中重视群众的主体地位，采用人民喜闻乐见的形式传播马克思主义。在他的著作中存在大量的名言警句、成语寓言和神话典故，这些不同风格的语言形式使得毛泽东的著作更加丰富多样、易于接受。他将抽象的、深奥的理论知识融合在趣味生动的故事之中，将晦涩的哲学理论转换成质朴的生活语言，使人民群众能够更好地理解和掌握这些道理。董京泉曾概括毛泽东的语言艺术特点为："言简意赅、简洁凝练；通俗易懂、平实质朴，善用喜闻乐见的群众语言；寓情于理、寓庄于谐；取长补短、推陈出新。"①毛泽东的语言风格是其推进马克思主义大众化传播的重要特点之一。除了质朴的语言，毛泽东还善用演讲、座谈会、画报、戏剧等易于被人民群众接受的、人民群众感兴趣的表达方式传播理论知识，实现马克思主义的广泛传播。

二、毛泽东开展马克思主义大众化传播的基本方法

（一）以大众传播媒介为载体进行马克思主义大众化传播

报刊和广播是毛泽东最常用的大众传播媒介。在抗日战争和解放战争时期，报刊和广播在功能上相互补充，承担了将中国共产党的声音突破敌人的封锁向外传播的任务。在毛泽东的革命生涯中，他始终把新闻宣传放在首位，把新闻宣传作为指导革命运动和社会主义建设的重要手段。毛泽东多次亲自参与新闻工作实践活动。他赞成利用新闻实践活动来实现马克思主义大众化。报刊和广播是传播马克思主义大众化的重要工具，也是实现马克思主义大众化的重要途径。

1.以大众传播媒介为载体的特点

毛泽东评论报刊是"秀才不出门，全知天下事"的好工具，广播是渗透到敌人内部的好手段。青年时期，毛泽东在新民学会的学习会上表达其愿做的工作是教书或新闻记者。由此可见，新闻报刊工作在毛泽东的心中有着重要的地位。据统计，毛泽东青年时期参与创办和主编了4份报刊，分别是《湘江评论》《新湖南》(其周刊前身是《学习救国报》)、《新时代(月刊)》《政治周报》。新民主主义革命时期，毛泽东公开发表了关于新闻和宣传工作的论述、指示等文章就有120多篇(收录在《毛泽东选集(1－4卷)》)。抗日战争和解放战争时期，毛泽东为新华社和其他报刊撰写和修改的文章超过200篇。他将自己的新闻工作经验运用到马克思主义大众化的传播活动中，重视使

① 董京泉.学习毛泽东的语言艺术[J].求是，2013(24)：58.

用大众传播媒介，发挥大众传播媒介的传播特点，善于运用大众传播媒介。

首先，毛泽东重视大众传播媒介传播范围广、速度快的特点。毛泽东曾系统地学习了新闻理论知识，加上他自身的办报经验，使得他对大众传播媒介有着深刻的认识。毛泽东主编的《湘江评论》《新湖南》等报刊一经出版就得到了广泛的传阅，更不用说解放战争时期延安广播电台在敌人内部所产生的影响。“当年黄维兵团的一个军长在回忆被包围期间收听我广播时的心情时说，他们最头痛共产党的广播，听了以后惊心动魄、四面楚歌，听不下去。他认为利用广播对国民党军队开展政治攻势受到了很大的影响。”[①]其次，毛泽东重视大众传播媒介的时效性。一方面，从敌人的报刊、广播中可以获得最新的情况，了解时局。在《中国革命战争的战略问题》一文中毛泽东谈道，“为着了解敌人的情况，须从敌人方面的政治、军事、财政和社会舆论等方面收集材料”。[②]一方面，毛泽东从敌方的报刊和广播中获得敌人的信息，思考局势的变化，调整红军的战略。另一方面，毛泽东利用我方的报刊、广播发布最新的战略和策略，传播我党的方针、政策，扩大影响力。毛泽东曾将“电台”比作“鲁班石”，寓意广播电台是巩固思想战线最重要的基石之一。最后，大众传播媒介应该具有党性。党性思想是毛泽东新闻思想中最重要的内容之一。无产阶级的新闻事业必须要坚持党性原则。只有这样，才能在思想上、政治上、组织上巩固党和人民的统一战线，促进马克思主义的大众化。党性不仅是人民最高利益的表现，也是马克思主义宣传活动的主要原则。

2. 以大众传播媒介为载体的报刊、广播

首先，以大众传播媒介为载体的报刊传播。报刊是毛泽东时期使用最广泛的大众传播媒介，马克思主义最早就是通过报刊传播到中国的。报刊既是毛泽东接受马克思主义的阵地之一，也是他最早用来宣传马克思主义的手段之一。在革命过程中，毛泽东非常重视使用报刊来宣传马克思主义和中国共产党的思想。他自己就曾经创办过多份报刊，如《湘江评论》《政治周报》《新时代(月刊)》等。其中，《政治周报》还由于其国民党的创办背景，得以发挥“团结国民党左派、争取国民党中派、反击国民党新右派”的作用，为建立国内统一战线发挥了巨大的作用，也使马克思主义得以在国民党统治区域内传播。由毛泽东主持编撰的报刊更是不胜枚举，如《向导》《新华日报》《共产党人》《解放日报》等。然而，随着革命任务和革命形势的变化，毛泽东的新闻报刊工作重点多集中于撰写稿件上。

在抗日战争和解放战争时期，毛泽东对报刊的运用已经十分熟练。他多次指导革

① 赵玉明. 中国人民广播回忆录[M]. 北京：广播出版社，1983：287.
② 中共中央文献研究室. 毛泽东文集(第1卷)[M]. 北京：人民出版社，1991：227.

命根据地的报刊建设工作，并亲自为报刊撰写稿件。其中，《〈共产党人〉发刊词》《停战议和一致抗日通电》《论十大关系》等都是其著名的篇章，并对社会产生了极大的影响。毛泽东对于新闻报刊事业的指导性文件，也为推进马克思主义大众化事业添砖加瓦。

在毛泽东的指示下，报刊成为马克思主义的学习阵地。毛泽东不仅在报刊中发表了马克思主义中国化的理论研究成果，如《新民主主义论》（发表于《解放》第 98、99 期合刊）；还要求中央编译部翻译马列原著，如《社会主义与战争》（杨松、袁维译，发表于《解放》第 85、86 期合刊）；印制马克思主义学说的通俗读物，如艾思奇的《大众哲学》。这一系列的报刊活动进一步推动了马克思主义的传播，使得更多群众了解马克思主义。报刊为推进马克思主义大众化提供了最坚实的平台。

其次，以大众传播媒介为载体的广播传播。由于报刊的发行面受到地域、时间等条件的限制，毛泽东选择用广播电台来弥补报刊在马克思主义大众化传播过程中的不足之处。1929 年，毛泽东在《古田会议决议》中指出，“无线电是一种进步的通信方法”[①]，“要看清无线电的工作，比任何局部的技术工作都更重要些”[②]。1931 年，红色中华通讯社在江西瑞金成立，开始播报一些新闻稿件，这是中共广播电台的前身。在此之后，毛泽东开始重视无线电队伍的建设，不仅在战争中缴获无线电台设备，还组织有关同志学习无线电通讯技术。直到 1940 年，中国共产党创建了第一个广播电台——延安新华广播电台。该电台主要播报中共中央重要文件、《解放》和《解放日报》的重要文章以及国际、国内的时事新闻，有时还播报革命故事和播放抗日歌曲。但电台最重要的任务是向国民党统治区的人民和国民党政府宣传共产党的路线、方针、政策等内容。在国民党全面的封锁政策下，延安新华广播电台利用无线电技术，让中国共产党的声音冲破了国民党的封锁线，也让马克思主义得以继续在国民党统治区内传播。

广播在毛泽东推进马克思主义大众化的过程中发挥了巨大的作用，并且起到了瓦解敌人军心的作用。曾经，在淮海战役中，“毛泽东等共产党人的新闻稿如重型炮弹般击中了国民党官兵的心，挫败了国民党军队的士气，为战争的胜利做出贡献”。由此，广播适时地弥补了报刊传播的不足之处，在宣传马克思主义理论过程中发挥了重要的作用。

---

① 中共中央文献研究室. 毛泽东文集(第 1 卷)[M]. 北京：人民出版社，1993：99.

② 红军无线电通信的创建、发展及其历史作用[M]//中共党史资料(第 30 辑). 北京：中共党史资料出版社，1989：36.

（二）以演讲为载体进行马克思主义大众化传播

公开的演讲活动是直接面向大众传播的一种方式。毛泽东喜用公开演讲的方式向广大人民群众宣传马克思主义和党的路线、方针、政策。它不同于大众传播媒介，是毛泽东推进马克思主义大众化的扩展途径。

1. 演讲的特点

演讲活动是革命战争时期最具鼓动性的宣传活动。毛泽东善用演讲的方式进行马克思主义大众化传播。据统计，1937 年到 1938 年间，毛泽东在著名学校——陕北公学进行了 9 次演讲，并且规定中央领导和马克思主义的研究员们一个月至少要在延安地区的各个学校进行一次演讲活动，以宣传马克思主义的学说和党的路线、方针、政策。毛泽东的演讲稿大多都是毛泽东著名篇章的初稿。如 1939 年 7 月 9 日，毛泽东在华北联合大学的演讲中发表了最早关于统一战线、游击战争和革命团结“三大法宝”的论说。这次演讲的主要思想发展成后来我党的“三大法宝”的主要内容。

演讲是一种能够引起演讲者和听众共鸣的活动。这种共鸣的实现要依靠演讲的三个特点。首先，演讲活动具有动员性，具体表现为演讲活动可以激励和鼓动听众，使听众产生行动的意愿。情有所动方有所行，正是演讲活动的真实写照。其次，演讲活动要求逻辑严密。演讲活动的逻辑性体现在两点：一是逻辑性的思维；二是逻辑性的内容。逻辑性的思维是指在感性认识的基础上，运用概念、判断、推理等形式对客观世界的反映，表现为分析、归纳、演绎和综合。逻辑性的内容是指演讲的内容有理有据，内容翔实。最后，演讲具有新鲜性和时效性，表现在演讲的内容贴合客观现实，切中时代的脉搏，体现时代的声音。毛泽东在中华人民共和国成立初期发表《关于正确处理人民内部矛盾的问题》的演讲就是例证。

2. 演讲的内容

演讲的内容是指毛泽东的演讲稿。有研究表明，毛泽东的演讲稿大多收录在《毛泽东选集（1—4 卷）》和《毛泽东文集（1—8 卷）》两本著作里。据统计，在《毛泽东选集（1—4 卷）》中收录 36 篇，在《毛泽东文集（1—8 卷）》中收录 109 篇。演讲的内容多是对党的工作具有指导性的方针、政策，思想路线的阐述与纠正，工作指示、问题的分析与解答等。演讲作为一种直接面向大众的讲话方式具有鼓动性的特点。毛泽东善用演讲进行马克思主义的宣传工作。首先，他多次进行马克思主义大众化理论成果的演讲活动，号召大众用马克思主义的理论武器武装自身。如在中国抗日红军大学的演讲《中国革命战争的战略问题》，在抗日军事政治大学的演讲《认识与实践的关系、理论与实践的关系、知与行的关系》(后改名《实践论》)和《矛盾统一法则》(后改名《矛盾论》)。其次,他积极分析时局,了解人民大众所关心的时事,使自己演讲的内容更加贴近群众。如在陕甘宁边区文化协会第一次代表大会的演讲《新民主主义的政治与新民主主义的文化》(后改名《新民主主义论》刊登在《解放》杂志上)中解答了"中国革命往何处去"的疑问。最后,毛泽东的语言风格通俗、朴实、独具特色。他善用名言警句、神话典故等具有中国传统文化特色的语言解释马克思主义的科学原理,使深奥的哲学变为浅显易懂的道理。

3.演讲的形式

毛泽东的演讲结构严谨、思路清晰、层次分明。在演讲的过程中,毛泽东常用逻辑关联词使得演讲的内容更加条理化。首先,他往往"开门见山"直接切中问题的要害。在《关心群众生活,注意工作方法》的开篇直接指出,"有两个问题,同志们在讨论中没有着重注意,我觉得应该提出来说一说。第一个问题是关于群众生活的问题"。这样的开篇十分适用于当时的马克思主义大众化传播的主体——工农兵群众,这个群体的文化程度在当时的条件下并不高,直接的演讲方式更能获得他们的认同和理解。其次,行文"并列递进,环环相扣",结构严谨。《论持久战》是毛泽东最长的一篇演讲稿,共用 47 558 字。在这篇稿子中,毛泽东共分了 21 个并列的大论点,120 个环环相扣的小论点,平均每个论点仅用 396 字,论证清晰,初步总结了全国的抗战经验,驳斥了"亡国论"和"速胜论"的错误观点。最后,常用"设问"吸引听众。在姬瑞环先生的著作《精心设问起波澜——跟毛泽东学写讲话稿》中,具体分析了毛泽东运用设问的三种技巧:运用设问开篇造势、运用设问激起波澜、运用设问出神入化。这些演讲的形式使得毛泽东的演讲效果十分出众。

毛泽东的演讲特色为他推进马克思主义大众化传播提供了帮助。毛泽东善用演讲,能够利用演讲将马克思主义的思想深入人心,对马克思主义大众化的传播有所助益。

(三)以调查研究为手段进行马克思主义大众化传播

深入实际,开展调查研究,坚持理论与实践相结合,是党的优良传统和作风。毛泽东自己就有十分丰富的调查研究经验,撰写了许多调查报告。最具代表性的是《湖南农民运动考察报告》和《农村调查》。1941 年,毛泽东专门做出了《中共中央关于调查研究的决定》,重申"没有调查就没有发言权"的重要指示。他十分重视"实践——认识——再实践——再认识"的循环认识过程,从而形成了一套系统的调查研究理论。

这个理论包含“调查研究的目的、原则、对象、态度、方式等方面”。[①]

调查研究是了解实际状况、解决问题的实践活动，必须坚持理论联系实际，坚持群众路线。只有掌握了基本的社会调查方法，才可能进行有效的社会调查工作。

1. 调查研究的特点

调查研究是毛泽东推进马克思主义大众化的特殊途径。首先，调查研究的实践性强。毛泽东一直强调，调查研究要紧密贴近实际，注重用马克思主义的观点和方法进行调研活动，要求调查研究人员身体力行、言传身教。就毛泽东自身来说，他就是身体力行的代表，“没有调查就没有发言权”的论断一直适用于当今社会的研究活动。其次，调查研究具有科学性。调查研究是深入实际的研究活动，拥有一整套科学的研究方法，是已经被证明了的、最好的社会学研究方法。通过调查研究取得的研究成果往往是具有科学性的、可以被反复验证的结果。最后，调查研究注重过程。毛泽东认为调查研究工作是“有步骤”的工作，调查研究人员需要具有耐心和细心，它是一个长期的过程，不可急躁。他自己就曾花费 7 年的时间来完成《农村调查》的写作工作。因此，毛泽东鼓励同志们要脚踏实地完成调查研究的工作。

2. 调查研究的方式与策略

毛泽东在《农村调查》中详述了调查研究的方式与策略。首先，他提出要坚持“对立统一，阶级斗争”[②]的观点，运用分析法和综合法深入实地进行调查。毛泽东认为，调查研究的目的是发现问题、了解问题、解决问题，没有调查就没有发言权，是对调查研究这种特殊传播方法的最好诠释。其次，毛泽东要求“详细地占有材料，抓住要点”，[③]没有真实的、客观的调查材料就没有发现问题、解决问题的保障。这些材料包括直接材料和间接材料两种。直接材料是通过调查研究人员实地考察整理出来的客观材料；间接材料是指前人的调查研究资料。他在文章中还指出，“材料是要搜集得愈多愈好，但一定要抓住要点或特点（矛盾的主导方面）”。[④] 两点论和重点论的研究方法也被毛泽东灵活地运用于调查研究活动中。在文章的最后，毛泽东还专门介绍了“怎样开调查会”“怎样找调查的典型”“怎样使对方说真话”的调查技巧。

毛泽东坚持运用调查研究的方法分析和解决问题。在新民主主义革命和社会主义革命的过程中，调查研究的优越性十分显著。没有调查研究，毛泽东就不会对中国

---

① 王佩连. 近二十年来毛泽东调查研究理论与实践研究综述[J]. 攀登，2012(4)：30.

② 中共中央文献研究室. 毛泽东文集(第 2 卷)[M]. 北京：人民出版社，1991：380.

③ 同②381.

④ 同②382.

的问题进行透彻的了解，就不可能做出“中国革命必然胜利”的论断，也就不可能领导中国共产党取得革命的胜利。

(四)以文艺宣传为手段进行马克思主义大众化传播

文艺宣传方式是毛泽东推进马克思主义大众化传播的创新途径，旨在“寓教于乐”，在文艺娱乐活动中，接受、了解马克思主义。毛泽东注重用马克思主义的文艺理论指导文艺工作，要求建立“宣传队伍”负责专门的宣传工作。在形式上，他提倡要善于把马克思主义的学说与人民群众所熟悉的文艺作品结合起来。文艺工作者所创作的文艺作品要能够体现党的理论、路线、方针、政策等内容。毛泽东十分支持用文艺宣传的方式推进马克思主义大众化传播。他不仅支持创作富有马克思主义内涵的文艺作品，还积极筹建文艺学校，培养马克思主义的文艺工作者。

1. 文艺宣传的特点

文艺宣传方式是毛泽东进行马克思主义大众化传播活动的创新方式，这种方式的传播特点是寓教于乐、活泼生动、形象鲜明。首先，文艺宣传方式是一种寓教于乐的方式。文艺活动是艺术性和娱乐性结合的活动形式，感染力强。人民在马克思主义思想指导下的文艺活动中，既能得到艺术的熏陶又能得到思想的洗礼。其次，文艺宣传方式具有生动活泼的特性。文艺宣传方式是集视觉、听觉于一体的马克思主义大众化的传播方式。马克思主义的基本学说和原理是深奥的理论内容，文艺宣传方式可以将这些深奥的理论融入艺术中，用生动活泼的艺术表现方式去表达。最后，文艺宣传方式具有形象鲜明性。在抗日战争时期，苏区的文艺团体通过人物形象和故事情节来表现革命、抗日的主题。特别是通过塑造典型形象，使人民对特定形象的理解更加深刻。最终通过理解文艺作品塑造出的人物形象吸引和鼓舞群众投身到无产阶级的事业中。

2. 文艺宣传的种类

戏剧是推进马克思主义大众化最创新的方式之一。在艰苦的敌后根据地，戏剧等艺术形式成为人民群众主要的娱乐休闲方式。毛泽东高度赞扬：“戏剧是宣传、鼓动与组织群众最有力的武器。”通过这种有力的武器，推进马克思主义大众化传播的效果十分显著。代表作品有《兄妹开荒》《夫妻识字》《血祭上海》《白毛女》《三打祝家庄》等。这些作品都是通过描写典型的人物形象来宣传革命思想，传播“劳动人民只有在中国共产党的领导下才能取得革命胜利”的思想。戏剧的表现形式主要有四类：历史剧、歌剧、秧歌剧和话剧。发展到毛泽东晚年时期还出现了“样板戏”。

宣传画是以静态的图画作为载体，重在描绘人民群众、党员干部的生活图景，并以此来进行形象宣传。1929年，毛泽东在《古田会议决议》中提出："艺术股应该先充实起来，出版石印的或油印的画报，为了充实军艺股，应该把全军的绘画人才集中起来。"宣传画的主题和特色具有地区和阶段的差别，这充分体现了毛泽东"贴近群众、贴近生活、贴近实际"的"三贴近"文艺工作原则。延安时期重点宣传抗战，"在国统区主要描绘旧社会的阴暗面，表现形式有浓重的外国风。解放区充满歌颂生活新气象的生活写真，具有传统的中国风味"。[①] 中华人民共和国成立后，特别是"大跃进"时期的宣传画最具有代表性，劳动者是当时最主要的形象代表，浮夸风是其最典型的特点。

毛泽东推进马克思主义大众化的另一个重要的文艺宣传方式就是歌曲，"红歌"就是专门用来形容这类歌曲的专有名词。在中国革命建设的过程中，红歌的作用是宣传中国革命和斗争，目的是为了激励和讴歌共产党人与人民群众共同为中国的革命建设服务，赞扬他们艰苦奋斗、团结一致的品质。红歌的特点是强烈的震撼力和感染力。红歌因其欢快而醇厚的曲调和赞颂祖国、赞颂党的歌词，一直被人民群众传唱至今。

不同的方式、方法适合不同的文化群体。文化水平较高的群众可以从报纸、调查报告、文学作品中获得知识；文化水平不高的群众就可以通过广播、演讲、文艺宣传等方式获知道理。这也说明，毛泽东关于推进马克思主义大众化传播方式是全方位、多角度的。毛泽东善用多种语言的表达方式，提倡使用风格独特的、生动形象的马克思主义思想表现形式。利用这种马克思主义大众化传播方式来帮助人民群众理解和掌握理论知识及思想内容。《在延安文艺座谈会上的讲话》可以看作是毛泽东关于文艺宣传的指导性文件。

三、毛泽东开展马克思主义大众化传播的历史经验

毛泽东在推进马克思主义大众化传播的过程中有许多创造性的发现。他非常重视思想政治工作，坚持实事求是的探索精神，坚持理论与实际相结合，坚持人民的主体地位，善于运用多种手段实现马克思主义大众化。

(一)注重理论与实践相结合

"理论联系实际"要求达到主观和客观、理论和实践、知和行的历史的、具体的统一。毛泽东重视现实，反对教条主义、经验主义，强调理论与实践相结合，强调马克思主义要与中国的具体实际相结合。他的著名论断"没有调查，就没有发言权"是对理论

---

① 姚嘉瑞.浅析延安时期陕甘宁边区的宣传画[J].延安职业技术学院学报，2013(2):92.

与实际相结合的最好诠释。调查是贴近实际、深入生活、发现问题;发言是形成观点、论说的解决之道。调查需要理论的指导;发言需要现实的支撑。这是毛泽东推进马克思主义大众化的基本原则。他认为“代表先进阶级的正确思想,一旦被群众掌握,就会变成改造社会、改造世界的物质力量”。[①] 因此,“理论与实际相结合”也被称为毛泽东思想的三大优良作风之一。

1. 坚持实事求是的理论品质

“理论与实际相结合”的内在要求是实事求是。实事求是是毛泽东思想活的灵魂,也是毛泽东推进马克思主义大众化的指导思想。它是毛泽东利用传统文化中独具特色的成语对辩证唯物主义、历史唯物主义的世界观和方法论的高度概括。坚持实事求是,就要求我们坚持一切从实际出发,坚持理论联系实际,坚持在实践中检验和发展真理。毛泽东在《改造我们的学习》中指出,“实事”就是客观存在着的一切事物;“是”就是客观事物的内部联系,即规律性;“求”就是我们去研究。“实事求是”作为党的思想路线,时刻提醒党员干部用马克思主义理论去认识、分析中国的社会现实,在现实中发现问题。

毛泽东在推进马克思主义大众化的进程中坚持实事求是的方针,鼓励党员干部参加实践活动,组建宣传队伍,在行动中实现马克思主义大众化。他以身作则坚守实事求是的行为标准,并将实事求是内化为党政机关的指导思想之一。

2. 坚持调查研究的实践精神

毛泽东倡导在调查中发现问题,在调查中解决问题,强调具体问题具体分析。他指出,“要是不做调查研究工作,只凭想象和估计办事,我们的工作就没有基础”[②]。坚持调查研究就是坚持理论联系实际。调查研究是工作的方法,也是认识问题的途径。毛泽东是实施调查研究的典范,《湖南农民运动考察报告》《中国社会各阶级分析》《农村调查》等都是毛泽东撰写的、极为出色的调查研究报告。《关于农村调查》(1941)、《中共中央关于调查研究的决定》(1941)、《请各地调查和答复十项问题》(1944)等则是毛泽东对调查研究活动的经验性总结。

调查研究工作具有克服教条主义和经验主义的特点。在党的发展历程中,由于脱离中国现实,出现过多次错误。直到毛泽东提出“理论与实际相结合”的观点,才使得这些错误得以避免。毛泽东除了提出“没有调查就没有发言权”的论断以外,在1931

---

① 中共中央文献研究室.毛泽东文集(第8卷)[M].北京:人民出版社,1999:320.

② 李宛聪.读新中国成立后毛泽东关于领导方法和工作方法论述的几点体会[J].党的文献,2013(5):26—29.

年《政治部关于调查人口和土地状况的通知》中进一步强调：不做正确的调查同样没有发言权。后来，毛泽东又多次在工作会议中重申调查研究工作的重要性。他认为，“对于只懂得理论不懂得实际情况的人，这种调查工作尤有必要，否则他们就不能将理论和实际相联系”。①

（二）坚持以人为本

“以人为本”的要求是重视人的价值，从人出发，满足人的需求，实现人的全面发展，其本质是以最广大人民的根本利益为本。毛泽东关注人的价值，最早提出“群众路线”的主张，要求党的工作“不能离开群众”，要“从群众中来，到群众中去”。毛泽东在推进马克思主义大众化的过程中，多次强调人民的主体地位和坚持群众路线。

第一，强调人民的主体地位。马克思主义大众化传播的主体是“人”，毛泽东的马克思主义大众化是为了“人民群众”的大众化。历史唯物主义认为，人民群众是历史的主体，是历史的创造者。社会历史是由现实的人及其活动构成的。毛泽东作为一名坚定的马克思主义信仰者，完全肯定“人民的主体地位”。在毛泽东推进马克思主义大众化的过程中，“人”的主体性十分鲜明。他提出，党要为人民服务，党的一切工作应以满足人民群众的需要为出发点。“我们这个队伍完全是为着解放人民的，是彻底地为人民的利益工作的。”②毛泽东批判地继承了中国传统文化的民本思想。抗战期间，毛泽东曾和一名外国记者谈道：“我们批判地接受中国长期的传统——继承那些好的传统，而扬弃那些坏的传统……孟子说，民为贵，社稷次之，君为轻。中国农民富有民主传统，千百次大大小小的农民战争有着民主的含义。”③在《论持久战》中，毛泽东提出：“兵民是胜利之本。”④由此可见，毛泽东始终强调“人民的主体地位”，提出全心全意为人民服务是我党的根本宗旨，也是立党之基。

第二，坚持群众路线。密切联系群众是我党区别于其他政党的显著标志之一。群众路线的基本内容是一切为了群众，一切依靠群众，从群众中来，到群众中去。毛泽东重视群众，坚持群众路线不动摇，是群众路线的坚定拥护者和践行者。他指出，“我们这个队伍完全是为着解放人民的，是彻底地为人民的利益工作的”。⑤ 坚持群众路线是确保马克思主义大众化能够顺利进行的基本保障。毛泽东对“群众”的理解十分深

① 毛泽东．毛泽东选集(第3卷)[M]．北京：人民出版社，1991：791.
② 同①1004.
③ 埃谢里克．在中国失掉的机会[M]．赵仲强，译．北京：国际文化出版公司，1989：209.
④ 毛泽东．毛泽东选集(第2卷)[M]．北京：人民出版社，1991：477.
⑤ 同②

刻，对"大众"的界定非常明确。群众路线是弘扬马克思主义群众观的内在要求。群众路线不仅是我党领导革命、建设和改革的经验总结，也是马克思主义大众化的根本路线。毛泽东在马克思主义大众化传播的过程中始终强调群众路线的重要性。

第三，强调人才队伍建设。人才是建设和发展的核心，人才培养的目的是为"实现人的全面发展"做准备。马克思主义关于人的学说使人得到全面解放，实现人的自由发展。这个学说的内在要求是培养人、造就人，使人成之为人。毛泽东的人才观主要体现在其对革命人才的培养上。他曾说，"没有知识分子不行，无产阶级一定要有自己的'秀才'。这些人要较多地懂得马克思主义，又有一定的文化水平、科学知识、词章修养"。[①] 在毛泽东的认识里，合适的人才必须要懂得马克思主义。无产阶级的革命战士们没有正确的政治观点，就等于没有灵魂。在抗日战争时期和解放战争时期，以毛泽东为核心的党中央创办了多所大学和学习机构，如抗日军政大学、延安大学、陕北公学等。这些学校不仅成为培养人才的熔炉，还成为吸引人才的磁石。

(三)重视运用多种传播方式

毛泽东进行马克思主义大众化传播是通过相互协调、取长补短的合作来完成的。大众传播媒介、演讲、调查研究和文艺宣传等传播方式由于特点不同，各有优势和劣势。在实践的过程中，不同的传播方式相互合作、功能互补，实现了全方位的马克思主义大众化传播。

大众传播媒介是最广泛的传播载体，以报纸和广播为主。报纸的优点在于容易保存、信息量大，不足之处是阅读者必须具有较高的知识水平。广播的优点是迅速、及时，利用听觉接收信息，听众不需要具有较高的文化知识水平；缺点是稍纵即逝、不易保存。报纸弥补了广播稍纵即逝的缺点，广播弥补了报纸阅读障碍的不足之处。演讲途径具有激励性和鼓动性，能够激发听众的热情，调动人民学习马克思主义的积极性，增强人民实践马克思主义的决心，这个特性是其他传播方式不可比拟的。调查研究方式符合毛泽东的实践观念，"没有调查，就没有发言权"的论断始终要求党和人民要具有实践的观点及能力，掌握实际情况，坚持马克思主义与中国的具体国情相结合，走出中国自己的道路。文艺宣传方式是毛泽东推进马克思主义大众化的创新方式，寓教于乐的特性使它成为时代的主流，保持不衰的活力，让人们在艺术娱乐的享受中理解马克思主义的学说和观点。

单一传播方式的传播范围是局限的。报纸受时间和地域的限制比较明显，加之人

① 中共中央文献研究室. 毛泽东文集(第7卷)[M]. 北京：人民出版社，1999：360.

力、物力的有限性，其传播效果并不显著。广播可以超越空间的限制，传播范围极广，但是也受到电台设备的限制。调查研究可以获得第一手的资料，能够更好地将马克思主义与中国的具体国情相结合，对马克思主义大众化的意义十分显著，但是人员、财力和研究条件等原因也会影响它的进程。文艺宣传虽然是一种生动活泼、寓教于乐的传播方式，但是还受到专业技术和设施的限制，可以影响的人群较少。因此，只有多种传播方式共同实施才能发挥最大的功效，才能实现最广泛的传播，才能更好地实现马克思主义大众化。

四、毛泽东的马克思主义大众化传播思想的当代价值

毛泽东推进马克思主义大众化思想的历史经验告诫我们：任何时候，我们都应始终坚持实事求是的方针，坚持以人为本，坚持全心全意为人民服务，坚持理论与实际相结合。马克思主义大众化是党中央总结历史经验和教训后提出的新的历史任务。当代社会是一个多变的社会，它被多元化的思想、快速发展的新技术、风云变幻的国际局势等因素影响，因此，只有正确把握毛泽东的马克思主义大众化思想的当代价值，认识到实践是马克思主义大众化的重要手段，创新是马克思主义大众化永葆生机的不竭动力，始终坚持人民群众的主体地位，以为人民服务为根本目的，才能完成当代马克思主义大众化的历史任务。

（一）实践是马克思主义大众化的手段

毛泽东始终坚持理论与实践相结合，坚持马克思主义与中国的具体实际相结合。他推进马克思主义大众化的过程是一个实践的过程，在这个过程中，毛泽东运用实践理论指导实践活动。马克思主义大众化的实践包含马克思主义大众化的实践理论和实践活动。掌握毛泽东的马克思主义大众化思想的实践内涵，有助于推动当代马克思主义大众化的发展。

1.重视实践的理论价值有助于指导实践活动

实践是毛泽东思想的核心，也是当代马克思主义大众化的内在要求。中国特色社会主义建设的实践经验告诫我们要时刻牢记实践论的理论意义，它作为实现马克思主义大众化的手段，既揭示了认识的来源，又揭示了马克思主义大众化的本质。首先，实践揭示了认识的来源。以知促行，以行促知，实践和认识是分不开的。马克思主义大众化需要行动，更需要在行动中提高人民对马克思主义的认识水平，以新的思想认识

推动实践，又以新的实践深化思想认识。马克思主义大众化的实践活动是提高人民对马克思主义认识的唯一手段。人的认识只能在实践的基础上产生，没有马克思主义大众化的实践活动就不可能认识马克思主义。其次，马克思主义大众化的实践揭示了马克思主义大众化的本质。马克思主义大众化的本质是实现马克思主义的基本原理由抽象到具体、由深奥到通俗、由被少数人理解掌握到被广大群众理解掌握。

2. 掌握实践的现实价值有助于开展实践活动

马克思主义大众化的实践活动表明，马克思主义大众化是与时俱进的实践。在不同的历史时期，我们面临不同的历史任务，也使得马克思主义大众化的实践面临不同的主题。不同的主题直接影响着马克思主义大众化的任务和使命。因此，我们必须认清和把握实践的主题，这是推进马克思主义大众化的客观需要。

新民主主义革命时期，我党的任务是新民主主义革命，其基本内容是在中国共产党的领导下，坚持走农村包围城市、武装夺取政权的道路，推翻“三座大山”，实现民族独立和人民解放。这使马克思主义大众化的实践活动偏向于广泛传播马克思主义革命思想和理论，引导广大群众投入新民主主义革命的实践。社会主义革命时期，我党和人民的实践主题是社会主义革命，其基本内容是进行社会主义革命，对农业、工业、资本主义工商业进行社会主义改造，建立社会主义制度，为当代中国发展进步奠定根本政治前提和制度基础。因此，此时期的马克思主义大众化的任务和使命：广泛传播社会主义革命的思想和理论，使理论内化为人民的行动，带领中国人民进行社会主义革命和建设。

当代中国的历史使命已经发生变化。进入 21 世纪，中国在经济、政治、文化等方面迅速发展，综合国力不断提升，新的国际格局已经形成。我党和人民面临的历史任务是全面建成小康社会、全面深化改革、全面推进依法治国、全面推进从严治党，“四个全面”使党和国家各项工作的关键环节、重点领域、主攻方向更加清晰。因此，新时期的马克思主义大众化也要围绕这个任务开展。

（二）创新是马克思主义大众化的动力

创新是引领发展的第一动力。抓创新就是抓发展，谋创新就是谋未来。马克思主义大众化是一个需要不断创新的过程。创新表现形式、创新理论内容是马克思主义大众化的内在要求。表现形式是指把马克思主义理论的内容展现出来的各种方式、方法和手段的总和，包括语言表达形式、艺术表现形式、多样化的传播形式等。理论内容是指马克思主义与中国具体实际相结合而产生的理论知识，包括毛泽东思想、中国特色社会主义理论等马克思主义中国化的理论成果。

1.创新是马克思主义大众化的根本动力

毛泽东推进马克思主义大众化就是一个不断创新的过程。他充分利用各种传播途径，不断探索马克思主义中国化的革命理论，丰富马克思主义的表现形式。没有创新，就没有发展。毛泽东创造出许多新的途径来宣传、普及马克思主义，有力地推动了马克思主义大众化的进程。马克思主义是发展的理论，它随着社会实践的发展而发展。马克思主义大众化的过程就是马克思主义发展的过程，在这个过程中，创新是保障马克思主义发展的不竭动力。马克思主义大众化的创新体现在两点：一是马克思主义理论的创新。马克思主义具有与时俱进的理论品质。从中国共产党的发展历程来看，不同的历史时期面临不同的问题，马克思主义要时刻与这些问题相契合就需要不断地发展、不断地更新。当代马克思主义大众化要顺应时代的变化，创新出具有时代特征的理论。二是马克思主义大众化途径的创新。世界是永恒发展的，是普遍联系的。日新月异的科学技术始终影响着传播技术的发展，我们只有探索出新的马克思主义大众化途径，才能保持马克思主义大众化的活力。

2.马克思主义大众化需要创新精神

创新是时代的主题。我党要保持马克思主义大众化的创新动力需要坚定创新精神。要在全社会大力弘扬创新精神、提高创新能力，为坚持走中国特色自主创新道路、建设创新型国家奠定坚实的群众基础，在群众中发扬创新精神。毛泽东反对马克思主义的教条化、僵硬化、保守化，提倡马克思主义要与中国的具体实际相结合，“要把马、恩、列、斯的方法用到中国来，在中国创造出一些新的东西。只有一般的理论，不用于中国的实际，打不得敌人。但如果把理论用到实际上去，用马克思主义的立场、方法来解决中国问题，创造些新的东西，这样就用得了”[①]。毛泽东不断发挥他的创新能力为马克思主义大众化注入活力。当代中国马克思主义大众化只有创新才能保持马克思主义在中国拥有强大的生命力，才能保障马克思主义在中国持续发展。

（三）人民群众是马克思主义大众化的现实基础

中国共产党从建党之日起，一直高度重视群众工作。党和群众的关系犹如鱼与水、血与肉、种子与土地，两者联系密不可分。“十八大”以来，以习近平为总书记的党中央开展群众路线教育实践活动，这个活动的目的是加强全党和全国各族人民对群众

---

① 中共中央文献研究室.毛泽东文集(第2卷)[M].北京：人民出版社，1993：408.

路线的学习。群众观点作为马克思主义的基本理论，是历史唯物主义的核心观点。人民群众既是历史的创造者，又是推动社会向前发展的实践主体。人民群众对美好生活的向往，就是我党为之奋斗的目标。

1.人民群众是马克思主义大众化的基石

马克思主义大众化是以人民群众为主体的大众化，人民群众在实践中学习、掌握马克思主义，使马克思主义内化为自身行动的指导思想。党和国家的发展需要马克思主义作为根本的指导思想。人民群众是历史的创造者，具有主观能动性。在马克思主义大众化的过程中，人民群众也发挥着主观能动的作用。因此，人民群众的社会实践活动，是马克思主义大众化得以实现的有力保障。马克思主义大众化是党的思想建设的一部分，它要求人民群众自觉用马克思主义、中国特色社会主义理论体系武装头脑，用马克思主义、中国特色社会主义理论体系的基本观点观察问题、分析问题和解决问题。

2.人民群众是党和国家的力量源泉

人民群众是党和国家的力量源泉，这是马克思主义的基本观点，也是党的群众观点和群众路线的具体表现。人民群众的主体性是毛泽东的马克思主义大众化的重要内容。要想进一步推动当代马克思主义大众化，我党必须时刻牢记人民群众的力量。坚持人民群众的主体地位，充分调动人民群众的积极性，始终是我党立于不败之地的强大根基。习近平指出，“在人民面前，我们永远是小学生，必须自觉拜人民为师，向能者求教，向智者问策”①。党的根基在人民，血脉在人民，力量在人民。离开人民，党就会失去生机和活力。马克思主义大众化是马克思主义基本理论根植于人民群众的大众化，是增强党和国家力量的大众化。重视人民群众在马克思主义大众化中的主体地位，只有确保马克思主义大众化始终为人民服务，才是推进当代马克思主义大众化的关键。

（四）“一切为了群众”是马克思主义大众化的根本目的

政之所兴在顺民心，政之所废在逆民心。全心全意为人民服务，是我党一切行动的根本出发点和落脚点，是我党区别于其他一切政党的根本标志。党的一切工作，必须以最广大人民的根本利益为最高标准，马克思主义大众化也不例外。检验马克思主

---

① 习近平.习近平在纪念毛泽东同志诞辰120周年座谈会上的讲话[EB/OL].(2013－12－26).http://news.youth.cn/gn/201312/t20131226_4446677.htm.

义大众化工作的成效，最终要看人民群众是否认同马克思主义，是否接受马克思主义，人民群众的生活是否在马克思主义的指导下获得改善。“一切为了群众”是马克思主义大众化的根本目的。

1. 为人民服务是党和国家的根本宗旨

全心全意为人民服务是中国共产党的根本宗旨。人民对美好生活的向往，就是中国共产党的奋斗目标。因此，中国共产党应团结带领全国各族人民继续解放思想、坚持改革开放、不断解放和发展社会生产力、努力解决群众的生产生活困难、坚定不移走共同富裕的道路，当代马克思主义大众化也是这个目标的一部分。毛泽东的马克思主义大众化思想对当代马克思主义大众化具有重要的借鉴意义。在新形势下，我们的群众工作具有新的特点和要求，需要深入做好群众的组织工作、宣传工作、教育工作、服务工作，重点是马克思主义大众化的各项工作。中国共产党应虚心向群众学习，诚心接受群众监督，始终根植于人民、造福于人民，始终保持党同人民群众的血肉联系，始终与人民心连心、同呼吸、共命运。

2. 马克思主义大众化是为人民谋福祉的思想建设实践

中国共产党是为人民谋福祉的政党，它的宗旨是全心全意为人民服务。中国共产党始终把人民的根本利益作为最高利益，为中国特色社会主义建设而奋斗。然而，在现实条件下，个人的力量是有限的，只能完成建设工作的小部分。为人民谋福祉还需要团结人民的力量，调动人民的积极性，发挥人民的主观能动性，不断壮大社会主义建设的队伍。因此，我们必须团结一切可以团结的力量，万众一心，通过思想建设实践增强人民对党和国家的向心力。这个实践就是马克思主义大众化，就是把马克思主义内化为人民的行动指南，使马克思主义被人民接受、掌握和运用。毛泽东推动马克思主义大众化是为了革命，为了人民解放，为了建设一个社会主义国家，为了使人民拥有幸福生活，为人民谋福祉的思想建设实践。当代马克思主义大众化也要牢记一切为人民服务的目标。

第三章 马克思主义大众化传播的基本原则

习近平总书记指出："现在，宣传思想工作的环境、对象、范围、方式发生了很大变化，但宣传思想工作的根本任务没有变，也不能变。宣传思想工作就是要巩固马克思主义在意识形态领域的指导地位，巩固全党全国人民团结奋斗的共同思想基础。"[①]习近平总书记的讲话高度概括了宣传思想文化工作的根本任务。传媒具有多种功能，诸如教育功能、引导功能、监督功能、服务功能、娱乐功能等等，在这些功能当中，地位和作用是有主次之分的，各种传播媒体在体现这些功能方面，其强弱程度也是不同的。那什么是传媒的首位任务呢？胡锦涛同志在人民日报社考察工作时指出："要把坚持正确的舆论导向放在新闻宣传工作的首位。"他强调："舆论引导正确，利党利国利民；舆论引导错误，误党误国误民。"胡锦涛要求："科学地认识和把握新形势下宣传思想工作的特点与规律，形成新思路、探索新办法、开辟新途径、取得新成效。"[②]这是对党的舆论工作性质、作用和任务的科学概括，是深刻总结舆论工作与党同国家和人民的关系所提出的精辟论断，是对舆论引导工作的殷切期望和总要求。

一、坚持正确的舆论导向

(一)舆论导向

舆论导向，是媒体传播中占主导地位的舆论倾向。习近平在2013年中共中央政治局第十二次集体学习中提出：要努力提高国际话语权……讲好中国故事，传播好中国声音，阐释好中国特色，要创新对外宣传方式，着力打造融通中外的新概念新范畴新表述。中国需要用自己的声音去塑造与中国相符合的国际形象。习近平对我国的国

---

① 习近平．胸怀大局把握大势着眼大事，努力把宣传思想工作做得更好[N]．人民日报，2013－08－21.

② 关于进一步改进会议和领导同志活动新闻报道的意见[M]//十六大以来重要文献选编(上册)．北京：人民出版社，2005：288－290.

家形象提出了全面而系统的阐释，即文明大国形象、东方大国形象、责任大国形象和社会主义大国形象。他提出："要高举和平、发展、合作、共赢的旗帜，统筹国内国际两个大局……为实现'两个一百年'奋斗目标、实现中华民族伟大复兴的中国梦提供有力保障。"①

舆论导向在媒体传播中的作用突出表现为两点：一是引导舆论，即用执政党的路线、方针和政策去教育群众、引导群众，使群众认识真理、掌握政策；二是正确地反映社会舆论，把群众中分散的意见通过传播媒体反映出来，形成一股强大的推动社会向前发展的力量。什么是正确的舆论呢？正确的舆论主要体现在三个方面：即正确的政治方向、适时的舆论话题、适中的舆论强度。判定一种舆论是否正确，首要的是看其代表的政治方向是否正确。只有代表历史和社会发展的方向，促进社会生产力的发展，代表最广大人民群众的根本利益，反映人民群众真正意愿的舆论，才称得上是"正确的舆论"。一种舆论话题是否适时，除了受政治方向的制约外，还要有一定的时空限制。唯物辩证法认为事物是运动变化发展的，因此，有些话题在此时此地提出是正确的，但在彼时彼地再提出可能就不是正确的了。正确的舆论要发挥积极有效的作用，必须形成一定的氛围，形成一定的声势，引起社会的关注，争取民众的支持。同时，也要注意强度适中，考虑民众和社会的承受能力。只有这样，正确的舆论才能达到好的传播效果。

社会主义传播媒体是党和人民的"喉舌"，在推动经济发展、引导人民思想、培育社会风尚、促进社会和谐等方面发挥着不可替代的作用。因此，坚持正确的舆论导向是媒体最主要的责任。

（二）认清正确舆论导向的重要性和迫切性

进入新世纪新阶段以来，我国的社会思想意识呈现出多元、多样、多变的态势，迫切需要传播媒体坚持正确的舆论导向。习近平强调："宣传思想工作就是要巩固马克思主义在意识形态领域的指导地位。"②随着社会主义市场经济的不断完善，我国已进入了一个经济体制深刻变革、社会结构深刻调整、利益格局深刻变动、思想观念深刻变化的时期。人们在思想认识、道德选择、价值取向等方面的独立性、多样性、多变性、差异性日益增强。改革开放近 40 年来，我们党坚持和发展马克思列宁主义、毛泽东思想，高举中国特色社会主义伟大旗帜，马克思主义在意识形态领域的指导地位不断得到巩固和加强，中国特色社会主义旗帜、道路和理论体系逐步深入人心，但是，否定马

---

① 习近平. 中国必须有自己特色的大国外交[EB/OL]. (2014－11－30). http://www.people.com.cn.

② 习近平. 胸怀大局把握大势着眼大事，努力把宣传思想工作做得更好[N]. 人民日报，2013－08－21.

克思主义的错误思潮并没有消失,否定改革开放的噪音、杂音时有出现,资产阶级自由化思潮时有滋长。尤其值得注意的是,世界范围内各种思想文化交流、交融、交锋日益频繁,“西强我弱”的国际舆论格局短时间内难以改变,新闻舆论领域的斗争更趋激烈、更趋复杂。在这样的情况下,传播媒体必须坚持正确的舆论导向,大力加强社会主义核心价值体系建设,积极引领多样化社会思潮,坚实全党全国各族人民团结奋斗的共同思想基础。

社会经济成分、组织形式、就业方式、利益关系和分配方式日益多样化,社会热点层出不穷,突发事件时有发生,迫切需要传播媒体坚持正确的舆论导向。近两年,我国发生了多起严重的自然灾害、食品安全、群体纠纷、社会治安等事件,敌对势力策划实施了多起严重暴力犯罪事件,这给舆论引导工作带来了新的挑战。特别是全球爆发的金融危机,使国际经济形势复杂多变,我国的经济运行难度增加,就业、社会保障、收入分配等关系群众切身利益的问题更加凸显,对人们的思想产生了很大影响。在这种情况下,舆论引导的难度进一步加大,迫切需要新闻媒体从人民群众的关注点和兴奋点入手,主动回应人民群众的关切,有效化解人民群众的疑虑,把人民群众的情绪引入健康、理性的轨道,全力维护社会的稳定和谐。

新兴媒体迅速崛起,已成为思想文化信息的集散地和社会舆论的放大器,迫切需要传播媒体坚持正确的舆论导向。当前,以数字化、网络化为代表的现代信息技术突飞猛进,带来了新的文化生产方式和传播方式,网络已成为跨媒体、跨区域、跨层次的舆论传播媒介,并日趋成为舆论生成的策源地、舆论传播的集散地、舆论交锋的主阵地。由于互联网和手机短信具有开放、分散、互动、海量、无界等特点,敏感的社会问题一旦在互联网上出现,便能迅速形成舆论焦点,引发社会关注,影响社会稳定。在这种情况下,必须占领文化传播制高点,把提高网络舆论引导能力放在突出的位置,高度重视互联网的建设、运用、管理,努力使互联网成为传播社会主义先进文化的前沿阵地、提供公共文化服务的有效平台、促进人们精神生活健康发展的广阔空间。

(三)正确的舆论导向是坚持党性原则的最高体现

人类社会自产生了阶级以来,舆论传播就有了阶级性,没有阶级性的舆论传播是不存在的。传媒的党性是伴随着政党的产生而产生的,一定政党所代表的阶级利益和阶级意志在传媒中的体现就是传媒的党性。党性并不是无产阶级新闻传媒的“发明”或“专利”,自从人类社会进入政党时期之后就产生了党派性,并在传媒中强烈地表现出来。17 世纪,英国保皇派的《宫廷信使》与议会派的《英国信使》就是最早的党派报纸,它们有各自的立场,又为整个阶级利益服务,是阶级利益的代言人。在中国,资产阶级在推翻封建制度的斗争中,创办了自己的报纸,并把报纸作为舆论工具。维新党人梁启超在《论报馆有益于国事》一文中就指出报纸是“耳目喉舌”。资产阶级革命党人蔡元培也提出:“社会有若干阶级,而报之阶级性随之矣。”无产阶级从不隐瞒自己的政治观点,公开宣布新闻传媒的阶级性质,认为传媒事业是整个革命事业的重要组成部分。列宁在1905年11月发表于《新生活报》的《党的组织和党的出版物》一文中,第一次明确提出了出版物包括报刊的党性原则问题,他认为,对于社会主义无产阶级来说,写作事业不能是个人的或集团的赚钱工具,不能是个人的事业,应当成为无产阶级总的事业的一部分,或者是由工人阶级的先锋队开动的整部社会主义机器的齿轮和螺丝钉。报纸应当成为各级党组织的机关报,党的出版物应受党的监督。中国共产党历来强调党报党刊的无产阶级性质,在党的第一次代表大会上通过的第一个决议中,就明确规定了党的报刊的无产阶级性质。毛泽东认为,革命报刊、通讯社、广播电台作为党领导的整个革命事业的一部分,是传达党的政策、反映群众意见、指导革命工作的重要工具。在2002年1月的全国宣传部长会议上,胡锦涛强调,“新闻媒体是党和人民的喉舌,一定要坚持新闻工作的党性原则,坚持团结稳定鼓劲、正面宣传为主的方针,牢牢把握正确的舆论导向,努力营造昂扬向上、团结奋进、开拓创新的良好氛围”①。

因此,无产阶级的领袖们,将新闻传媒深刻地称为“党的阵地”“党的喉舌”“舆论工具”“政治中心”“思想上的中心”等等。这就告诉我们,传媒事业的性质决定了传媒事业的党性原则。传媒事业与党的事业休戚与共,因此,在任何时候都必须自觉坚持党性原则,不允许有任何含糊和动摇,否则,就会迷失政治方向,丧失政治敏锐性和政治鉴别力,甚至丧失政治立场。

传媒的党性原则是一个完整的体系,它是中国共产党的政治要求、思想意志、组织原则、方针政策等在传播媒体中的体现,是区别于其他阶级传播媒体的最显著的标志,是坚持正确舆论导向的根本依据。党性原则对传媒的基本要求是:

第一,必须在政治上与党保持高度一致,坚持正确的政治方向。宣传、贯彻党的纲领、路线、方针、政策,宣传、贯彻国家的法律、法令和人民政府的重大决策。在现阶段,就是要宣传党在社会主义初级阶段的基本路线,宣传科学发展观的重大战略思想,宣传全国人民建设小康社会的理想和目标,紧密配合国内外的政治形势,为全党全国工作的大局服务。

第二,必须在思想上坚持马克思主义的指导地位,坚持辩证唯物主义和历史唯物主义的世界观与方法论。宣传贯彻党的解放思想、实事求是,一切从实际出发的思想

---

① 胡锦涛.在全国宣传部长会议上发表重要讲话[EB/OL].(2002－01－11).http://www.xinhuanet.com/.

路线。敢于坚持和宣传真理，注重从总体上、本质上、趋势上来正确反映客观现实，维护党和人民的根本利益。

第三，必须在组织上贯彻执行党的组织路线，坚持党对传媒事业的领导。在传播活动中，严格遵守宪法和法律，严格遵守党的组织原则和宣传纪律。所有传媒单位及其党的组织，所有从事传媒工作的共产党员，都要无条件地服从党，不允许有非组织的行为出现，不允许利用舆论工具公开发表违背党的路线、方针、政策的报道和言论。

党性原则对传媒工作的要求集中到一点，就是要坚持正确的舆论导向。判断传媒是否坚持党性原则，主要看是否坚持了正确的舆论引导。这是因为舆论引导是党和国家的前途及命运所系的工作。传媒不仅是信息的发布者和交流平台，更是政府和群众之间的桥梁与纽带，它直接体现着党的社会动员能力和组织能力，是一种重要的执政资源。传媒所形成的舆论力量，直接影响着群众的思想、行为和政治方向。改革需要一个团结的局面，开放需要一个安定的环境，科学发展需要思想统一和意志力的凝聚。因此，坚持正确的舆论导向，对于提高党的执政能力、维护社会稳定至关重要。传媒工作要为改革开放鸣锣开道，创造一个以建设小康社会为中心的舆论氛围，坚持党性原则，就必须坚持把正确的舆论导向放在新闻宣传工作的首位，为促进经济社会又好又快发展营造良好的舆论氛围。一句话，坚持正确的舆论导向，就是传媒工作最高的党性原则。

（四）正确的舆论导向是传媒的根本使命

在社会主义市场经济条件下，传媒具有一定的商品属性，这是因为媒体产品是通过市场销售给受众的。在新中国的新闻传播历史上，曾经出现过忽视、否定传媒商品属性的倾向。当前，我们需要进一步明确传媒的商品属性、改善经营管理、讲求经济效益、适应受众需要、积极推进传媒事业改革。但是，报刊、广播、电视等传媒作为精神产品，除具有商品属性外，还具有政治性和导向性。无论在什么情况下，在强调商品属性的同时，都不能忽视传媒的“喉舌”性质。这是因为，作为传媒的主要内容——新闻是对新近发生事实的报道，或是对具有新闻价值的信息的传播，持有不同观点的传媒，在报道内容的选择上，在编辑、剪辑、稿件取舍和画面处理上，会表现出不同的思想倾向。在当今社会，掌握或影响传媒，宣传自己的主张，传播有利于自己的舆论，维护自己的利益，是传播活动发展的必然趋向，不管传播工作者是否看到或是否承认这一点，实际情况就是如此。作为党的传媒工作者，要努力从马克思主义传媒理论的高度、传媒事业规律的高度，深刻认识这种属性和规律，全面正确做好舆论引导工作。

作为社会主义的传播媒体，坚持正确的舆论导向是由自身的政治责任所决定的。

我们国家的传播媒体，是党、政府和人民的舆论工具，舆论导向正确，是党、政府和人民之福；舆论导向错误，是党、政府和人民之祸。传播媒体的性质决定了我们的舆论宣传报道应该具有很强的思想性、指导性、可读(可视、可听)性，应该为广大受众提供高质量的精神食粮，应该对人民群众的政治、思想和文化生活等方面起到强大的启迪及引导作用，帮助人们树立正确的世界观、价值观、人生观。特别是在当前经济转轨、社会转型的时期，社会经济、文化、人民生活水平在飞速发展和提高的同时，社会现象更为纷繁复杂，人们的思想观念更加开放也更加多元，传播媒体应该充分认识到自身的政治责任，强化自身的政治责任意识，发挥好舆论导向作用。

坚持正确的舆论导向，也是传播媒体的社会责任所要求的。在当今信息社会，媒体特别是主流媒体的巨大影响力，是构成社会文化环境的重要因素。通常情况下，公众是通过媒体来认识事件或问题的，并按照媒体对各种事件或问题的宣传程度来调整自己的看法。媒体对某一事物的宣传程度，与公众对该事物的重视程度是成正比的。媒体影响人们的关注程度，同时也影响着政府的关注程度。实践经验告诉我们，媒体影响公众，公众又会影响政府。社会的稳定、和谐、全面可持续发展，需要传播媒体发挥正确的舆论引导作用。经济的发展、社会的进步也需要媒体的支持和参与。在大力发展社会主义市场经济的今天，无论在什么情况下，传播媒体都不能为了所谓的“眼球效应”、经济效益，而放弃应该承担的社会责任。尤其要看到，现实社会中还存在着错综复杂的矛盾，许多散布腐朽思想、颓废情绪以及传播封建迷信、渲染色情暴力的东西，正力图通过传播媒体这个阵地，以各种方式影响、危害群众。传媒工作者如果认识不到这种错综复杂的矛盾，不能保持清醒的头脑，就会出现舆论引导上的错误。历史经验反复证明，舆论引导工作关系国家安全和社会稳定，关系党和人民事业的兴衰成败。传媒工作者应该从这样的高度来认识舆论导向的重要性，增强舆论导向的自觉性。同时也要看到，一个传播媒体只有在错综复杂的社会现象中，坚持了正确的舆论导向，发挥了推动社会前进的作用，才会受到人民群众的欢迎，才能不断得到发展；反之，在舆论导向上一再出错的传播媒体，必然为人民群众所抛弃，这是不可违背的规律。

二、自觉强化首位意识

当前国际、国内形势非常复杂，如何做好舆论宣传引导工作，是对传播媒体的重大考验。只有按照高举旗帜、围绕大局、改革创新、服务人民的要求，深入研究舆论引导工作的内在规律和外部环境，才能不断提高舆论引导水平。

（一）弘扬主旋律，传播正能量

增强政治意识。习近平在“8·19讲话”中指出，“坚持团结稳定鼓劲、正面宣传为主，是宣传思想工作必须遵循的重要方针”“弘扬主旋律，传播正能量”[①]。新闻舆论工作是宣传思想工作的重要内容，新闻媒体是意识形态的前沿阵地。我们要按照政治家办台的要求，坚持马克思主义新闻观，坚持“团结稳定鼓劲、正面宣传为主”的方针，突出政治导向、价值导向和稳定导向，始终把社会主义核心价值体系作为舆论引导的方向。因为，在我们国家，党报、党刊、电台、电视台等主流媒体是宣传党的路线、方针、政策的重要平台，是传达人民心声、体现人民意愿的重要渠道，对社会主流舆论的形成和传播发挥着关键作用。坚持正确的舆论导向，其核心是高举中国特色社会主义伟大旗帜，其根本是坚持中国特色社会主义道路、坚持中国特色社会主义理论体系。主流媒体要不断增强政治意识，全面贯彻宣传“一面旗帜、一条道路、一个理论体系”[②]，努力把广大人民团结和凝聚在中国特色社会主义伟大旗帜下，坚定不移地走中国特色社会主义道路。要积极推进社会主义核心价值体系建设，坚定共同的理想信念，强化精神支柱，弘扬基本道德规范，引导人们在为祖国、为人民奋斗中实现自身价值。实践告诉我们，主流媒体在人民群众中有较强的公信力，只有不断增强主流媒体的影响力，才能巩固和壮大以马克思主义为指导的社会主义主流舆论；只有牢牢掌握主流媒体，才能切实掌握话语权。在当前，要把发展主流媒体作为战略重点，加大支持力度，不断扩大主流媒体的覆盖面和影响力，保证主流媒体在舆论引导格局中的主导地位，让主流媒体在重大宣传战役、重大新闻报道中“唱主角”，成为“主流舆论场”的关键角色。只有这样，才能提高主流媒体的权威性，最大限度地压缩噪音、杂音的传播空间。

（二）形成舆论引导强势，强化大局意识

习近平“8·19讲话”的新闻报道，其导语最为突显的一句话是：“宣传思想工作一定要把围绕中心、服务大局作为基本职责，胸怀大局、把握大势、着眼大事，找准工作切入点和着力点，做到因势而谋、应势而动、顺势而为。”[③]讲话的要点涉及两个方面：第一是胸怀大局，第二是顺势而为。习近平提出的“因势而谋、应势而动、顺势而为”，则是一种需要颇高智慧的传播艺术。宣传是讲给别人听的，不能只顾自己的主观愿望单方面述说，而要审时度势地观察形势、民意和各种社会力量的对比，认真掂量自己该说

---

① 习近平．胸怀大局把握大势着眼大事，努力把宣传思想工作做得更好[N]．人民日报，2013－08－21．

② 资料来源：《党的十七大报告》。

③ 习近平．胸怀大局把握大势着眼大事，努力把宣传思想工作做得更好[N]．人民日报，2013－08－21．

什么，说多少，怎样说。宣传围绕中心、服务大局，是党对传媒工作的一个总要求，是社会主义传媒事业的一个基本方针，是坚持正确舆论导向最重要、最具体的体现。中心，就是经济建设这个中心，就是发展党执政兴国的第一要务。围绕中心，就是要牢牢扭住经济建设不动摇，激励人们聚精会神搞建设，一心一意谋发展，为全面建设小康社会营造良好的舆论氛围。大局，就是党和国家工作的主要方面。服务大局，就是要认真贯彻、落实党和政府的重大决策部署，牢固树立大局观念，一切从大局出发，在大局下行动，为改革开放和社会主义现代化建设提供强大的精神动力及舆论支持，推动经济建设、政治建设、文化建设、社会建设和党的建设全面发展。

近年来，从中央到地方的主流媒体，以学习宣传"十八大"为主线，深入贯彻落实科学发展观、全面建成小康社会的工作大局，开展多种形式的主题宣传活动，引导广大干部群众把思想认识行动统一到党的路线、方针、政策上来，并取得了显著成效。特别是在庆祝抗日战争胜利七十周年等活动中发挥了很好的舆论引导作用，受到了全国人民的赞誉。实践证明，新闻传播工作只有始终树立大局观念，才能牢牢掌握舆论引导的主动权，尤其是主流媒体组织好重大主题宣传报道，更是形成强有力的主流舆论态势和社会氛围、掌握话语权及赢得主动权的有效手段。

（三）做好宣传工作，强化阵地意识

保持和发展舆论工作主阵地。习近平在"8·19讲话"中强调："做好意识形态工作，宣传思想部门承担着十分重要的使命，必须守土有责、守土负责、守土尽责。"①主流媒体传播着主流意识和价值观，引导着社会发展主流，受众关注度高，传播影响力大，具有很强的权威性和公信力，在舆论工作中发挥着主阵地、领头羊和风向标的作用。随着现代传播技术的迅猛发展，引发新闻信息生产传播方式、传播格局的重大变革，人们接受信息的渠道多种多样，受众的心理和习惯也在发生变化。主流媒体要主动适应舆论环境的变化，遵循新形势下新闻传播的规律，敢于发声、善于发声、巧于发声，不断提升传播力、公信力和影响力，牢牢掌握舆论工作的主动权和主导权。要在巩固发展传统业务的基础上，充分应用现代传播技术，加快数字化、网络化、移动化的步伐，顺应分众化、碎片化、对象化的趋势，推动主流媒体和新兴媒体的融合发展。要深入研究受众心理，增强主动设置议题的能力，及时回应社会关切，加强与受众交流，更多考虑受众的主体诉求，在服务受众的过程中体现宣传、教育和引导的功能。

主流媒体是坚持正确舆论导向的主渠道和主阵地，要充分发挥自身优势，努力在

---

① 习近平. 胸怀大局把握大势着眼大事，努力把宣传思想工作做得更好[N]. 人民日报，2013－08－21.

全社会形成和发展积极健康的主流舆论。要始终坚持团结稳定鼓劲、正面宣传为主的方针，这既是党在新时期新闻宣传工作中的基本方针，也是构建社会主义和谐社会过程中的内在要求。实践表明，正面宣传是实现正确舆论导向的主要抓手，特别是在人们思想活动的选择性、独立性、差异性、多变性明显增强的情况下，主流媒体和强势媒体，更要真实、客观地反映社会生活的本质和主流，多做统一思想、凝聚力量的工作，多做鼓舞士气、振奋精神的工作，多做促进发展、维护稳定的工作，多宣传奋发图强、健康向上的先进典型，在全社会营造积极向上、生动和谐的舆论氛围，努力使有利于国家富强、民族振兴、社会和谐、人民幸福的思想和精神成为时代的最强音。要防止片面强调娱乐性、休闲性等副功能而削弱、冲击主功能的倾向，特别要防止利用副功能兜售极端个人主义、拜金主义、享乐主义等腐朽的人生观、价值观。广播电台、电视台的新闻节目要避免泛娱乐化倾向。值得注意的是，一些传播媒体人为地淡化新闻节目的根本属性和社会守望功能，以娱乐化的包装追求高收视率、高收听率和轰动效应。有的媒体追求新闻的戏剧化和激情化，人为地“演新闻”“编故事”，有的民生类新闻节目把注意力放在奇闻怪事上，背离了媒体承担的主功能。新闻节目向泛娱乐化靠拢，容易让受众对媒体的品质和公信度产生质疑，从而造成正确的舆论引导作用的缺失。发挥主功能作用，营造符合社会发展要求的舆论环境，从业人员要有强烈的责任意识和敏锐的把关意识，要从内容和表现形式两个方面把好关。坚持正面宣传为主，并不是不要批评和监督。要正确处理正面报道与负面报道，主要报道与一般报道，重点报道与日常报道之间的关系。开展舆论监督要坚持建设性监督、科学监督、依法监督，适时、适度、适量，善于把正面宣传与加强舆论监督统一起来，既敢于针砭时弊，又善于帮助人们排忧解难、理顺情绪、化解矛盾、激浊扬清、因势利导，为营造团结稳定的舆论氛围发挥积极作用。

(四)把好关，把好度，强化责任意识

坚持正确的舆论导向，必须做到把好关，把好度。把好关，就是把好政治关、政策关、事实关、格调关。把好度，就是要用全面的、联系的、发展的观点看问题，掌握口径、分寸、火候和时机。特别是分寸问题，我们讲的是真话，但是真话不一定都讲出来，因为要考虑到社会的承受能力、事情的发展进程，要给民众的心理承受能力和事件处理过程留下余地，否则和盘托出可能引起社会恐慌，给后续的工作带来不堪设想的结果。因此，在第一时间有分寸地讲真话，这个是我们新闻发言人必须牢记的一条法则。党报、党刊、电台、电视台等主流媒体是社会舆论的风向标，把好关、把好度至关重要，在重大问题、敏感问题、热点问题上，更要树旗定向，确保准确传达党的路线、方针、政策。

在重大问题上，在事关国家、民族团结稳定发展的根本问题上，在重大理论和重要方针、政策的宣传上，要时刻保持政治上的清醒和坚定，决不能出现任何政治性和导向性上的差错。要始终站在党和国家工作全局的高度，观察问题、思考问题、把握问题，坚持唱响主旋律，为党的各项工作的开展营造良好的舆论氛围。要始终站在积极应对意识形态领域复杂局面、确保意识形态领导权的高度，切实增强政治敏锐性和政治鉴别力，决不能给错误思想和观点提供传播渠道，决不能给人以误导、偏导和错导。同时，在人民群众关注的热点问题上，在事关社会稳定的敏感问题上，坚持正确引导、有序开放、及时准确、公开透明的原则，适时发布权威信息，主动回应人民群众关心的热点问题，有效化解人民群众的思想疑虑。要精心把握社会舆论的宏观调控，该热的要热，该冷的要冷，该稳的要稳，切实做到引导有力、冷热有度、平稳有序，使正面的声音理直气壮，使党和政府的声音始终占据舆论的制高点。

三、努力探求新的传播方法

胡锦涛强调："要尊重舆论宣传的规律，讲究舆论宣传的艺术，不断提高舆论引导的水平和效果。"①要求把提高舆论引导能力放在突出位置进行深入研究，拿出切实措施，取得新的成效。实现正确的舆论导向不仅要坚持正确的政治方向，也要努力提高舆论引导艺术。只讲导向，不讲措施和方法，正确的导向也是无法实现的。

第一，提高舆论引导的针对性和有效性，把握媒体分众化、对象化趋势。中央宣传部、中央文明办、文化部、国家新闻出版广电总局印发的《关于加强基层宣传思想文化工作的意见》，强调运用分众化、对象化方式，利用互联网、手机和移动客户端等平台，不断增强基层宣传思想文化工作效果。随着技术的发展和媒体多样性、信息广泛性以及受众选择性的不断增强，受众的信息需求出现了从"被迫接受"向"主动选择"的转变，大众传播出现了媒体分众化、对象化的趋势。任何一家媒体都不可能同时满足所有人的需要，只能选择一部分受众作为自己的目标对象。这就要求媒体根据受众的差异、兴趣爱好对自身的特色进行"定位"，运用差异化策略找到自己在社会和市场中的位置，以适应媒体传播规律和社会舆论格局的变化。要针对各类受众群体的信息需求和接受习惯，不断调整和充实传播内容，把握好舆论引导的时机、节奏和力度，在传播新闻事实中体现正确导向，在同群众交流互动中促进共识的形成。

第二，创新舆论引导的方式，增强媒体宣传的表现力。坚持正确舆论导向，弘扬主

---

①　胡锦涛．在全国宣传部长会议上发表重要讲话[EB/OL]．(2002－01－11)．http://www.xinhuanet.com/.

旋律，提振精气神，必须努力提高意识形态宣传的科学化水平，增强舆论引导的有效性。在宣传内容上，要牢固树立马克思主义在意识形态领域的指导地位。强化舆论引导力，首先是在全党用马克思主义占领思想文化高地。巩固马克思主义在意识形态领域的指导地位；在宣传形式上，要注重方法创新，增强舆论引导的有效性。要把握新时期舆论引导的内在规律，创新方式、方法，增强思想宣传的针对性、有效性。因此，要在创新舆论引导的方式上下大功夫，努力避免政策宣传文件化、工作报道概念化、会议报道模式化、典型报道脸谱化等现象；努力实现媒体宣传题材多样化、形式多样化、风格多样化。在报道会议和领导活动时，要突出新闻价值，使报道"有血有肉"；在报道典型时，既要使典型既有一定的思想高度，又要让人感到可亲可学；在报道重点工作时，既要全面准确又要生动鲜活，使同一主题的报道多角度、多侧面，避免内容形式的雷同和单一。同时，细节也是决定媒体感染力的关键点，媒体宣传要善于抓住普通群众最感人的一个侧面、一个瞬间、一个故事、一句话，由浅入深，以小见大，增强媒体的吸引力和感染力。

第三，重视发挥新兴媒体的优势和作用。总书记讲互联网已经成为舆论斗争的主战场。这个绝对不是危言耸听，美国的前国务卿奥尔·布来特曾说：有了互联网，对付中国就有办法了。网络是没有边界的，一上网就出国，他所谓的普世价值、政治观念可以通过网络来自由地传播。我们已进入网络化、数字化时代，互联网、手机已广泛普及，宽带视频逐渐普及，4G、5G 应用前景广阔，移动电视、楼宇电视发展迅速，这些新兴媒体，具有开放性、即时性、互动性等特点，覆盖广泛、快捷高效、影响巨大，带来了传播方式的革命性飞跃，深刻影响了社会舆论的形成机制、传播方式。事实上，已经形成包括社会舆论场、媒体舆论场、网络舆论场、手机舆论场在内的多个舆论场，特别是网上论坛、新闻跟帖、聊天评论等十分活跃，产生了明显的放大效应。这种趋势，很容易将一些非主流的舆论发酵催化，形成舆论热点，干扰主流舆论。面对这种情况，我们必须高度重视，加强管理，因势利导，趋利避害，为我所用。要以党报、党刊、电台、电视台为主，加强主流媒体和新兴媒体建设，依托主流媒体打造主流网络媒体，发挥互联网、手机等新兴媒体在舆论传播中的特殊功能和作用，确保新兴媒体成为舆论引导的新阵地，绝不给有害和错误信息提供传播渠道。

第四，各类传媒相互配合，形成舆论合力。舆论宣传犹如打仗，要取得胜利，必须调动一切战争资源，集中火力，方能胜算。协同作战，形成舆论优势，这是社会主义舆论工作的独特优势。在我国，不同媒体由于行业和专业分工以及受众定位的不同，其报道内容、报道方式和报道风格自然会有差别，为了形成自己的风格，发挥自己的优势，相互之间的竞争是正常的，也是无可非议的。但是，无论是何种媒体，也无论是哪一级媒体，都应当服从于党和国家为传媒事业确定的指导方针、宣传任务和工作目标，并要为实现这些方针、任务和目标努力工作。要全面贯彻这些指导方针，圆满完成任务，顺利实现工作目标，仅靠几家媒体是不可能的。它需要各级、各类、各种媒体统一思想，从整体上运筹协调，确定总体作战的格局，协调配合，通力合作，形成合力，以发挥整体优势，取得整体效果。特别是涉及重大事件的宣传，各家媒体更应当以大局为重，紧密联手，有机配合，有序运作，共同完成新闻宣传和舆论导向工作。实践表明，在重大问题上，综合利用多种媒体，既可以整合各种媒体，实现优势互补，形成立体攻势，又可以在特定的时间段内，形成合力，在更深、更广的范围内扩大舆论的影响力，实现舆论引导的目的。

第五，深入细致，润物无声，防止“刮风”和大轰大嗡。舆论宣传采取强行灌输、急风暴雨，还是尊重主体、细雨润物，直接关系到舆论宣传的效果。大量事实表明，新闻宣传和舆论导向出现的问题都与宣传报道的内容、时机和分寸有关。盲目“刮风”和大轰大嗡是这方面的突出表现。有时，为了配合某项中心工作或宣传某一重要典型，一个时期内相对集中地做一些有一定深度和力度的宣传报道，不仅是可以的，而且是必要的。但是，要想取得好的传播和导向效果，必须充分考虑人们的心理承受能力。对象态度的转变，是一个复杂的心理过程，用简单的灌输方式难以达到目的。要使传播卓有成效，就应该遵循对象的心理规律，变倾盆大雨为毛毛细雨，做长期打算，锲而不舍，水滴石穿。这就要求舆论引导工作有一个度的控制，做好统筹计划，防止大起大落，保持舆论的常态。做到一个时期的宣传和对某一事物的宣传，要有点有面、点面结合、疏密适中，切忌连篇累牍、虚张声势、空造舆论。

第六，健全应急机制，赢得话语权。当前，我们既处在一个发展的机遇期，也处在一个矛盾的凸显期，突发事件是难以避免的。建立健全公共突发事件舆论引导应急机制，是保持社会稳定，维护好、发展好、实现好人民群众根本利益的重要措施。有了这一机制，一旦发生公共突发事件，就能坚持正确导向，及时准确、公开透明地发布权威信息，及时回应人民群众的关切，及时消除人民群众的思想疑虑，增强主动权、赢得话语权。从实践经验来看，要积极完善各项制度和机制，对舆论引导工作实行全程管理。精心把握新闻舆论的宏观调控，坚持第一时间发布权威消息，确保新闻宣传引导有力、平稳有序；坚持做好新闻阅评和审读工作，建立群众来信、来电处理制度，健全舆情分析研判机制。特别是在突发事件发生后，各级、各类媒体要紧密配合，准确研判，快速反应，及时引导，确保党和政府的声音始终成为主导舆论。

第七，认真改进作风，把“三贴近”“走基层”落到实处。习近平在2004年浙江省委新闻宣传工作座谈会上讲，“说群众想说的话，讲群众能懂的话，为群众创造更多喜闻乐见的内容和形式，提供更多喜闻乐见的新闻和信息”[①]。因为，舆论传播效果的大小，与受其影响的群众的范围之大小成正相关，受其影响的群众越多，则效果就越大。而一般受众所受的教育及其文化水准比较低，他们对外来信息的了解和接受能力相对薄弱。所以，要提高舆论传播的社会效果，就要尽可能地降低舆论宣传的知识层次，尽量向社会中下阶层靠拢，尽量用群众自己所熟悉的语言和属于大众身边的有趣事实来传播。“三贴近”“走基层”就是增强舆论宣传效果的重要途径，也是党对新闻舆论工作的基本要求。贴近实际，就是要真实反映当前的实践，使舆论宣传更加具体，扎实深入；贴近生活，就是要深入到现实生活当中去，反映客观现实，把握社会主流，使舆论宣传更加入情入理，富于生活气息；贴近群众，就是要深深扎根于群众之中，使舆论宣传更加可亲可信、深入人心。这就要求新闻舆论工作者，一定要到生产生活的最前线，深入田间地头、工厂矿区、医院学校，把笔杆、镜头对向基层群众，从细节入手，从老百姓生活的变化入手，用生动的事实、准确的事实来说服人、引导人，以达到舆论宣传的效果。

四、不断增强引导能力

面对国际意识形态领域激烈复杂的斗争形势，如何在国际话语体系中发出更响亮的中国声音，更好地掌握话语权，提高国际舆论引导能力，捍卫国家利益，维护民族尊严，是摆在新闻工作者面前的艰巨任务和神圣使命。胡锦涛同志在人民日报社考察工作时告诫新闻工作者：“特别值得注意的是，当前，世界范围内各种思想文化交流、交融、交锋更加频繁，‘西强我弱’的国际舆论格局还没有根本改变，新闻舆论领域的斗争更趋激烈、更趋复杂。在这样的情况下，新闻宣传工作任务更为艰巨、责任更加重大。”[②]他要求新闻工作者要立足国内，面向世界，统筹国际国内两个方面，不断提高国际新闻报道的质量和时效性。

（一）加强国际舆论引导应坚持的原则

在“西强我弱”的格局下，创造有利于中国的国际舆论环境，提高中国的国际舆论地位，需要做长期的艰苦努力，需要坚持以下几项原则。

---

① 习近平. 在浙江省委新闻宣传工作会议上的讲话[EB/OL].（2004－08－04）. http://www.xinhuanet.com/.
② 胡锦涛. 在人民日报社考察工作时的讲话[N]. 人民日报，2008－06－21.

1. 舆论宣传以维护国家核心利益为导向

邓小平在20世纪80年代末期，明确提出以国家利益为最高原则，他在会见美国已故前总统尼克松时说："我知道你是反共产主义的，而我是共产主义者。我们都是以自己的国家利益为最高准则来谈问题和处理问题的。"①我们党的战略思维，其价值取向不仅要始终坚持人民群众的根本利益，还必须以维护国家核心利益为正确的导向。因为国家的战略利益与人民群众的根本利益息息相关。2013年1月28日，习近平在十八届中央政治局第二次集体学习时指出："走和平发展道路，是我们党根据时代发展潮流和我国根本利益做出的战略抉择。我们要坚持走和平发展道路，但决不能放弃我们的正当权益。"②2014年3月28日，他应德国科尔伯基金会邀请在柏林发表重要演讲时进一步强调："在事关中国主权和领土完整的重大原则问题上，我们不惹事，但也不怕事，坚决捍卫中国的正当合法权益。"③虽然这是新一届领导层调适外交战略思维，但也说明我们必须坚持国家利益至上。从某种意义上来说，媒体传播的是国家的声音，是为国家利益服务的，所有的国际传播都带有政治色彩。国家利益是国际传播工作的出发点和归宿，也是判断国际传播是非成败的根本标准。无论是将国际社会的重大事件和变化介绍给本国民众，还是把本国的有关政治、经济、思想、文化等方面的信息传达给国际社会，都必须坚决维护国家的根本利益。目前我国国际新闻的自采能力还比较薄弱，西方主流媒体在信息源上占有强大优势，我们的新闻稿件很多是译自西方媒体。在这种情况下，要以有利于政府形象、国家利益为核心，强化正面信息，弱化负面信息，杜绝有害信息。在向外传播时，要把无利或有害的信息删除掉；在向内传播时，要把有利于己的信息积极介绍进来。在事关国家主权、民族尊严、国家安全、祖国统一等根本利益上，必须旗帜鲜明，坚持原则，进行有理有利有节的斗争。

2. 对外宣传报道把握主动，以我为主

随着我国国际地位的不断提高，国际社会日益重视中国的声音，渴望听到中国的声音。在开展国际传播活动中，我们不能为西方舆论所左右，必须坚持以我为主的原则。要建立健全对外传播的领导体制，积极整合对外传播资源，形成对外传播的合力。为什么要掌握主动权？习近平在他"8.19讲话"当中就讲了三个方面：第一，现在我们国际间的思想交锋、思想交流、文化交融日趋频繁，西方把中国的崛起看作是对它的价值观和统治体系、治理体系的一种挑战。第二，国内的错误思潮此起彼伏，有各种各样

① 邓小平．邓小平文选(第3卷)[M]．北京：人民出版社，1993：330．
② 习近平，2013年1月28日在十八届中央政治局第三次集体学习时的讲话。
③ 习近平，2014年3月28日在柏林的演讲。

的反思，你做得好也反思、犯了错误也反思，反思国史、反思党史、反思“文化大革命”、反思改革开放，只要你共产党做了，他都给你反思一番，所以这个错误思潮此起彼伏。第三，随着改革开放的不断深入，那些腐朽的思想文化将沉渣泛起。习近平从宏观的层面举了三个方面。从具体的表现来看，西方对我们在思想战线的围攻一刻都没有放松，美国中央情报局从20世纪50年代就发布了一个对华的“十条戒令”，这“十条戒令”中核心的内容，前三条就是“要用物质引诱他们的年轻一代，让他们放弃对共产主义的幻想”。

在与西方舆论争夺读者、听众、观众方面，要打好主动仗，争取先声夺人，以“先发制人”为主，以“后发制人”为辅。实践证明，“先发制人”符合传播学原理，“后发制人”违背传播学原理。要主动触及敏感问题和热点问题，对于国外议论较多的或国外公众关心的中国国内的事情，以及西方媒体对中国国内重大问题的歪曲报道，不回避，不遮掩，而是主动应对、及时组织有针对性的对外报道，解疑释惑，增进世界人民对中国的了解。

3. 尊重客观事实，坚持正面宣传

国际传播说到底是一种有目的的跨国界宣传行为，其目标是国外的普通民众，其目的是说服国外民众相信宣传者的思想、观点，同情或赞成宣传者对事件的解释。坚持以正面宣传为主，不仅因为这是各国对外传播媒体所遵循的一个普遍准则，还因为这是塑造中国国际形象的需要，是展示国家综合国力的需要。改革开放以来，我国经济快速发展，人民生活水平日益提高，综合国力不断增强，中国国际形象在国际舞台上产生了重大影响。在这种情况下，要进一步塑造我国良好的国际形象，必须坚持客观公正，正面宣传的方针。随着对外窗口进一步扩大，外国媒体进入我国的机会越来越多，宣传报道我国的情况也越来越多，但他们来自不同的国度，持有不同的立场和价值观念，对我国现实会做出不同的判断。但中国只有一个国际形象，中国的真正国际形象只能靠自己来塑造和宣传。通过客观公正的正面宣传，让世人逐步认识真正的中国，让世界各国明白中国在国际事务中的真正意图，纠正一些西方国家媒体对我国的歪曲报道。

4. 原则坚定，策略灵活

国际舆论引导能力的较量，实质上是不同意识形态争夺话语权和表达权的斗争。在“西强我弱”的格局短时间难以根本扭转的情况下，我们必须将斗争的原则性与策略的灵活性有机结合起来。在重大的原则问题上，应当旗帜鲜明地表明自己的立场、观点和态度，绝不能人云亦云，含糊其辞。在国际事务中，没有永远的朋友，也没有永远的敌人，永远不变的只有国家利益。无论哪一种媒体，都必须把国家利益放在第一位。

对于敏感的国际问题，要进行准确的事实判断，要从国家利益的角度认识问题的影响和作用，依照党和国家的有关政策与精神进行表达及解说。同时，要讲究策略，讲求传播艺术，淡化宣传色彩，强化新闻效果。坚持用事实说话，把观点、立场寓于事实之中，让受众从事实的逻辑中得出我们要做的结论。要善于掌握时机，把握分寸，采取灵活多样的方式进行报道，力争取得最大的传播效果。

5. 区别对象，突出重点

提高国际舆论引导能力，需要有很强的针对性，而正是这种针对性决定其传播的有效性。国际传播的对象庞大而广泛，包括各个层面的外国读者、听众和华侨、华人。要满足海外不同层面受众的需要，就要对各种不同的宣传对象区别对待，改变那种不顾宣传对象的国家、民族、习俗、心理特征而"一锅煮"的做法。要针对不同地区和受众制定不同的传播策略，在调查研究的基础上，不断调整传播的内容以符合受众的口味，最大限度地争取更多的受众。在"西强我弱"的格局下，我们的对外传播不可能四面出击，也不可能把全球所有国家和地区都作为自己的宣传对象，只能有选择地集中力量对重点国家和地区进行宣传。从目前情况来看，东南亚和欧洲是重点地区，美国、日本、俄罗斯、法国、韩国、德国等应成为我们对外传播的重点国家和地区。在这些国家和地区中又以中产阶层的受众为主，通过分析他们的国民性和阅读习惯，制定有针对性的传播策略，力求取得预期的传播效果。

(二)应采取的主要措施与对策

面对相当长一段时间内存在的"西强我弱"的国际舆论格局，我们不能畏惧，不能一味地采取守势，不能等待有朝一日自动发生有利于我国的变化，而必须练好内功，积极开展斗争，既要有正确的指导思想和原则，又要有行之有效的措施与对策。

1. 一要精心设计新闻议题，掌握舆论主动权

西方国家特别是美国控制世界舆论话语权的一个主要策略，就是预先设置新闻议题，然后大肆进行新闻炒作。中国在美国媒体国际报道中出现率较高，但报道议题却十分集中，主要是人权问题、台湾问题、对华贸易问题、中国国内问题等。他们对新闻事件多是持有揭露、批判的倾向，对中国事务更是以负面意见为主。我们的报道要产生大的影响力，必须精心设计新闻议题，不能只是别人出招我们接招，跟在别人后面去争辩。凡内容重要、别人关切又对我们有利的议题都要积极引导。要突出报道那些具有人类共同兴趣的新闻，因为不管文化背景如何不同，人性中总是有相通的层面，否则整个人类社会也就根本无法沟通了。一些全球共同面临的问题，如环境生态问题、社

会治安问题、卫生保健问题、人口老龄化问题、贫富分化问题、妇女与儿童问题等等，都是令世人关心、注目的普遍问题。有关这些内容的新闻报道，很容易引起受众的兴趣。我党和政府提出的重大方针、政策也是很好的新闻议题，比如，“中国坚持走和平发展道路”“构建和谐世界”“和平与发展是世界的主题”“和平统一、一国两制”等等。报道这些议题，既可以淡化“宣传痕迹”，又能引起广泛的共鸣，使我们的新闻报道上升到“人类幸福”“全球意识”的高度。这对于揭露西方国家的一己私利行为，以及在国际舆论上争得话语权十分有利。

2. 要准确把握国外受众的基本民情，选好报道突破点

跨国、跨地区、跨文化的对外传播，根本点是让世人更好地了解中国。国外的受众具有不同的文化背景，尤其是西方人的价值观念和生活方式更与国人大不相同。加之西方国家依仗舆论强势，长期对我国进行大量负面报道，使部分国外受众对我们的新闻报道产生了逆反心理。增强国际舆论引导能力，必须摸清国外受众的基本脉络，只有适应受众的需求和接受习惯，其传播才能收到理想的效果。正如李长春同志所指出的，我们要学会用中国的故事、西方的叙说，用别人接受的方式来介绍中国，展现和我国发展相匹配的国家形象。国外受众民主意识较强，在报道方法上就要切忌语言生硬，说教味太浓。国外受众人权观念浓厚，在报道内容上就要尽量用事实说话，让专家出面说话，不把大道理强加于人，多用情感和道理诱导。国外受众崇尚权威，在对外传播中，就要尽力树立自身的权威性，杜绝失实信息，力求把新闻事件的背景弄清楚。来自权威人士和权威机构的信息更令人信服，要更多的权威人士评论，使得报道有血有肉。

3. 要杜绝简单化，正确地报道中国

加强国际舆论引导，要摈弃一些片面的、落伍的习惯思维，采取更加客观、务实的态度。既要正面报道，又要正确报道。那种“报喜不报忧”、只能说好不能说坏的报道理念，并不是“爱国主义”理念，并不能扩大我国媒体的国际影响力。中国作为一个发展中国家，在前进的过程中，取得了巨大成绩，也不可避免地遇到了各种各样的问题。对问题的揭示分析，全面平衡的报道，比“报喜不报忧”更能塑造国家的真实形象。正确地宣传中国，既要有成就报道、政策报道，也要有失误报道、批评报道。对存在的困难和问题、天灾事故等突发性事件及时进行报道，有利于在国外受众中树立中国媒体的公信力，增强报道的可信度和影响力。在国内媒体上经常报道一些英雄模范人物舍弃生命、公而忘私的先进事迹，这些事迹虽感动国人，却难以被国外受众所效仿。西方受众不是我们的教育对象，而只是被告知、被影响的对象。在人与人关系的报道上，在

人与集体关系的宣传上，我们应内外有别、外外有别，把爱党、爱国的政治角度转向生活角度、文化角度，在客观报道的过程中，多展示中华民族的传统美德和崇高形象，这才是对外报道的文化意蕴之所在。

4.要增强采集能力，提高时效性

西方国家尤其是美国之所以控制了国际舆论的话语权，关键在于他们掌握了重大信息传播的首发权、首播权。西方媒体在追求时效性上是十分苛刻的，在抓新闻上，尤其是事件新闻上，他们往往以秒来计算。新闻的规律告诉我们，记者第一个冲到现场，第一个采访当事人，第一个发出稿件，是争夺受众、影响舆论的关键步骤。提高时效性，根本的出路在于增强采集能力。由于我们在报道国际事件方面原创率比较低，因此，我们的国际新闻很少被西方媒体转发。要千方百计增加自采新闻、原创新闻、首发新闻和独家新闻，如果总是大量地转发或编发其他媒体的报道，吃别人嚼过的馍，是不可能争得舆论的话语权的。这就需要大力加强海外阵地建设，扩大投入，调整布局，增加海外雇员的数量，充实报道力量，使新闻采集能力适应舆论斗争的需要。

5.要在设计和塑造传媒形象上狠下功夫

我国的宣传机构与媒体是党和政府的“喉舌”。在西方人的眼里，我们的媒体是国家的一部分，代表国家，媒体的形象就是国家的形象。因此，塑造媒体的良好形象十分重要。但是，我们的对外传播缺乏品牌和包装，媒体的品牌意识淡薄。如今，国际间媒体竞争异常激烈，良好的媒体形象，可以产生良好的受众心理定势，使受众对该媒体的好感转化为对该媒体传播内容的依赖和信任，从而拥有越来越多的受众。多年来，中国媒体在世人眼里已初步形成了有原则性、主持公道、坚持正义、真实可信的良好印象，但也给人以缺少透明度、迟缓和刻意粉饰的印象。今后，应在塑造良好形象上继续下大功夫，要通过有意识、有计划、有步骤和持之以恒的活动，各类媒体通力合作，进行统一的策划实施，以优化中国媒体在海外公众和国际社会中的良好印象，并不断强化和传播这种印象，让世人对我们的媒体特质入耳入脑，逐渐形成共识。

6.要大力发展和运用新兴媒体

在信息传媒越来越发达的时代，仅借助口舌和笔墨已难以争得话语权。网络已成为跨媒体、跨区域、跨层次的舆论传播媒介，日趋成为舆论生成的策源地，舆论传播的集散地，舆论交锋的主阵地。由于互联网和手机短信具有开放、分散、互动、海量、无界等特点，为话语权的辐射提供了十分巨大的空间，许多发达国家都制订了互联网和手机网络发展战略。全球最大的电脑软件公司微软公司与美国全国广播公司联手，代表了传媒的网络化和传播方式高科技化的结合，将对新闻传播的内容、方式和操作手法等产生很大影响。发展好、运用好、管理好互联网，已经成为舆论斗争胜负的关键所在。我国的网络媒体发展迅速，已经初步形成了以中央重点新闻网站为龙头、地方新闻网站为主干的网络新闻媒体体系。网络媒体已经成为向世界说明中国的新闻传播崭新渠道，但是，与西方国家相比，我们的网络媒体无论在技术上还是在规模上都有较大差距。习近平提出，“没有网络安全就没有国家安全”“建设网络强国，要有自己的技术，有过硬的技术”“要有高素质的网络安全和信息化人才队伍”①。我们在建设好、运用好、发展好传统媒体的同时，一定要瞄准新兴媒体业态的发展前沿，以世界先进技术为目标，建设功能强大、运行高效、安全可靠的网络话语平台，以增强国际舆论引导能力。

① 习近平，2014年2月27日在中央网络安全和信息化领导小组第一次会议上的讲话。

第四章　马克思主义大众化传播的基本理念

习近平总书记提出，要“让13亿人的每一分子都成为传播中华美德、中华文化的主体……综合运用大众传播、群体传播、人际传播等多种方式展示中华文化魅力”①。习近平认为：以人为本，是“三个代表”重要思想的必然要求，是科学发展观的核心所在，是和谐社会的最高价值理念。坚持以人为本，体现在执政上，就是要坚持立党为公、执政为民，做到权为民所用、情为民所系、利为民所谋；体现在发展上，就是要回归到经济发展以社会发展为目的、社会发展以人的发展为中心这样一种理念，做到发展为了人民、发展依靠人民、发展成果由人民共享；体现在结果上，就是要实现好、维护好、发展好最广大人民群众的根本利益。②

一生都在“试着影响别人”的传媒巨子默多克，把“总是盯住下一个目标”作为他开拓事业的理念。默多克的成功告诉人们，要把传媒成为一个事业，除了各项具体工作要一直朝着一流的目标奋斗之外，更重要的是，必须要有一个指导思想或者一个先进理念来指导和支撑具体的行动。只有依靠先进理念的指导，才能永远保持发展的活力，才能不断创新，创造出一流的业绩。理念属于意识范畴的东西，理念是理性的思维，而不是感性的直觉，是经过深入思考，具有整体性、全面性和深刻性的意识。理念也是一种精神，一种境界。它不仅是对现实问题的思考，更重要的是面向未来，对未来有所展望。在当今的信息社会，在不同传媒理念的指导下，品型繁多的媒介异彩纷呈，各种传媒理念交织、碰撞、聚合。传媒理念不仅改变着媒体的面貌，而且影响着社会受众的文化心理、文化观念，示范并引导着社会受众的生产、生活方式。因此，社会主义传媒事业必须牢固树立和坚持以下基本理念。

---

① 习近平，2013年1月1日在中央政治局第十二次集体学习时的讲话。

② 习近平．在为民办实事中落实以人为本的理念[N]．光明日报，2007－03－07．

一、坚持以人为本

(一)要坚持以人为本的理念

为什么人的问题始终是马克思主义传播的一个根本问题。胡锦涛同志在人民日报社考察工作时,对新闻工作者提出了一个根本要求:就是要“坚持以人为本”。胡锦涛指出:“要坚持把实现好、维护好、发展好最广大人民的根本利益,作为新闻宣传工作的出发点和落脚点,坚持贴近实际、贴近生活、贴近群众,把体现党的主张和反映人民心声统一起来,把坚持正确导向和通达社情民意统一起来,尊重人民主体地位,发挥人民首创精神,保证人民的知情权、参与权、表达权、监督权。要面向基层,服务群众,深入实际,多反映人民群众的工作生活,多反映人民群众的利益要求,多宣传人民群众中涌现的先进典型,激励全体人民信心百倍地创造美好生活。同时,要注重在传播活动中体现正确导向,在同群众交流互动中形成社会共识,在加强信息服务中开展思想教育,用事实说话,用典型说话,用数字说话,化解矛盾,理顺情绪,引导各方面群众共同前进。”①坚持以人为本,是发展社会主义传媒事业所必须确立的根本理念。2013 年 4 月 28 日,习近平总书记在同全国劳动模范代表座谈时强调,人民创造历史,劳动开创未来。实现我们的奋斗目标,开创我们的美好未来,必须紧紧依靠人民、始终为了人民。人民是国家的基础,劳动者是国家富强的根本和保障。在新闻和宣传方面,提出了“三贴近”②(贴近实际、贴近生活、贴近群众)的要求。“三贴近”从新闻业务的角度,为传媒找准新闻源头指明了方向,提供了丰富的源泉。改进会议和领导同志活动的报道,是从一个方面改变传媒脱离群众、脱离实际的现状,而“三贴近”的要求,是从正面提出问题,同样要解决的是传媒与群众、生活脱节的问题。

1. 以人为本,体现马克思主义传媒观

以人为本的理念,是马克思主义传媒观的灵魂,它充分体现了中国共产党的根本宗旨。早在 1925 年,毛泽东在《政治周刊》发刊词中就说:“为什么出版《政治周刊》?为了革命。为什么要革命?为了使中华民族得到解放,为了实现人民的统治,为了使人民得到经济的幸福。”③他还指出,报纸的作用和力量,就在它能使党的纲领路线、方

---

① 习近平. 在为民办实事中落实以人为本的理念[N]. 光明日报,2007-03-07.

② 胡锦涛. 在人民日报社考察工作时的讲话[N]. 人民日报,2008-06-21.

③ 毛泽东.《政治周刊》发刊词[J]. 政治周刊,1925.

针政策、工作任务和工作方法，最迅速、最广泛地同人民群众见面。毛泽东把出版革命刊物归结为“实现人民的统治”“使人民得到经济的幸福”，归结为让人民群众最迅速、最广泛地了解党的路线、方针、政策，这充分体现了以人为本的出发点和利益观。刘少奇同志在民主革命时期就要求新闻工作者，要给人民办报，当人民的记者、通讯员。要和群众生活在一起，了解他们真正的心情和要求，看他们反对什么，拥护什么，要求什么，把这些东西反映出来，要全心全意为人民服务。以人为本是党对传媒工作者的根本要求。坚持以人为本，就是坚持了党全心全意为人民服务的宗旨。

2. 以人为本，体现党性和人民性的一致

以人为本的理念，充分体现了党性和人民性的一致。中国共产党是执政党，代表着全中国最广大人民的根本利益，一切方针、政策都是从人民的根本利益出发的，党的利益与人民的利益是高度一致的。正如毛泽东在《解放日报》改版座谈会的讲话中指出的：“共产党的路线，就是人民的路线。”党性的最高要求就是“立党为公，执政为民”“权力为民所用”，全心全意为人民服务，真心实意地充当社会的公仆而决不允许窃取社会主人的地位。社会主义的传播媒介是党的“喉舌”，它所宣传的路线、方针、政策无不以人民大众的利益为根本出发点，既是刊发反映群众疾苦，为民排忧解难的报道，也是运用舆论工具把党的关怀和温暖送到千家万户。

媒介坚持党性就是坚持了人民性。媒介的党性和人民性在为人民服务这个点上实现了高度的统一。胡锦涛同志指出：“舆论引导正确，利党利国利民；舆论引导错误，误党误国误民。”①他把党的祸福同样看成是人民的祸福。一切从中国最广大人民群众的根本利益出发，都是以人为本的本质要求。将替党说话和为人民做事有机地结合起来，是传媒工作者的职能所系和道德要求。传媒工作者要牢固树立以人为本的思想，深入群众，深入基层，坚持团结稳定鼓劲，唱响主旋律，打好主动仗，更加自觉地主动地为人民服务，为社会主义服务。

3. 以人为本，体现党重视舆论育人

以人为本的理念，充分体现了我们党重视舆论育人的一贯思想。回顾中国革命和建设的实践，坚持正面宣传为主，是取得民主革命成功和社会主义事业胜利的一条基本经验。当今的时代，是一个信息骤增的时代，传媒是影响人们价值取向的最典型的工具。大众传媒作为党、政府和人民的“喉舌”，必须无条件地宣传党的主张，必须旗帜鲜明地以主要力量积极反映中国特色社会主义日新月异发展的现实，必须满腔热情地

---

① 胡锦涛. 在人民日报社考察工作时的讲话[N]. 人民日报，2008-06-20.

讴歌人民群众在改造世界、创造新生活中表现出来的崇高品格和取得的辉煌成绩。江泽民提出，大众传媒的使命就是“以科学的理论武装人，以正确的舆论引导人，以高尚的精神塑造人，以优秀的作品鼓舞人”①。大众传媒在开展舆论监督时，在开展批评揭露问题时，也要坚持服从大局，以正面宣传为主。要把党和国家的根本利益放在首位，从党和人民的根本利益出发，开展批评与自我批评。因为“报纸最有力量的是批评与自我批评”②，但是“开展批评要正确，要对人民有利，不能乱批一阵。什么事应指名批评，什么事不应指名，要经过研究”③。要像李瑞环同志所讲的那样，“要着力去宣传报道，鼓舞和启迪人们发展社会生产力的东西；鼓舞和启迪人们坚持四项基本原则、坚持改革开放的东西；鼓舞和启迪人们加强社会主义民主和法制建设的东西；鼓舞和启迪人们推进社会主义精神文明建设的东西；鼓舞和启迪人们热爱伟大祖国和弘扬民族文化的东西；鼓舞和启迪人们维护国家统一和民族团结的东西；鼓舞和启迪人们为推动世界和平与发展而斗争的东西。总之，一切鼓舞和启迪人们为祖国的富强、人民的幸福和社会的进步而奋斗的新闻舆论，都是我们所说的正面，都应当努力加以报道”④。只有这样，作为党、政府和人民“喉舌”的媒体，才能担当起“党和国家的前途及命运所系的工作”。⑤

4. 以人为本，体现了发展社会主义民主

以人为本的理念，充分体现了发展社会主义民主政治的改革方向。宪法规定，我国的国体是人民民主专政，政体是人民代表大会制度。国体的核心是人民当家做主。人民当家做主，就需要不断发展和完善社会主义民主政治。以人为本的理念，充分突出和体现了社会主义国家人民当家做主的主体地位，顺应了社会主义民主政治发展的潮流。党的“十七大”报告中提出了实现人民民主的具体举措，即“要健全民主制度，丰富民主形式，拓宽民主渠道，依法实行民主选举，民主决策，民主管理，民主监督，保障人民的知情权、参与权、表达权、监督权”。这四项权利是人民的最基本和最重要的权利之一，保障这些权利是保证人民当家做主的基本前提。新闻传播媒介是实现、保障人民的知情权、参与权、表达权、监督权的重要途径。但是，过去传统的报刊、广播和电视媒体表达人民的意见，通常是一种“转达”，而非人民“直接说话”，人民在传播活动当中更多的是充当受众而非传者的角色。坚持以人为本的理念，就是把话语权交给人

---

① 江泽民，1994 年 1 月 24 日在全国宣传思想工作会议上的讲话。
② 邓小平. 邓小平文选(第 1 卷)[M]. 北京：人民出版社，1993：150.
③ 毛泽东. 毛泽东新闻工作文选[M]. 北京：新华出版社，1983：177.
④ 李瑞环. 辩证法随谈[J]. 求是，1990(5).
⑤ 江泽民. 论社会主义精神文明建设[M]. 北京：中央文献出版社，1999：269.

民。改革开放以来，互联网等新兴媒体的出现，在很大程度上形成了“人民直接说话”的局面。社会大众实现了从受众到传者的身份转变，人们得以与党和政府的工作人员平等交流。互联网对于保障人民的知情权、参与权、表达权、监督权，具有特别重要的意义。互联网已成为思想文化信息的集散地和社会舆论的放大器。在当前，要充分认识和发挥以互联网为代表的新兴媒体的社会影响力，高度重视互联网的建设、运用和管理，坚持以人为本，努力使互联网成为传播社会主义先进文化的前沿阵地，促进人们精神生活健康发展。

（二）媒体怎样才能做到坚持以人为本

1.要把“一切为了人民的利益”作为出发点和落脚点

我们的党是以人为本、执政为民的党。党的“十八大”指出，为人民服务是党的根本宗旨，以人为本、执政为民是检验党一切执政活动的最高标准。任何时候都要把人民的利益放在第一位，始终与人民心连心、同呼吸、共命运，依靠人民推动历史前进。党和人民的舆论传播工作，就是要把最广大群众的利益作为自己服务的根本，切实保障人民群众的生存权、发展权，实现好、维护好、发展好人民群众的根本利益。要体现这一核心理念，就要做到情为民所系，报（台、站）为民所办，稿为民所写，声为民所发，利为民所谋。反映民意、关注民生、排除民难，用人民群众满意不满意、高兴不高兴、赞成不赞成来衡量媒体的社会效益。要自觉地从以人为本的角度来观察社会，时刻关注人民群众的命运，从老百姓最关心的问题出发，传播党和政府采取的重大决策，传播党的政策给百姓带来的机遇和利益。凡是为“实现好、维护好、发展好最广大人民利益”①而奋斗的人和事，就大力宣传弘扬；反之，就进行监督批评。在事关国计民生的宣传方面，要在“国计”和“民生”的关联点上做好文章。在实际工作中，党和政府是为“民生”而“国计”的，只要抓住“国计”与“民生”的关联点，就能抓住受众的兴奋点，就能报道出让受众关注的新闻。在社会主义市场经济日益发展的今天，要把传媒视野多投向社会分配、就业再就业、看病医保、子女教育、社会保障等一系列与民生直接相关的问题上，让人们感受到媒体在报道社会热点、难点问题上有更多的声音。

2.既要传达党的声音，也要为民代言

习近平提出，“讲好中国故事，传播好中国声音”②。在 2016 年 2 月 19 日，习近平

---

① 党的十六届六中全会《中共中央关于构建社会主义和谐社会若干重大问题的决定》。
② 习近平，2013 年在全国宣传思想工作会议上讲话。

在中央电视台调研时再次强调“讲好中国故事”①。胡锦涛同志要求新闻媒体，“把体现党的主张与反映人民心声统一起来，把坚持正确导向同通达社情民意统一起来”②。这两个“统一起来”是新闻传播工作以人为本的集中体现。政策与策略是党的生命，党主要靠通过制定、宣传、贯彻自己的纲领路线和方针政策来行使执政使命。传播媒介必须积极、正确、全面、生动地宣传党的纲领路线和方针政策，帮助人民群众及时了解党和政府的决策，统一全党和全国人民的思想与行动。同时，传播媒介要做大量的调查研究，深入了解广大人民群众最关心、最关注和最需要解决的问题是什么，舆论的热点是什么，准确把握人民群众物质、精神需求的新变化，想人民之所想，言人民之所言，向党和政府反映人民群众的要求及建议。在加强正面宣传的时候，要注意倾听人民的呼声。积极开展舆论监督，督促有关组织把党和政府的决策落到实处，把关系人们切身利益的事情办好。贯彻以人为本，不仅要关注人们日益增长的物质文化生活的需要，还要注重满足人们生命健康和安全的需要，关注人的全面发展的需要。尤其要关注那些容易被忽视的、影响人们生活和权益方面的问题。要按照胡锦涛同志的要求，“尊重差异，包容多样，努力满足人民多层次、多方面、多样化的精神文化需要，让人民共享文化发展成果，促进人的全面发展”③。只有充分体现媒体的人文关怀，才能把以人为本的理念落到实处。

3. 让人民群众真正成为媒体宣传的主角

胡锦涛同志要求新闻宣传工作者：“多报道人民群众的工作生活，多反映人民群众的利益要求，多宣传人民群众中涌现的先进事迹。”④这“三多”的要求，旨在还原人民群众在历史发展过程中的主体地位，充分体现了对人民群众主体地位的尊重。相当长的一个时期以来，我们的传媒由于对“工具”和“喉舌”属性的片面理解，占据版面和画面的多是领导人物、精英人物，普通民众很难进入媒体版面或空间。在宣传内容上，往往将自认为重要的严肃新闻灌输给受众，往往用一些脱离群众生活实际的政治观念去统一人们的思想认识，这种媒介本位的理念使媒体忽略了对人们日常生活的关注，背离了传媒服务于受众的基本规律。坚持以人为本的理念，就是要把媒介价值定位于普通民众百姓的需求之上，让传媒本质回归到“广大群众欲知、未知、应知的事实报道上”，把以传者为中心转变到以受众为中心上来。在2008年抗震救灾的新闻宣传中，从中央到地方各级各类媒体，坚持把人民群众作为新闻报道的主角，受到了人民群众

① 习近平，2016年2月19日在中央电视台调研时的讲话。
② 胡锦涛. 在全国宣传思想工作会议上的讲话[N]. 人民日报，2008－06－22.
③④ 同②.

的热烈欢迎。从十万解放军战士火速挺进灾区，打通一条又一条“生命线”，到专业救护队从废墟下救出一个又一个创造了“生命奇迹”的生命；从十万志愿者舍家抛业自费赶往灾区一线服务，到发达地区一省一市对口支援灾区；从蒋敏、蒋晓娟等一大批抗震救灾英雄的出现，到普通百姓的抗灾自救努力生产，一篇篇报道读后让人热泪涌动，深受感动。2013 年以习近平为领导的集体开展的反腐斗争，“老虎、苍蝇一起拍”的宣传，实践表明，只有当人民群众成为媒介的主角，媒介才能有亲和力、吸引力、感染力，才能为人民满意，媒介才能有旺盛的生命力。

4.正确地传达人的真情实感，增强亲和力

以人为本作为一种理念，强调的是尊重人、理解人、依靠人，尤其是要尊重人的尊严和人格。对媒体来说，就是要求体现一种真情的交流，体现一种对人真正关心的真情实感。在报道内容和形式上要注入更多的感情，要有包容性和人情味，贴近受众，善解人意，以理服人，以情感人，使新闻舆论充满亲和力。要始终把关注的中心放在人的身上，把对人的关注渗透到传播报道的方方面面，而绝不能为文造情，虚情假意。媒体现在面对的已不是单纯接受灌输的对象，而是充满自主精神、选择能力强的受众。如果居高临下，硬性灌输，端起架子说教，板起面孔训人，套话空话连篇，虚话假话蒙人，受众不仅难以接受，而且会产生心理阻抗和逆反情绪。因此，只有体现真情实感的报道，只有富有亲和力的报道，才能让人感觉到人文关怀的力量，才能感觉到心灵的感动和震撼。

二、坚持受众第一

（一）为什么要坚持受众第一

为社会主义服务、为人民服务，是中国社会主义传媒事业应当遵循的基本方针。坚持受众第一，理应成为贯彻这一方针的首要理念。在当前社会环境和社会结构多样化、人们思想观念和价值取向多样化、媒体宣传形式多样化、信息传播渠道多样化的形势下，如何坚持受众第一的理念，最大限度地满足受众的视听、阅读需求，既是传播媒介贯彻“两为方针”的必然要求，也是事关传播媒介生存与发展的重大课题。

传播学原理告诉我们，受众第一就是指大众传播媒介在信息传播过程中，要以受众的根本利益为出发点和着眼点，以满足受众获取多方面有效信息的合理要求为己任。信息传播活动是一种传播者与受众者之间的双向交流活动，处理好传受双方的关系，对于实现两者间的有效传播具有重要意义。媒体要获得与自身意图相一致的传播效果，从根本上来说，要解决为谁服务的问题。自大众传播成为一门科学以来，谁是新闻传播活动的中心，一直是不同传媒观争论的焦点。西方传播学者站在当权阶级的立场上，探求如何更加有效地控制受众为当权阶级利益服务。社会主义传媒理论认为，新闻信息来源于群众，必须要回到群众中去。传播者要站在人民群众的立场上，以实现广大人民群众的根本利益为传播工作的出发点，这是传播活动的归宿，更是求得传播效果最大化的唯一途径。

长期以来，特别是党的十一届三中全会以前，在我国的传媒领域，“传者为中心”的理念占据着主导地位。这种现象突出表现在两个方面：

一是大大强化了传媒“制造舆论”的功能。20 世纪 50 年代末、60 年代初，毛泽东同志曾先后两次讲到，夺取政权“首先要制造舆论”“革命的阶级是这样，反革命的阶级也是这样”。这是毛泽东对历史经验的一种总结，是在特定时期和语境下对舆论力量的强调。可是，我们一直把它作为传播媒介的指导方针加以贯彻。把传播媒介作为“制造舆论”的工具，必然导致“以传者为中心”，把“受众当学生”，将大众传播与政治教育等同起来，轻视受众的知情权，将传媒与受众的关系看成是“我传你受”的关系。在这种理念的指导下，媒体上往往形成长篇大论和高谈阔论，出现一哄而上的集中宣传、味同嚼蜡的会议新闻、正确而又不解决任何问题的套话。这种理念导致了在传播模式上僵化刻板，报道工作会议、工作经验、先进典型形成程式化、概念化的套路，不能引起受众的兴趣，引导成为“硬导”，舆论引导变成一厢情愿。

二是突出领导意识。领导指示、领导活动、领导会议的宣传报道曾是广播电视、报纸新闻的主角，从数量比例到位次摆布、从版面画面到时间长短，都占了“压倒性的优势”。诚然，领导也是受众，但是，他是受众当中重要而特殊的群体，领导不能代替其他受众，也不能过分冲击和弱化其他受众。变领导意识为受众意识，并不是要弱化媒体宣传报道中领导应有的地位和作用，而是要把领导以外的其他受众的宣传报道摆在应有的位置上，使基层的情况、热点的追踪、社会动态、民生新闻在宣传报道中扮演越来越重要的角色。当前，还要防止媒体精英化的趋势，维护话语权在全社会的公平分配，从而维护社会的稳定和健康发展。有些主流媒体把自己的受众定位选择在白领、管理层和高收入阶层以及广告大户上，理由是这个群体的消费能力强，容易得到经济利益的回报，而人数众多的普通民众却被忘记了、淡化了和边缘化了。这样的受众定位必然使媒体失去绝大多数群众，并最终为人民群众所唾弃，乃至抛弃。

受众第一的理念体现了社会主义传媒事业的基本方针、基本目的和方法。早在民主革命时期，毛泽东同志就提出了“群众办报”和“为群众办报”的新闻工作方针。在马克思主义关于人民报刊思想的基础上，我们党形成了新闻传播的群众路线，把人民群众提高到既是新闻传播媒介受众，又是新闻传播媒介传者的高度。人民群众成为新闻传播活动的主体，自己掌握新闻传播工具，为实现自己的利益服务，而不是被动地作为新闻传播工具的操纵对象。有些传播媒体虽然也在理论上和实践上较为重视受众，但都是从宣传者的角度来研究如何使受众接受传播者的观点，传者无疑仍处于中心地位。“受众第一”难以提上议程的重要原因，是“左”的思想作怪，“受众第一”或为受众服务的观点一度被认为是“淡化党性原则”，是“削弱党对新闻事业的领导”，是“资产阶级自由化”的表现。随着党的工作重心由狠抓阶级斗争转到经济建设，随着唯书唯上的政治生态的改变，传者为中心、领导意识第一的观念逐渐纠正，新闻传播媒介逐渐向受众第一回归。这种改变，既是改革开放的成果，也是传媒事业发展的必然要求。

从新闻传播的基本规律来看，传者和受者是传播活动的两个重要因素，受众借传播媒介发布的内容获得信息，以此认识世界、改造世界。而传播媒体因能满足受众的信息需求，因能有益于社会与公众，因能受到受众的信赖、支持而获得生命与源泉，得以生存与发展。传播与接受构成这种流动的整体，应当说是传播活动得以完成的基础和前提。同时，传播媒介又是社会生活中人际传播极其重要的渠道。为此，媒介的传播活动同样要遵循人际传播的一般规律，要高度重视传者与受者的关系。只有传者把自己放到与受传者平等的地位，千方百计满足受众的需求，才能吸引受众、争取受众。从信息传播的源头与效果来看，受众占有极其重要的地位。作为舆论主体的公众是一种信息源。信息来源于社会实践，而人民群众是社会实践的主体，没有人民群众的积极参与，信息传播就成了无源之水、无本之木，正是社会公众的积极参与为信息传播提供了丰富的传播素材。受众又是信息传播实现的归宿。没有受众，传播便无法进行，就失去了对象和目的。实践表明，受众对信息的接受情况，决定着传播价值的实现。从传播的过程来看，受众的信息反馈又是传播活动走向深入的唯一途径。信息传播的目的是要受众接受传播的内容，并产生预期效果，而现代传播尤其是新闻传播是双向的，受众接受信息后必然会对其产生相应的反馈，他们或赞成、或反对、或支持、或抵制，这些反馈的信息对传播的再进行具有重要的意义。可以说，坚持受众第一的理念，是遵循传播规律、按照传播规律办事的客观要求。

党的十一届三中全会以来，报纸种类、版面迅速增加，广播电台形成系列、电视频道数量增加，传播媒介创办经营实体，培育传播媒介市场，组建传媒集团，改革的大潮一浪高过一浪。现在，媒体间争资源、争市场、争受众的竞争日趋激烈。不仅如此，随着高新技术在传媒领域的广泛应用，被称为第四媒体的新闻网络、第五媒体的手机短信成为信息传播的重要渠道，使人们获取信息更加快捷、灵便。人们只要有一台电脑，随时随地就可以知道世界各个角落发生的新闻事件，查找任何相关的背景资料。这表明，人们在获取信息快捷灵便的同时，选择的余地空前增大了。人们在信息获取上的主体意识普遍增强，消费理念也日渐成熟。人们会用更加挑剔的眼光来选择、评判媒体，常常会“货比三家”之后再选择自己最满意的媒体。面对这种形势，传媒工作者必须牢固树立受众第一的理念，尽最大努力满足受众的需要，才能发展自己和服务社会。

（二）怎样坚持受众第一

1.要切实增进与受众的感情

与受众的感情如何，直接影响着传播的质量和舆论引导的水平。感情深厚，就会深入群众，采集报道出鲜活的新闻内容，传播出受众欲知的信息；感情肤浅，就会目光无人，态度高傲，甚至做出敷衍、应付、打发受众的事。现在的受众已不再是被动的接受者，媒体不把受众“当回事”，不把受众摆在应有的位置，受众也就不会信任媒体，甚至抛弃媒体。坚持受众第一的理念，必须在思想情感上做到与受众融为一体，达成受众“欲知”与媒体“告知”的最佳默契。在工作作风上，要紧紧贴近实际、贴近生活，与人民群众亲些再亲些，真正把受众第一的理念在实践中体现出来。在传播新闻信息时，要力避居高临下的姿态，要以老百姓的视角，用老百姓的语言，体现人文关怀，呈现信息事实，表明传播态度。2008年，四川汶川发生了特大地震灾害，从中央到地方的各级新闻媒体，迅速汇集灾区，深入救灾一线，与人民群众血肉连在一起，从与群众利益最密切的角度入手，从群众最欲知晓的事物落笔，运用群众的语言，联系群众身边的实例，采用群众最易接受的形式进行报道，深受群众的欢迎。实践表明，带着对人民群众的深厚感情做编辑、搞采访、写报道，才能使传播媒体富有吸引力、感染力，才能得到人民群众的信赖和欢迎。

2.要把千方百计满足受众的需要当作最高工作标准

受众满意不满意是衡量媒体成功与否的重要尺度，也是评价媒体公信力高低的重要尺度。媒体的工作要围绕着受众的需要去做，而不是让受众去适应媒体。当受众希望在第一时间获知信息时，媒体就要想方设法改变传统的报道模式，及时采用新技术、新手段，提高传播速度。谁的速度快，谁就能抓住受众；谁的速度慢，新闻就会变成旧闻，谁就会失去受众。当受众希望用大信息量来满足需求时，媒体就要把有限的时段、有限的版面运用好，就要多发短文、多讲短话，追求信息量的最大值。现代社会是信息社会，人们对信息的需求成倍增长，想知道的东西越来越多，那种“大块头文章”“长篇报道”已不再适合时代的需要，而内容更精、篇幅更短、信息量更大的报道，才是人们需要的。当受众喜爱有身边感的人和事时，媒体就要转变作风、改进文风，多宣传报道那些与受众的现实生活靠得近、与人民群众走得近、实际工作用得着的新闻和信息。对媒体与受众来说，距离产生隔阂，越是受众身边的事，越能吸引受众。因此，把“版面留给基层”，把“镜头让给群众”，多反映基层鲜活的人和事，多说老百姓熟悉的话，媒体才能提升受众的认同感。当受众对一些社会现象不满意时，媒体就要充分发挥舆论监督的作用，勇于开展批评与自我批评，把受众的切身利益维护好、发展好。凡是敢于抓问题、敢于揭矛盾、敢于针砭时弊的新闻报道，最能抓住受众的心理，最能引起受众的关注。

3. 要用群众喜闻乐见的语言和形式，让人们爱听、爱看

无论何种形式的媒体，只有传递信息的内容和语言形式被受众所接受，才能达到传播的目的，而不能以媒体自身的主观喜好取代群众的喜好。如果对于群众关心的问题，视而不见，充耳不闻，而对群众不感兴趣的事总是没完没了的宣传报道，群众就会远离这种媒体。如果不是千方百计地满足群众的精神文化需要，而是从媒体的自身利益出发，一切围绕眼前的市场“卖点”转，把媒体的经济利益置于本身应该肩负的社会责任之上，就会失去媒体的权威性和公信力。在传播的过程中，要放下居高临下的架子，尽可能地用老百姓喜欢的语言和形式。虽然不同的媒体因为受众不同而采取的语言和形式有所不同，但一切要围绕着受众的视听、阅读习惯做文章。“面孔”一定要让受众熟悉和喜欢，才能有吸引力和亲近感。纸质媒体语言切忌千人一面、千篇一律、语言枯燥、没有新意。传播是靠语言和文字来表达的，没有贴近受众实际生活的丰富而鲜活的语言文字，是不可能吸引人的。只有语言富有亲和力，以情感动人，以思想说服人，才能把受众吸引过来。电子媒体语言相对要口语化，更要有亲和力一些，不宜用生僻的辞藻。图像是语言的另一种形式，要坚持“受众第一”的原则，画面要鲜活、生动，有吸引力和感染力，贴近受众实际，体现人文关怀。

4. 积极开展与受众的互动

在过去，由于传统的大众传播是传媒组织运用先进的技术手段向广大受众发送公众信息，普通受众一般情况下是无法接近传媒机构的，只能被动地接受信息，而不能主动地选择信息，更谈不上参与信息的传播。随着全球化的进程和传播科技的迅速发展，传受双方的关系发生了显著的转变，即从传者本位到受众第一的根本转变，由“我传你看”的单向传播转变为传受主体的双向互动。网络等新兴媒体之所以对传统媒体造成冲击，能紧紧抓住受众，一个重要原因就是传者与受者能够互动。现在许多媒体都在尝试让受众“行动起来，参与进来”，就是为了更好地开展互动。如报纸的新闻热

线、有奖新闻征集，电台、电视台的短信发送，等等。有了这种互动，就会大大调动受众参与的积极性，牵引受众关注媒体，追踪媒体；就会大大增强媒体的亲和力，强化受众的归属感和认同感，使媒体成为鼓动受众分享经验、交流情感、表达意见的互动平台。这种平等的、自由的互动交流和角色互换，可以使媒体获得坚实的群众基础，更多更丰富的信息资源，更高的收视率、阅读率和忠诚度。开展媒体与受众的互动，要求媒体必须真诚对待每一个受众，每一份来稿，以平等的身份与受众沟通。特别是对受众的来信、来稿，要尽量做到来稿必复、及时回应。否则，热心的作者遇到冷面的媒体，其结果只能是受众灰心，无法互动。

坚持受众第一的理念，并不是迎合受众、讨好市场，更不是降低品位、趋于粗俗。在实践中，有些媒体强调受众第一，却时常从一个极端走向另一个极端，片面甚至错误地认为受众层次低、没水平，喜欢的无非是花里胡哨的东西等。而实际上，绝大多数受众追求的是积极向上的生活情趣，期求的是健康有益的舆论宣传。那种低级粗俗的宣传报道，既是对媒体名声的败坏，也是对受众的极不尊重。我们坚持“受众第一”的理念，是建立在弘扬主旋律、社会效益第一基础上的，一定要毫不放松地把好舆论导向关，绝不能让消极颓废的东西污染受众的视听，这是每一个传媒从业人员的神圣职责。

三、坚持服务大局

胡锦涛同志在人民日报社考察工作时，要求新闻宣传战线“要牢固树立政治意识、大局意识、责任意识、阵地意识，把坚持正确导向放在新闻宣传工作的首位，坚持团结稳定鼓劲，正面宣传为主，唱响主旋律，打好主动仗，更加自觉主动地为人民服务，为社会主义服务，为党和国家的工作大局服务”①。在这里，胡锦涛同志鲜明地提出了社会主义传媒事业“三为”的方针：为人民服务，为社会主义服务，是传媒工作者的使命所系，是传媒建设的题中应有之义；为党和国家的工作大局服务，则是新形势下党对传媒事业提出的新的更高的要求，是传媒工作必须坚持的正确方向。传媒工作者必须牢固树立服务大局的理念。

服务大局，首先要弄清大局，把握大局。什么是大局呢？党和国家的中心工作是大局，社会的发展和稳定是大局，党、国家和人民的根本利益是大局。作为社会主义意识形态的传媒事业，围绕中心、服务大局是永恒的主题，也是主要的任务。积极向上的舆论传播能够鼓舞士气、振奋精神，产生巨大能量，推动社会进步。因此，传播媒介必

① 胡锦涛. 在人民日报社考察工作时的讲话[N]. 人民日报，2008－06－21.

须始终坚持正面宣传为主的方针，在服务大局中增强舆论引导能力，在提高舆论引导能力中更好地服务大局。

第一，要为宣传贯彻党的路线、方针、政策服务。这是由我国传媒事业的政治属性所决定的。在现实世界，无论出于何种目的创办的传媒事业，其拥有者、管理者和控制者都要求传播组织尽一切力量表达有利于自身利益的意见和观点，并千方百计地用这些意见和观点影响社会与公众，以达到自己的目标和要求。这就是传播工作者承担的舆论引导使命。我国社会主义传媒事业在政治上的要求，就是正确、全面、生动地向群众宣传党的纲领、路线、方针、政策，帮助人民群众及时了解党和政府的决策，统一全党和全国人民的思想，使党的决策和政策变成亿万群众的自觉行动，这是社会主义传媒事业的一项根本任务。宣传党的路线、方针、政策必须立场坚定、旗帜鲜明。要用大量的生动的事实和言论，把党和政府的主张及时准确地传播到人民群众中去。一个传媒组织工作的社会效益好不好，就看它的这个主要任务完成的好不好。在重大的理论问题和政策性问题上，必须旗帜鲜明地与党和政府保持一致。对那些怀疑、曲解党的路线和政策的言论，要通过耐心细致的解释、说理，进行疏导和教育。对公开抵制和反对党的路线与政策的言论和行动，要用适当形式进行严肃的说理斗争。宣传党的路线、方针、政策，要坚持全面性，防止片面性。党的路线、方针、政策是完整的，不能只宣传一面，不宣传另一面。针对实际工作中发生的倾向性问题，侧重一面是必要的，但不能丢掉另一面。在克服一种主要的错误倾向时，要注意防止另一种掩盖着的倾向，否则，就会在政策宣传上犯片面性的错误。要在宣传中划清各种界限，指明哪些是提倡的、允许的；哪些是不提倡的、不允许的；哪些是必须坚决反对和抵制的。要让传媒组织或机构真正成为宣传党的路线、方针、政策的“大讲堂”，凝聚人心的、促进发展的“大喇叭”，成为传播先进文化的“大舞台”。

第二，要为加速经济发展服务。经济建设是党的中心工作，发展是党执政兴国的第一要务。为经济建设服务是传媒工作的内在要求，也是当前传媒工作的重中之重。经济发展的规律告诉人们，经济发展是由经济理念、经济规则、经济活动共同作用实现的。完善的经济发展理念需要有科学的理论阐释、正确的舆论引导；正确的经济规则需要通过传媒这个渠道，为人们了解和遵守；经济活动中大量的信息，也需要靠传媒提供和传递。传播媒介和经济建设不是两个各自独立的领域，而是相互渗透和融合的统一体。经济建设要靠传媒提供精神动力、思想保障和智力支持；而传播媒介也只有在为经济建设服务中才能体现出自身的价值。传播媒介为经济建设服务，要充分发挥鼓动职能，为经济发展提供舆论动力。社会主义现代化建设是一项前无古人的事业，是一场伟大而深刻的革命，既要有正确的路线、方针、政策指引，也要有千百万人民群众的积极参与，发挥主动性和创造性。这就需要通过传播媒介去动员、组织、鼓舞和激励群众，排除形形色色的思想干扰，统一人们的思想认识，提高人们的思想觉悟，焕发人们的工作热情，营造建设发展的良好氛围。传播媒介为经济建设服务，要充分发挥育人职能，通过提高劳动者的思想政治素质水平和科学文化素质水平，为经济发展提供智力支持。育人是一种综合效应，传媒的各个方面，报刊、广播电视、网络出版，都要承担育人的职能。要通过理论武装、舆论引导、精神激励、作品鼓舞等方式，不断提高劳动者的认识能力、生产能力、创新能力和经营能力。传播媒介为经济建设服务，要充分发挥导向职能，利用传播信息的优势为经济发展提供可借鉴的发展模式。当前，全球化的趋势进一步加快，世界各国的经济发展模式为我们开阔了眼界、提供了借鉴。传播媒介可以通过对社会舆论的引导，学习引进先进的东西，促进经济的发展。改革开放近 40 年来，不断涌现的苏南模式、温州模式、深圳模式、浦东模式，经过宣传推广，对我国的经济体制改革和社会主义市场经济的发展，产生了巨大的推动作用。在区域经济的发展中，强有力的舆论引导能为地方经济发展造势。通过大力宣传地方的经济优势、特色产品、畅销产品、支柱产业，可以大大提高一个地方的影响力、知名度和美誉度，这对经济发展起到了重要的引导作用。传播媒介为经济建设服务，要充分发挥交流职能。信息是重要的经济资源，是市场竞争力的基本要素。对经济资源的开发利用是传媒的重要职能。实践表明，正是大众传媒推动着社会经济由工业化向信息化的转变，使用好、监督好和管理好大众传媒，就能保证经济信息及时、准确、完整、真实的传递，促进经济的快速发展。

第三，要为促进社会和谐稳定而服务。发展是硬道理，稳定是硬任务。世界各国发展的历史经验告诉人们，发展离不开稳定，只有社会的和谐才能有经济的健康发展。没有和谐稳定的社会环境，什么事也搞不成，已取得的成果也可能丧失。当前，我国的改革发展已进入到关键时期，经济正在转轨，社会正在转型。伴随着经济的快速发展和改革的日益深入，社会经济成分、组织形式、就业方式和分配方式呈现多样化，导致各种利益冲突加剧，矛盾纠纷增多，公众利益关系复杂，新情况、新问题层出不穷，影响社会稳定的突出问题、安全隐患等不和谐因素严重存在，尤其是由人民内部矛盾引发的群体性事件给维护社会稳定工作带来了新的挑战。因城市拆迁、建设用地、体制改革、土地承包等问题引发的上访、信访案件明显增多，成为影响社会稳定的一个重要隐患。传播媒体要站在政治和全局的高度，从提高党的执政能力和执政水平，构建社会主义和谐社会的高度，充分认识维护社会稳定的重要性，切实抓好社会热点、难点问题的舆论引导，为发展保驾护航，为建设和谐社会创造良好的舆论氛围。在当前，特别对群众普遍关注的问题，如就业、医疗、教育、反腐等，主动进行引导，化过激为冷静，化对立为理解，化怨气为信心，尤其是对突发性和群体性事件更要快速介入，先声夺人，形成舆论优势，同时掌握话语权和主动权，充分发挥传播媒介舆论引导、化解矛盾、理顺情绪、消除疑虑、凝聚人心的作用。

第四，要为推动社会文明进步服务。文化是人类社会实践的一切成果，它包括人们的知识、信念、艺术、道德法则、法律以及风俗习惯等等。因此，就文化来说，有精华也有腐朽。传媒是传承和弘扬文化的载体。作为社会主义的传播媒介，是讴歌时代精神，弘扬文明新风，伸张社会正义的舆论力量，既要传播信息、普及知识，也要反映民意、开展监督，积极推进社会主义文明进程。传播媒介要站在舆论的前沿，代表先进文化的前进方向，引导人们确立积极健康的文化取向，鼓励支持创作更多、更好的文艺作品满足人们的精神和心理需要。在当前，要大力弘扬社会主义核心价值体系，引导广大人民群众形成共同的理想信念、道德规范、价值取向，努力在全社会形成积极健康的主流舆论，为促进社会文明进步提供重要的精神支撑。

四、坚持真实公信

（一）媒体宣传公信力构成

马克思在 1848 年的《摩泽尔记者的辩护》一文中曾经指出："民众的承认是报纸赖以生存的条件，没有这种条件，报纸就会无可挽救地陷入绝境。"[①]在这里，马克思鲜明地指出了民众的承认是媒体的生命线。民众的承认，就是今天人们普遍重视的公信力。媒体公信力就是媒体以内容特色、传播质量和品牌形象获得公众信任与支持的程度。从历史来看，公信力的丧失确实是媒体的灾难，20 世纪 80 年代，美国报界的一个普遍的现象是：报纸公信力的下降是导致读者人数相对减少的一个原因，或者至少有相关性。世界各国的新闻媒体，无不以新闻信息的准确无误作为追求。

根据马克思的观点，公信力不取决于媒体的自我标榜，而是来源于受众的评价。那么，有哪些因素构成媒体的公信力呢？

一是"真实可信"。真实是新闻信息传播的基本原则。新闻信息必须完全真实，包括新闻信息的基本要素要真实，引语、背景材料要真实，新闻信息报道的事实必须全面，要反映时代的真实情况。滥用新闻自由进行不真实、不客观的报道，是违背信息传

① 马克思，恩格斯．马克思恩格斯全集（第 1 卷）[M]．中共中央马克思恩格斯列宁斯大林著作编译局，译．北京：人民出版社，1964：381．

播职业道德的行为。任何不负责任、不真实的言论都会严重扰乱社会环境，进而影响群众的经济文化生活。不真实是公信力丧失的最直接原因。正如那些成功媒体的经验所证明的：传播信息失真，评论失据，甚至有意造假和散布谣言，都是媒体公信力的自毁之道。

二是有社会责任感。社会责任感是产生公信力的基础。社会责任感体现在传播媒体的教育性、告知性、真实性、正确性、客观性与平衡性等方面。无论媒体的宗旨、性质和编辑方针有何不同，都应该代表社会公众的整体利益，促进文化的发展与进步，对社会公德起建设性的作用。有些媒体人提出“责任造就公信力”的传媒理念，这是对主流媒体社会责任感的最好阐释。公信力与社会责任感是相互依存的关系，社会责任感是媒体公信力的源头和根本。只有以务实、开放、负责的心态观察社会，以建设性的视角报道新闻，才能让群众满意。

三是力求客观平衡。在现实生活中，媒体和从业人员有着自己的立场与观察社会的方法，在信息的选择、传播与加工等每一道工序上，都往往带有难以避免的主观色彩，这种主观色彩又极易造成信息的失真。因此，为了使媒体公信力摆脱主观性的影响，就必须在新闻信息的来源及传播方式上做到客观平衡，使见报率、出镜率、曝光率在社会各阶层和各方面得到公平合理的分配，以公正维护社会大众的话语权。

四是追求健康向上。媒体所传播的新闻信息是一种精神产品。从总体来说，社会大众的主流审美意识是健康的、高尚的。因此，追求健康、高尚是媒体适应社会心理的必然要求，也是产生公信力的源泉要件。健康、高尚的精神产品，在满足人们信息需求的同时，可以给人以精神享受。高品位的新闻信息往往情趣高尚，富有启迪性和震撼力，对受众产生的影响是深远的和持久的，有助于树立媒体在受众中的良好形象。

（二）影响媒体公信力的原因

媒体是为受众而生的，媒体的公信力是其舆论影响力的重要方面，媒体公信力决定其舆论影响力。只有公信力强的媒体，其舆论影响力才强。当前，影响传媒公信力的因素较多，主要有以下几个方面：

一是假新闻、假信息频出。近几年来，随着社会主义市场经济的成熟与活跃，新闻信息传播从内容到形式都有了很大的改变。但是，在名利思想的驱使下，一些捕风捉影、夸大歪曲的报道，甚至编造事实的假新闻、假信息频频出现在各种媒体上。某电视台播出的虚假新闻《纸做的包子》，经多家媒体转播转载，引起国内外舆论的广泛关注，影响极其恶劣。有些新闻虽不是假新闻，但从业人员采访不扎实，对相关专业知识不了解，进行夸大宣传，从而造成社会恐慌。比如，前几年大肆炒作的红心蛋就属此类。

含有苏丹红的红心蛋，人食用后的确有可能致癌，但是具体食用多少才能致癌没有告诉公众。据专家研究，人一次食用 1 200 个这样的红心蛋才有可能致癌。媒体的报道如果丧失了事实准确、客观公正，就会带来意想不到的恶果。

二是形式主义严重。人们时常埋怨报纸没有看头、电视没有看头，受众的这种感觉恰恰是新闻信息传播中形式主义盛行造成的。媒体上频频出现的徒有其表、少有或没有实质内容的“瘪壳新闻”或“空壳新闻”，令受众厌烦。有些媒体从业人员，不深入了解情况，采写一些无关紧要、不痛不痒的新闻，受众看了、听了感觉无新意、无启迪，视这样的媒体可有可无。这不仅影响着群众对媒体的信心，也在不知不觉中背离了大众传媒的本来意义，严重损害了媒体的公信力。

三是炒作之风盛行。近几年来，有些传播媒体有意通过与事实新闻价值不相称的报道，对某些人和事做渲染式的报道，以“炒”换“热”，哗众取宠。为追求轰动性的传播效果，铺天盖地地“炒作”，添油加醋地曝出一些“莫须有”的“猛料”，以期引起多方面的广泛关注，成为公众生活的议题，形成一定时空范围的“大气候”。这实质上是对新闻规律和专业精神的背离，不仅对正常信息传播是种污染，而且对社会风气和公众思想也是一种污染。曾“炒”得沸沸扬扬的“艳照门”事件，不仅对当事人造成损害，也在一定程度上影响了媒体的形象。

四是从业人员素质不高。这些年，人们司空见惯的“有偿新闻”“政绩新闻”“表扬新闻”等等，严重扭曲了新闻信息的价值，更为严重的是“封口费”“版面费”已经成为某些媒体从业人员的一笔特殊收入，成为媒体圈内众所周知的“潜规则”，这对媒体公信力具有毁灭性的杀伤力。媒体应当是社会的良心，公信力是媒体立身之本。媒体的话语权并不属于媒体自己，媒体行使的监督权是党和人民赋予的，绝不能为了一己私利而放弃职责。因此，提高媒体从业人员的素质，树立正确的世界观、人生观、价值观是提高媒体公信力的思想保证。

(三)真实公信力要落实到实处

那么，如何把真实公信力的理念落到实处呢?

第一，抓导向，坚持用正确舆论引导人。抓导向，是传媒的第一要务。导向是根本、是灵魂。导向实质上是一种政治导向。公信力则是媒体舆论导向的前提，只有具有一定公信力的媒体，其导向作用才会强大。抓导向，首先要抓新闻信息的真实。媒体的导向，对个人而言，会影响人们对社会的看法；对政府而言，有时可以影响政府的决策。媒体的导向有时还能够影响社会形象甚至国家形象。因此，只有做到真实可信，把握好正确的舆论导向，才能确保不犯错误，才是党和人民之福。有些媒体不顾基本的事实真相，自觉或不自觉地给受众一些谬误的、虚假的，有的甚至是糟粕的信息，其结果，不仅失去了公信力，失去了媒体生存、发展的基础，而且给党和人民带来灾祸。抓导向，还要坚决制止有偿新闻。有偿新闻的实质是以权谋私，是传媒领域的一种腐败现象，是葬送公信力的恶劣行径。在利益的诱惑下，有的媒体从业人员私自接受贿赂和“红包”，拿出正常的版面位置和节目时间，以新闻报道的形式为其做广告，或夸大其词，或无中生有，帮助贿赂者欺骗受众；有的媒体从业人员接受贿赂以后，对某些新闻事件和事实或实行封锁，或歪曲报道掩盖真相，以帮助贿赂者达到其不可告人的目的。还有的媒体从业人员，以媒体的名义给贿赂者发布“软广告”，打“擦边球”，利用党和人民的舆论工具去表扬那些不该表扬的人与事。实践证明，媒体一旦追逐金钱，本质就会发生异化，是非就会混淆，真假就会颠倒，它的客观、真实、公正就会丧失殆尽。这样一来，也就根本谈不上公信力和舆论影响力。在媒体置于市场竞争的环境下，作为社会道德建设主力的媒体，要学会自律，担当其社会责任，走在社会精神文明建设的前列。

第二，注重社会效益，增强社会责任感。媒体公信力的一个重要体现是受众对该媒体应该承担的社会责任的认可程度。媒体的责任感，就是媒体公信力的“源”。媒体的责任感要求媒体要敢于说真话，敢于为公众说话，不回避社会的热点话题和公众的敏感话题。媒体不仅要对上负责，发挥“喉舌”的作用，而且要对下负责，充分运用舆论优势，切实指导生活。媒体的服务意识越强，其广泛的介入性和互动性就越能充分发挥，也就越能树立好的形象，培育自身的信誉度。在社会主义市场经济条件下，媒体既有自身发展的巨大生机和活力，也处在激烈的竞争之中。有些媒体由于片面追求商业利益，使得虚假新闻、低俗新闻、人为炒作现象频频出现，污染了社会风气，损毁了媒体的公信力。要堵住这种不良风气，必须正确处理好经济效益与社会效益的关系，增强社会责任感。要旗帜鲜明地抵制虚假广告，严禁播出和登载危害社会、产生恶劣影响的不良广告。禁止媒体以举办活动或各类节庆的名义，向各级政府、企事业单位强拉赞助或刊登祝贺的广告。经营媒体首先应该是公信力的经营，不仅新闻信息要体现公信力，广告也要体现公信力。国内外的经验都表明，那些经济效益最好的媒体，同样也是那些把社会效益放在首位的内容严肃的精品类媒体，庸俗类媒体的路子只能越走越窄。媒体在承担社会责任的同时，也可以取得良好的经济效益，两者并不是完全对立的关系。

第三，严格遵守传媒职业道德。传媒职业道德是媒体从业人员在职业活动中必须遵守的道德规范和行为准则。媒体公信力的基础就是媒体从业人员的社会责任感和职业道德意识。著名媒体人金庸先生在谈到媒体公信力时说，办报数十载，唯独对媒体信息不真实，讲假话特别反感。他甚至用“卑鄙无耻”这样的词来形容那些说假话的不负责任的媒体和记者。他认为，作为媒体从业人员，最起码的资格是要具备职业道德。在社会主义市场经济条件下，要提高媒体公信力，必须狠抓自律意识教育，提高其职业道德修养水平，把每个员工利益的获得与媒体的整体品牌形象联系在一起，建立合理有效的机制，督促和约束员工的职业行为。在具体工作中，要坚持政治意识、大局意识和责任意识，把好事实与导向关。任何时候都要从国家利益和人民群众利益的大局观上看待媒体的经济创收活动，以正确反映社情民意、正确引导舆论为己任，把维护社会安定团结、营造和谐社会作为媒体的首要任务。这样做，媒体的公信力就会不断得到提高。

第四，实施品牌战略，在狠抓精品上下功夫。从一定意义上来说，媒体的吸引力要靠品牌和高质量的言论及栏目。品牌就是形象，品牌就是信誉，品牌就是效益。改革开放近40年来，许多传统媒体都在实施品牌战略，创建品牌、提升品牌，靠品牌提高信誉度。媒体有了品牌，就有了影响力，就能在舆论宣传领域发挥突出的作用。当前，新兴媒体在迅速成长，信息出现爆炸式增长。信息的增加，使人们对媒体的选择有了更大的余地，具有品牌效应的媒体往往成为人们主要的或首要的选择。媒体只有充分利用自身的优势，整合资源，突出特色，精心策划，形成个性，才能打造出过硬的品牌，才能培育出核心竞争力。近几年，中央电视台全面实施品牌化战略。他们把品牌看成是媒体的内在品质和外在形象，是媒体权威性、公信力、影响力和竞争力的物化力量。通过实施品牌战略，不断提高了舆论引导能力。实践证明，品牌是媒体引导社会舆论的重要前提和有效手段，是实现媒体社会效益和经济效益的最佳结合点。

第五章　马克思主义大众化传播与大众价值观认同

中国共产党的“十七大”报告《高举中国特色社会主义伟大旗帜，为夺取全面建设小康社会新胜利而奋斗》提出，“建设社会主义核心价值体系，增强社会主义意识形态的吸引力和凝聚力”。报告指出，社会主义核心价值体系是社会主义意识形态的本质体现。要巩固马克思主义指导地位，坚持不懈地用马克思主义中国化最新成果武装全党、教育人民，用中国特色社会主义共同理想凝聚力量，用以爱国主义为核心的民族精神和以改革创新为核心的时代精神鼓舞斗志，用社会主义荣辱观引领风尚，巩固全国各族人民团结奋斗的共同思想基础。大力推进理论创新，不断赋予当代中国马克思主义鲜明的实践特色、民族特色、时代特色。开展中国特色社会主义理论体系宣传普及活动，推动当代中国马克思主义大众化。推进马克思主义理论研究和建设工程，深入回答重大理论和实际问题，培养造就一批马克思主义理论家特别是中青年理论家。切实把社会主义核心价值体系融入国民教育和精神文明建设全过程，转化为人民的自觉追求。积极探索用社会主义核心价值体系引领社会思潮的有效途径，主动做好意识形态建设工作，既尊重差异、包容多样，又有力抵制各种错误和腐朽思想的影响。繁荣发展哲学社会科学，推进学科体系、学术观点、科研方法的创新，鼓励哲学社会科学界为党和人民事业发挥思想库的作用，推动我国哲学社会科学优秀成果和优秀人才走向世界。

中国共产党的“十八大”报告《坚定不移沿着中国特色社会主义道路前进，为全面建成小康社会而奋斗》提出，“加强社会主义核心价值体系建设”。报告指出，社会主义核心价值体系是兴国之魂，决定着中国特色社会主义发展方向。要深入开展社会主义核心价值体系学习教育，用社会主义核心价值体系引领社会思潮、凝聚社会共识。推进马克思主义中国化、时代化、大众化，坚持不懈用中国特色社会主义理论体系武装全党、教育人民，深入实施马克思主义理论研究和建设工程，建设哲学社会科学创新体系，推动中国特色社会主义理论体系进教材、进课堂、进头脑。广泛开展理想信念教育，把广大人民团结凝聚在中国特色社会主义伟大旗帜之下。大力弘扬民族精神和时代精神，深入开展爱国主义、集体主义、社会主义教育，丰富人民精神世界，增强人民精神力量。倡导富强、民主、文明、和谐，倡导自由、平等、公正、法治，倡导爱国、敬业、诚信、友善，积极培育社会主义核心价值观。牢牢掌握意识形态工作领导权和主导权，坚持正确导向，提高引导能力，壮大主流思想舆论。

我们必须清醒地认识到，我国仍处于并将长期处于社会主义初级阶段的基本国情没有变，人民日益增长的物质文化需要同落后的社会生产之间的这一社会主要矛盾没有变，我国是世界最大发展中国家的现实和国际地位没有变。在任何情况下都要牢牢把握社会主义初级阶段这个最大国情，推进任何方面的改革发展都要牢牢立足社会主义初级阶段这个最大实际。党的基本路线是党和国家的生命线，必须坚持把以经济建设为中心同四项基本原则、改革开放这两个基本点统一于中国特色社会主义伟大实践，既不妄自菲薄，也不妄自尊大，扎扎实实夺取中国特色社会主义事业的新胜利。

一、现代社会的公共价值观选择

（一）价值观及其作用

价值是一个含义十分复杂的范畴，在不同的语境中具有不同的含义。在哲学中，价值的一般本质在于，它是现实的人的需要与事物属性之间的一种关系。某种事物或现象具有价值，就是该事物或现象能满足人们某种需要，成为人们的兴趣、目的所追求的对象。人们的认识和实践与价值判断密切相关。当人们从事交往、学习、工作、娱乐、休闲活动时，头脑中就包含着关于这些活动的价值选择。

人类学家克拉克洪（Clyde Kluckhohn）从个人与社会的行为模式、方式和目的等方面对价值观这样定义：价值观是“个人或群体所特有的一种显性或隐性的认为什么是可取的观念，这一观念影响人们从现有的种种行动、方式和目的中做出选择”。

美国社会学家萨莫瓦尔（Samovar）和波特（Porter）则都认为：“价值观是规定性的，告诫人们什么是好的和坏的，什么是正确的和错误的，什么是真实的和虚假的，什么是正面的和反面的，等等。”价值观包括很多方面，比如，个人主义观、物质观、竞争观等。从社会影响的角度来看，价值观分为个人价值观和社会群体价值观。

个人价值观是指一个人对周围的客观事物（包括人、事、物）的意义、重要性的总评价和总看法。一方面表现为价值取向、价值追求，凝结为一定的价值目标；另一方面表现为价值尺度和准则，成为人们判断事物有无价值及价值大小的评价标准。

个人的价值观一旦确立，便具有相对稳定性。但就社会和群体而言，由于人员更替和环境的变化，社会或群体的价值观又是不断变化着的。社会群体的传统价值观会不断地受到新价值观的挑战。对诸事物的看法和评价在心目中的主次、轻重的排列次序，构成了价值观体系。价值观和价值观体系是决定人的行为的心理基础。

同时，价值观又具有历史性与选择性：在不同时代、不同社会生活环境中形成的价值观是不同的。一个人的价值观是从出生开始，在家庭和社会的影响下逐步形成的。其中，父母的观点和所处的经济地位，对其价值观的形成有决定性的影响，学校教育、大众传媒和朋辈的影响，对一个人的价值观形成也有影响。当然，个人偏好和选择也是不可忽视的。

价值观还具有主观性：同一时代和地区的人，拥有不同的价值观。对人与事的最终评判的标准，还是根据个人内心的尺度进行衡量和评价的，这些标准都可以称为价值观。

个人价值观的作用：个人价值观对人们自身行为的定向和调节起着非常重要的作用。个人价值观决定个人的自我认识和人生实践，它直接影响和决定一个人的理想、信念、生活目标和追求方向的性质。个人价值观的作用大致体现在以下两个方面：

第一，个人价值观反映人们的认知和需求状况。个人价值观是人们对客观世界的发展及行为结果的评价和看法，因而，它从某个特定方面和角度反映了人们的人生观与世界观，反映了人的主观认知世界。

如罗基奇于1973年编制的“价值观调查表”。他认为，人们的价值观是按一定的结构层次系统的存在以及一定的逻辑意义联结在一起的，价值系统是沿着价值观的重要性程度的连续体而形成的层次序列。他提出了两类价值系统：(1)终极性价值系统，用以表示存在的理想化终极状态或结果，包含的内容有：舒适的生活、振奋的生活、成就感、和平的世界、美丽的世界、平等、家庭保障、自由、幸福、内心平静、成熟的爱、国家安全、享乐、灵魂得到拯救、自尊、社会承认、真正的友谊、智慧。(2)工具性价值系统，是达到理想化终极状态所采用的行为方式或手段，包含的内容有：抱负、心胸宽广、有才能、快活、整洁、勇敢、助人、诚实、富于想象、独立、有理智、有逻辑性、钟情、顺从、有教养、负责任、自控、仁慈。用这个量表可以测得不同的价值在不同的人心目中所处的相对位置或相对重要性程度。

第二，价值观对动机有导向的作用。人们行为的动机受价值观的支配和制约，价值观对动机模式有重要影响，在同样的客观条件下，具有不同价值观的人，其动机模式不同，产生的行为也不相同。

如“价值观研究奥尔波特—弗农—林赛量表”(1931，1951，1960)，用以测量6种基本价值观的相对力量。该测验是根据德国哲学家E.施普兰格尔区分的6种理想型价值观编制的。它们是:理论的(重经验、理性)、政治的(重权力、影响)、经济的(重实用、功利)、审美的(重形式、和谐)、社会的(重利他、情爱)及宗教的(重宇宙奥秘)。施普兰格尔认为,人们的生活方式应朝着这6种价值观方向发展。事实上,每个人都或多或少地具有这6种价值观,只是核心价值观的偏好因人而异。

人们的生活和教育经历互不相同,因此,价值观也多种多样,导致的行为结果也各不相同。行为科学家格雷夫斯(Graves)曾对企业组织内各式人物做了大量调查,就他们的价值观和生活作风进行分析,最后概括出以下7个等级:第1级——反应型:这种类型的人并不意识自己和周围的人类是作为人类而存在的。他们可是照着自己基本的生理需要做出反应,而不顾其他任何条件。这种人非常少见,实际等于婴儿。第2级——部落型:这种类型的人依赖成性,服从于传统习惯和权势。第3级——自我中心型:这种类型的人信仰冷酷的个人主义,自私和爱挑衅,主要服从于权力。第4级——坚持己见型:这种类型的人对模棱两可的意见不能容忍,难于接受不同的价值观,希望别人接受他们的价值观。第5级——玩弄权术型:这种类型的人通过摆弄别人、篡改事实,以达到个人目的,非常现实,积极争取地位和社会影响。第6级——社交中心型:这种类型的人把被人喜爱和与人相处看作重于自己的发展,受现实主义、权力主义和坚持己见者的排斥。第7级——存在主义型:这种类型的人能高度容忍模糊不清的意见和不同的观点,对制度和方针的僵化、空挂的职位、权力的强制使用敢于直言。

群体价值观的作用:作为一种社会意识,群体价值观集中反映一定社会的经济、政治、文化,代表了人们对生活现实的总体认识、基本理念和理想追求。在实际生活中,社会的价值观念系统十分复杂,在经济社会深刻变革、思想观念深刻变化的条件下,往往会呈现出多元化、多样性、多层次的格局。然而,任何一个社会在一定的历史发展阶段上,都会形成与其根本制度和要求相适应的、主导全社会思想和行为的价值体系,即社会核心价值体系。社会核心价值体系是社会基本制度在价值层面的本质规定,体现着社会意识的性质和方向,不仅作用于经济、政治、文化和社会生活的各个方面,而且对每个社会成员价值观的形成都具有深刻的影响。

人生价值是一种特殊的价值,是人的生活实践对于社会和个人所具有的作用和意义。选择什么样的人生目的,走什么样的人生道路,如何处理生命历程中个人与社会、现实与理想、付出与收获、身与心、生与死等一系列矛盾,人们总是有所取舍、有所好恶,人生价值就是人们从价值角度考虑人生问题的根据。

对人生价值的看法在整个人生观体系中具有重要地位,它在深层次上影响、制约和指导人们的实践活动,为人们的人生目的和人生态度的选择提供依据。只有正确地理解人生价值的内涵，才能在实践中最大限度地创造人生的价值，成就人生的辉煌。

(二)现代西方社会的公共价值选择

西方社会经过13世纪的文艺复兴和资产阶级的兴起、民族国家的形成，英、美、法等发达资本主义国家里的民主、自由、平等、人权、博爱、法治等思想被认为是“普世价值”。人们都清楚，所谓“国际通行”的“普世价值”，其实就是指西方资本主义国家的价值体系，就是指西式的民主、自由、人权、平等、法治等观念。在长期的发展中，西方社会建立了人们普遍认可并且遵循的基本价值观、社会群体价值观。

1.个人主义

“个人主义”(individualism)这个词最先是由法国政治学家、思想家托克维尔使用的。在19世纪40年代，他在考察了美国之后写下了《论美国的民主》一书。托克维尔在这本书中最先提出了“个人主义”这一概念，并对它做了详细系统的阐释。他说：“美国人不是把个人主义看作一个缺点而是看作一个近乎完美的品德，它代表创造性、开拓性、积极进取精神以及不向权威屈服的自豪。因此，个人主义通常产生骄傲感，美国人认为它是美国文明独特的、最吸引人的地方……美国人价值观中的个人主义，认为自身就是目的，具有最高价值，社会只是达到个人目的的手段。”他的这一观点很快为西方思想家接受。

邹广文、赵浩在《个人主义与西方文化传统》[①]一文中认为：《简明不列颠百科全书》关于“个人主义”的解释是这样的：一种政治和社会哲学，高度重视个人自由，广泛强调自我支配、自我控制、不受外来约束的个人或自我……作为一种哲学，个人主义包含一种价值体系，一种人性理论，一种对于某些政治、经济、社会和宗教行为的总的态度。依据这种理解，个人主义作为个人参与社会生活的态度、倾向和信念，有其历史表现的必然性。质言之，在西方社会的文明进程中，个人主义作为一种生活方式、人生观和世界观，具有整体性和普遍性意义，它构成了西方人赖以把握人与世界关系的基本方式和存在状态。具体而言，个人主义在西方社会生活各方面的渗透可以粗线条地归纳为表现在哲学上的人本主义、政治上的民主主义、经济上的自由主义以及文化上要求个性独立的自我意识等层面的内容。

2.人道主义

人道主义是起源于欧洲文艺复兴时期的一种思想体系，提倡关怀人、爱护人、尊重

① 邹广文，赵浩.个人主义与西方文化传统[J].求是学刊，1999(2)：7.

人,是一种以人为本、以人为中心的世界观。法国资产阶级革命时期又把人道主义的内涵具体化为"自由""平等""博爱"等口号。人道主义在资产阶级革命时期起着反对封建制度的积极作用。

人道主义源于人道、人文思想。人道主义是指文艺复兴的精神,即要求通过学习和发扬古希腊及古罗马文化,使人的才能得到充分发展,这是新兴资产阶级提出的一种包含有深刻内容的追求和理想。在资产阶级革命的过程中,人道主义反对封建教会专制,要求充分发展人的个性。冲破了中世纪教会统治下以神为中心的思想束缚,主张人是自然的一部分并支配自然,认为追求快乐是人的天然权利和社会发展的动因。上升时期的资产阶级根据这种理论,无情地批判了封建教会视肉欲和世俗生活为罪恶的禁欲主义,肯定了人拥有享受人间一切快乐的权利,从而使征服自然、寻求人生快乐、进行自由创造、争取个性解放以及建立公正社会制度等进步思想得到了广泛传播。资产阶级人道主义在当时所起的进步作用,使它成为资产阶级反对封建教会专制的革命思想武器。直到 19 世纪,人道主义始终是资产阶级建立和巩固资本主义制度的重要思想武器。人道主义反对以任何形式对人的思想进行独裁专制的行为,这些形式包括教会的、政治的、意识形态的、社会体制的各种有可能对人的思想进行钳制的压迫形式。当然我们也主张对各种差异的容忍,尊重个人表达其信仰的权利,无论这种信仰是多么不入流,不主张用社会的、法律的和制裁的方式对其进行压制。

人道主义精神,具有相对的崇高性、超现实性。精神往往超出现实的意义,多指愿望的东西,在常规的情况下,精神往往是空间的一种观念。人道主义精神更着重体现以人为本的、以人类自身功能观念意义上的一种良知,及其在这个意识的作用支配下,形成一种以高度文明为基础、以人类和谐发展为目的的普世观。

3. 自由、平等、博爱思想

法国 1789 年通过的《人权宣言》指出:"自由即所有人皆拥有的,做一切不伤害其他人的自主权。除了保障社会上其他人享受同样权利外,此天赋的权利不应有任何限制。""不自由毋宁死"(1775 年由美国政治家帕特里克·亨利提出,法国革命后流行于世,后来成为希腊国家格言)成为共和国的一个重要格言。

平等指所有人视为同等,废弃个人生来的特权和地位的差别,只考虑个人对国家做出的贡献。《人权宣言》指出"法律面前,人人平等"。1795 年,平等的定义为"于法律面前,无论受法律保护者,或受法律惩罚者,人人皆平等。平等承认生来的差别和不受遗传影响的能力"。

1795 年的《法国宪法》中,博爱即"己所不欲,勿施于人;己所欲者,常施于人"的精神。法国杂志 *Esprit* 的哲学编辑 Paul Thibaud 说:“我们有多么视自由和平等为权利,也多么有义务以博爱去尊重他人。故此,这是道德的格言。”

4. 在个人主义和人道主义基本原则基础上,建立的基本价值原则

第一,理性价值:即逻辑和经验是发展知识、检验断言的标准,重视逻辑推理和实验检验。

第二,自由精神:人道主义反对以任何形式的对人的思想进行独裁与专制,这些形式包括教会的、政治的、意识形态的、社会体制的各种有可能对人的思想进行钳制的压迫形式。当然我们也主张对各种差异的容忍,尊重个人表达其信仰的权利,无论这种信仰是多么不入流,不主张用社会的、法律的和制裁的方式对其进行压制。

第三,个人尊严:人生活的高贵和尊严是人道主义的核心价值。所以人道主义反对一切宗教的、意识形态的、伦理道德中的具有那种贬损个人、压制自由、愚弄智识、或非人化的信条。人道主义坚信最大程度的个人自主性与社会责任感是和谐一致的。

第四,道德平等:这个原则贯穿于反对一切基于种族的、性别的、宗教的、年龄的、国别的歧视。这个原则的相应结果就是对一切人的智力和美德提供平等机会。

第五,自由的理想:人道主义总是捍卫自由的理想,它不仅支持那些因为教会的、政治的、经济的利益而遭受压制的自由意识,而且支持真正的政治自由、民主决定基础上的大多数人的意见、尊重少数人的权利和法律的规则。人道主义捍卫人基本的安全、自由和追求幸福的权利。人道主义提倡从宗教和强硬政府控制下解放的个人自由。

第六,宗教怀疑主义:人道主义承认宗教在解释人的生活意义方面的作用,但不同意对它的迷信态度。人道主义认为宇宙是自然力机制作用的产物,可以有效地为科学所理解。人道主义坚持男人、女人对自己的命运负责,不必寻求超自然的救世主。

第七,伦理本质和来源:人道主义赞同伦理的哲学传统,即这是一个可以反复探寻的自主领域。伦理上判断可以脱离宗教而独立获得,人类可以培育自己的智慧和理性,用它们来获得优质的生活。人道主义认识到道德在人的生活中的中心作用,但人道主义反对绝对价值观,保留对伦理价值不断发现的客观态度。

第八,劳动、效率原则:这个原则是个人生活质量提升和改进的途径及方式。劳动就是指劳动者在生产系统和生活系统中通过具体的劳动方式,改进和增强自然或者社会的福利及价值的活动;效率是指单位时间完成的工作量和指最有效地使用社会资源以满足人类的愿望及需要。人们普遍认可的提高生活质量的有效方法有两步:一是不

浪费时间——积极的做事，不要消极怠工。二是把时间用来干正确的事情——保证自己所做的事情确实能够帮助自己完成任务。

（三）我国传统的文化价值选择

蔡定剑在《论国家意识形态的重建》①一书中指出：在中国古代社会，儒家传统文化具有官学和国教的双重属性，属于国家意识形态。它形成了那个社会的基本价值观念，这些价值观念就是儒家文化中的“天子之礼”和“君子之道”。它使君臣与百姓都有一个明确的自身定位和责任担当，从而形成那个时代的正常法制秩序或者道德秩序。

中国传统文化的价值观就是以儒学为基础建立的、以“仁者爱人”为核心的基本价值观。仁，不仅是最基本的、最高的德目，而且是最普遍的德性标准。以仁为核心形成的古代人文情怀，经过现代改造，有些可以转化为现代人文精神。基本内容有：

1.“三纲五常”

“三纲五常”（纲常）是中国儒家伦理文化中的架构。“三纲”“五常”这两个词，来源于西汉董仲舒的《春秋繁露》一书。但作为一种道德原则、规范内容，它渊源于先秦时代的孔子。孔子曾提出了“君君臣臣、父父子子”和“仁”“义”“礼”“智”等伦理道德观念。孟子进而提出“父子有亲，君臣有义，夫妇有别，长幼有序，朋友有信”的“五伦”道德规范。董仲舒按照他的大道“贵阳而贱阴”的阳尊阴卑理论，对“五伦”观念做了进一步的发挥，提出了“三纲”原理和“五常”之道。董仲舒认为，在人伦关系中，君臣、父子、夫妻三种关系是最主要的，而这三种关系存在着天定的、永恒不变的主从关系：君为主、臣为从；父为主，子为从；夫为主，妻为从。亦即所谓的“君为臣纲，父为子纲，夫为妻纲”这“三纲”。“五常之道”实际上是“三纲”的具体化。董仲舒又认为，仁、义、礼、智、信“五常之道”则是处理君臣、父子、夫妻、上下尊卑关系的基本法则，治国者应该给予足够的重视。在他看来，人不同于其他生物的一个重要特点，在于人类具有与生俱来的“五常之道”。坚持“五常之道”，就能维持社会的稳定和人际关系的和谐。

2.“三从四德”

“三从四德”是为适应父权制家庭稳定、维护父权—夫权家庭（族）利益需要，根据“内外有别”“男尊女卑”的原则，由儒家礼教对妇女一生在道德、行为、修养方面进行的规范要求。“三从”一词最早见于周、汉儒家经典《仪礼 丧服－子夏传》，在讨论出嫁妇女为夫、为父服丧年限（为夫三年，为父一年）时，“妇人有‘三从’之义，无‘专用’之道，

---

① 蔡定剑. 论国家意识形态的重建[M]//走向宪政. 北京：法律出版社，2011.

故未嫁从父，既嫁从夫，夫死从子”。引申为作为女儿、妻妇和母亲的妇女应对男性服从。

所谓的“三从”，是指：未嫁从父，既嫁从夫，夫死从子。意思是说女孩子在未出嫁之前要听从家长的教诲，不要胡乱地反驳长辈的训导，因为长辈们的社会见识丰富，有根本性的指导意义；出嫁之后要礼从夫君，与丈夫一同持家执业、孝敬长辈、教育幼小；如果夫君不幸先已而去，就要坚持好自己的本分，想办法扶养小孩长大成人，并尊重自己子女的生活理念。

“四德”一词见于《周礼·天官》，内宰是教导后宫妇女的官职，负责逐级教导后宫妇女“阴礼”“妇职”，其中较高职位的“九嫔”“掌妇学之法，以教九御妇德、妇言、妇容、妇功”。本来是宫廷妇女教育门类，后来与“三从”连称，成为对妇女道德、行为、能力和修养的标准即“三从四德”。所谓的“四德”是指：妇德、妇容、妇言、妇工。妇德，就是说做女子的，第一要紧是品德，要品性端庄能正身立本；妇容，要求是及时沐浴，服饰鲜洁，出入要端庄稳重持礼，不要轻浮随便；妇言，指与人交谈要会随意附义，能理解别人，择词而论，不道恶言；妇工，指治家之道，包括相夫教子、尊老爱幼、勤俭节约等生活方面的细节。

3.“五伦”“八德”

“五伦”指父子有亲，君臣有义，夫妇有别，长幼有序，朋友有信。“八德”指孝、悌、忠、信、礼、义、廉、耻。

“五伦”来源于孟子“父子有亲，君臣有义，夫妇有别，长幼有序，朋友有信”。（《孟子·滕文公上》）以“五伦”为标志，形成了“以人为本”的伦理道德观。“父子有亲”是指父慈子孝，父母要懂得如何用慈爱、智慧来教导下一代，而孩子也要常常关怀体贴父母，来尽他的孝道。这样，就能够让父子这一伦发展得非常和谐、非常圆满。“君臣有义”是指君仁臣忠。君仁，是处处替下属着想，甚至不只是替下属着想，还要替他的家庭，替他的家人着想。当领导有这样的胸襟，这样的仁厚之心，那下属一定会很感恩他，一定会效忠他。臣忠，这个忠是忠于领导人，忠于他的本分、职责，忠于他的团体，这叫臣忠。君臣关系是道，仁与忠就是德。“夫妇有别”是指夫义妇顺，即在家庭中承担的不同责任，即男主外，女主内。丈夫要负责养家糊口，孝顺父母，还有责任要扶持社会的发展，对社会负责。妻子则是“相夫教子”。要对家庭负责，对先生负责，对下一代的教育负责。主要责任就是把一个家庭治理好。“长幼有序”是指兄友弟恭。即哥哥要时刻想着弟弟，对弟弟关怀备至；而弟弟有哥哥的照顾，这份恩情不能忘怀，要非常敬重哥哥。手足有规劝之道，即当兄弟有过失的时候，兄弟之间要懂得劝诫。“朋友有信”是指朋友之间交往要有信义，讲究信用。若有过错，劝而改之，若有善事助而成之，不论贫富，一视同仁，以道德来往，自然朋友有信也。这“五伦”关系是任何一个社会、国家、民族、时代的人都必须面对的最基本的伦理关系。因此，中国古人说“人无伦外之人”，即不存在生活在伦理关系之外的人。

“八德”：宋代伦理道德观以“孝、悌、忠、信、礼、义、廉、耻”的“八德”为标志。因为中国在宋代以前，没有“亡国”意识，只要“家固”便可“国宁”，故有“以家为本”的伦理道德观。随着中国农业社会的发展，以家庭为本位的农业经济日益稳定与发展，“家”对于农业经济的发展，对于社会的祥和与稳定等功能日益突出，“家”乃国之基，“家和万事兴”，因此“齐家”，家庭与家族的凝聚也就日益重要。多子女大家庭中的人伦关系，已经不仅需要纵向伦理的“孝”，更需要调整横向伦理的“悌”，有了纵向的“父慈子孝”，又有了横向的“兄友弟恭”，建构一个纵横交错的家庭伦理，就有可能实现“家和万事兴”。“家”是“国”的细胞，只要这个细胞健康而充满生机，整个社会、国家就有可能祥和稳定、发展繁荣，“家固而国宁”。故宋代从“家”与“国”的辩证关系上，突出“孝、悌”，并将其置于“忠、信”的前面，是一种审时度势的创造。孝就是孝顺。孝顺父母，这是为人子女的本分，孝顺就是报答父母养育之恩。悌就是悌敬。悌敬兄长，这是作为弟弟的本分，悌敬就是报答兄长的恩。忠就是尽忠。尽忠国家，这是作为国民的责任，尽忠就是报答国家的恩。信就是信用。信用朋友，对朋友言而有信，行必笃敬，不可失去信用。礼就是礼节。遵守礼仪，见到人要有礼貌，以礼待人。义就是道义。追求正义，见义勇为，重义轻利，扶危济困，不占便宜，不偏不倚，俯仰无愧。廉就是廉洁。廉洁自律，以清廉为乐，洁身自爱，廉洁奉公。耻就是羞耻。凡是不合道理的事情，违背良心的事情，绝对不做。人若无耻，等于禽兽一样。

在社会道德层面，儒学还具有一些永久的价值。如“天下兴亡，匹夫有责”的公民社会责任；“天时不如地利，地利不如人和”的敬业乐群思想；“君子和而不同”的多元文化观；“君子敬而无失，与人恭而有礼，四海之内，皆兄弟也”，通过修身而达到博爱思想。毫无疑问，儒家文化中对待人生和生活的态度，交友处世和为人的方法，学习、修炼自己和对家庭、社会的责任精神等，都有无价的精神财富。它应成为中国社会道德文化的重要基础和要素。

二、目前我国的社会价值观现状

(一)现代化条件下的中国价值观现状

近代中国被西方打开国门，由于儒学过分强调君臣、家长秩序，以礼教束缚个人权利和自由。所以在中国近代反封建走向现代化的过程中,传统儒家文化被当作封建文化批判。从洪秀全的太平天国运动到近代中国一些最著名的大学者都认为,儒家文化与先进的西方民主、法治、文明相冲突,要民主科学,必先反孔子。所以在“五四运动”时,新文化运动的旗手陈独秀、李大钊、鲁迅等人都是强烈地反儒家文化,“打倒孔家店”就是当时的启蒙革新口号。儒家价值观又曾在“文化大革命”中再次受到激烈批判而名声扫地。中国在摧毁几千年封建统治时,也摧毁了两千多年维系这个社会的道德价值观的儒家文化。

中国共产党第十七届六中全会报告《中共中央关于深化文化体制改革推动社会主义文化大发展大繁荣若干重大问题的决定》(简称《决定》)指出:我国文化领域正在发生广泛而深刻的变革,推动文化大发展大繁荣既具备许多有利条件,也面临一系列新情况、新问题。我国文化发展同经济社会发展和人民日益增长的精神文化需求还不完全适应,突出矛盾和问题主要是:一些地方和单位对文化建设重要性、必要性、紧迫性认识不够,文化在推动全民族文明素质水平提高中的作用亟待加强;一些领域道德失范、诚信缺失,一些社会成员人生观、价值观扭曲,用社会主义核心价值体系引领社会思潮更为紧迫,巩固全党全国各族人民团结奋斗的共同思想道德基础任务繁重;舆论引导能力需要提高,网络建设和管理亟待加强及改进;有影响的精品力作还不够多,文化产品创作生产引导力度需要加大;公共文化服务体系不健全,城乡、区域文化发展不平衡;文化产业规模不大、结构不合理,束缚文化生产力发展的体制机制问题尚未根本解决;文化走出去较为薄弱,中华文化国际影响力需要进一步增强;文化人才队伍建设急需加强。推进文化改革发展,必须抓紧解决这些矛盾和问题。

《决定》同时指出:坚持中国特色社会主义文化发展道路,深化文化体制改革,推动社会主义文化大发展大繁荣,必须全面贯彻党的“十七大”精神,高举中国特色社会主义伟大旗帜,以马克思列宁主义、毛泽东思想、邓小平理论和“三个代表”重要思想为指导,深入贯彻落实科学发展观,坚持社会主义先进文化前进方向,以科学发展为主题,以建设社会主义核心价值体系为根本任务,以满足人民精神文化需求为出发点和落脚点,以改革创新为动力,发展面向现代化、面向世界、面向未来的,民族的、科学的、大众的社会主义文化,培养高度的文化自觉和文化自信,提高全民族文明素质,增强国家文化软实力,弘扬中华文化,努力建设社会主义文化强国。

蔡定剑在《论国家意识形态的重建》一书中指出:发达国家的社会价值体系是两个层面:一是自由、平等、正义、民主、法治、人权等政治信念;二是以基督教形式存在和传播的宗教道德价值。而两个价值体系分别维系政治社会秩序和公民社会秩序。由于意识形态的原因,中国长期以来对这两个层面的价值都采取抵制态度。所以,中国改革开放只限于学习发达国家的经济管理和技术。而在政治社会文化层面，大众追逐的就只有被误解了的对西方物质和享乐的崇拜，以及对时尚名牌商品和奢华生活方式的追求。

(二)基本价值观缺乏广泛的认同的原因及其分析

21世纪初的中国，经济确实在迅速崛起。但是，在历史上儒家传统被废除而中断，今天传统的道德价值体系实际上被放弃，而普世价值观又因政治原因受到抑制，举国上下在追求经济利益和物质享乐的大潮中失去了自我。

蔡定剑在《论国家意识形态的重建》一书中指出：儒家在近代以来一直受到不公正的批判，中华人民共和国成立后，特别是"文化大革命"中儒教思想因被认为是妨碍社会进步的封建反动世界观而受到严厉批判，在近一个世纪，儒家文化在广大的社会群众中已经失去基础。现在，越来越多的人认为，儒家文化应作为中国重要的传统文化加以继承，并且它对中国当前面临的现代化和全球化挑战是有积极作用的。它的作用主要体现在文化认同和社会道德重建的价值。但是，儒家文化不太可能成为21世纪中国社会的国家意识形态，即政治层面的价值和信念。现代社会，中国年轻人不可能重返对孔子的信仰，中国近代经过一个世纪的批孔，儒家文化离年轻人已经很遥远了，文化已经中断，重建传统需要几代人的教育。问题是当代相当多的年轻人不喜欢儒家文化，原因是：一方面，儒家文化中的君权、父权、夫权等级秩序扼杀个性与自由。"亚里士多德和孔子一样对法律与伦理进行了区分。但法律和公民自由在西方传统中占了上风，而伦理和公民义务则在儒家传统中占了上风。"这是由于儒家文化过分强调公民的义务，忽视公民的权利和自由，而权利和自由是现代社会不可或缺的重要价值。儒家文化中的家长制文化与现代自由、平等精神大相径庭。另一方面，儒家文化中的精英政治，总是把人分为君子与小人，总是让君子统治小人，这就不应成为当代中国人民的政治意识形态。可见，要恢复儒家文化以重振中国的文化和道德并非能得到公众普遍的认同。只有树立民主、法制、自由、人权、平等这些价值观作为中国的国家意识形态，才能获得人民的普遍认同，才能成为团结人民形成新的民族凝聚力的基础。因为这些价值观符合普遍的人性，也包含儒家文化的因素、现代文明和全球化因素，符合历史发展的潮流。所以，中国社会的自我认同应该建立两个价值体系：在政治层面，它的价值体系应该是民主、法制、自由、人权、平等、公正等人类的普世价值；在文化道德层面，应该是继承儒家传统文化的仁、义、礼、智、信等。这样中国既保留它传统的道德文化，又可以融入现代化和全球化的世界中。中国才会找到真正的自我，才会真正崛起并承担好它的国际责任。

三、培育和践行社会主义核心价值观

(一)基本价值观的确立

蔡定剑在《论国家意识形态的重建》一书中指出:共同的价值和信仰(或者说“国家意识形态”)是维系一个社会和国家共存与持续的基础。否则,这个社会一旦碰到危机就会如沙塔遇到雨一样。一个国家的国家意识形态有两个层面:一个是政治层面的基本价值,如自由、平等、正义、法治、民主、人权等,它通过政治过程实现;一个是公民社会层面的基本价值,如真、善、爱、美、诚、信等,它通过宗教和道德的方式实现。在专制或不发达的社会中这两种价值常常是一体的,或者说只有宗教道德层面的普遍价值,没有政治层面的普遍价值。中国古代以儒家道德取代政治价值,中国共产党建立政权后,以党的政治信念取代社会道德价值。现代民主社会两种价值是分开的。

党的“十八大”提出:在新的历史条件下夺取中国特色社会主义新胜利,必须牢牢把握以下基本要求,并使之成为全党全国各族人民的共同信念。

——必须坚持人民主体地位。中国特色社会主义是亿万人民自己的事业。要发挥人民的主人翁精神,坚持依法治国的基本方略,最广泛地动员和组织人民依法管理国家事务、管理经济及文化事业,积极投身社会主义现代化建设,更好保障人民权益,更好保障人民当家做主。

——必须坚持解放和发展社会生产力。解放和发展社会生产力是中国特色社会主义的根本任务。要坚持以经济建设为中心,以科学发展为主题,全面推进经济建设、政治建设、文化建设、生态文明建设,实现以人为本、全面协调可持续的科学发展。

——必须坚持推进改革开放。改革开放是坚持和发展中国特色社会主义的必由之路。要始终把改革创新精神贯彻到治国理政各个环节,坚持社会主义市场经济的改革方向,坚持对外开放的基本国策,不断推进理论创新、科技创新、文化创新以及其他各方面创新,不断推进我国社会主义制度自我完善和发展。

——必须坚持维护社会公平正义。公平正义是中国特色社会主义的内在要求。要在全体人民共同奋斗、经济社会发展的基础上,加紧建设对保障社会公平正义具有重大作用的制度,逐步建立以权利公平、机会公平、规则公平为主要内容的社会保障体系,努力营造公平的社会环境,保证人民平等参与、平等发展的权利。

——必须坚持走共同富裕道路。共同富裕是中国特色社会主义的根本原则。要坚持社会主义基本经济制度和分配制度,调整国民收入分配格局,加大再分配调节力度，着力解决收入分配差距较大问题，使发展成果更多且更公平地惠及全体人民，朝共同富裕方向稳步前进。

——必须坚持促进社会和谐。社会和谐是中国特色社会主义的本质属性。要把保障和改善民生放在更加突出的位置，加强和创新社会管理，正确处理改革发展稳定关系，团结一切可以团结的力量，最大限度地增加和谐因素，增强社会创造活力，确保人民安居乐业、社会安定有序、国家长治久安。

——必须坚持和平发展。和平发展是中国特色社会主义的必然选择。要坚持开放的发展、合作的发展、共赢的发展，通过争取和平国际环境发展自己，又以自身发展维护和促进世界和平，扩大同各方利益汇合点，推动建设持久和平、共同繁荣的和谐世界。

——必须坚持和改善党的领导。中国共产党是中国特色社会主义事业的领导核心。要坚持立党为公、执政为民，加强和改善党的领导，坚持党总揽全局、协调各方的领导核心作用，保持党的先进性和纯洁性，增强党的创造力、凝聚力、战斗力，提高党科学执政、民主执政、依法执政水平。

（二）核心价值观的弘扬

党的“十八大”提出：倡导富强、民主、文明、和谐，倡导自由、平等、公正、法治，倡导爱国、敬业、诚信、友善，积极培育社会主义核心价值观。这是对社会主义核心价值观的最新概括。

社会主义核心价值观是社会主义核心价值体系的内核，体现社会主义核心价值体系的根本性质和基本特征，反映社会主义核心价值体系的丰富内涵和实践要求，是社会主义核心价值体系的高度凝练和集中表达。

党的“十八大”提出：倡导富强、民主、文明、和谐，倡导自由、平等、公正、法治，倡导爱国、敬业、诚信、友善，积极培育和践行社会主义核心价值观。这与中国特色社会主义发展要求相契合，与中华优秀传统文化和人类文明优秀成果相承接，是我们党凝聚全党全社会价值共识做出的重要论断。富强、民主、文明、和谐是国家层面的价值目标，自由、平等、公正、法治是社会层面的价值取向，爱国、敬业、诚信、友善是公民个人层面的价值准则，这二十四个字是社会主义核心价值观的基本内容，为培育和践行社会主义核心价值观提供了基本遵循。

《中国共产党章程》提出：坚持全心全意为人民服务。党除了工人阶级和最广大人民群众的利益，没有自己特殊的利益。党在任何时候都把群众利益放在第一位，同群众同甘共苦，保持最密切的联系，坚持权为民所用、情为民所系、利为民所谋，不允许任何党员脱离群众,凌驾于群众之上。党在自己的工作中实行群众路线,一切为了群众,一切依靠群众,从群众中来,到群众中去,把党的正确主张变为群众的自觉行动。我们党的最大政治优势是密切联系群众,党执政后的最大危险是脱离群众。党风问题、党同人民群众联系问题是关系党生死存亡的问题。党坚持标本兼治、综合治理、惩防并举、注重预防的方针,建立健全惩治和预防腐败体系,坚持不懈地反对腐败,加强党风建设和廉政建设。

第一,社会主义道德建设的核心就是全心全意为人民服务。十七届六中全会指出:推进社会主义核心价值体系建设,巩固全党全国各族人民团结奋斗的共同思想道德基础。围绕全心全意为人民服务的精神,实践社会主义核心价值观。社会主义核心价值体系是兴国之魂,是社会主义先进文化的精髓,决定着中国特色社会主义发展方向。必须强化教育引导,增进社会共识,创新方式方法,健全制度保障,把社会主义核心价值体系融入国民教育、精神文明建设和党的建设全过程,贯穿改革开放和社会主义现代化建设各领域,体现到精神文化产品创作生产传播各方面,坚持用社会主义核心价值体系引领社会思潮,在全党全社会形成统一指导思想、共同理想信念、强大精神力量、基本道德规范。

第二,坚持马克思主义的指导地位。马克思主义深刻揭示了人类社会发展规律,坚定维护和发展最广大人民根本利益,是指引人民推动社会进步、创造美好生活的科学理论。要毫不动摇地坚持马克思主义基本原理,紧密结合中国实际、时代特征、人民愿望,用发展着的马克思主义指导新的实践。坚持不懈用中国特色社会主义理论体系武装全党、教育人民,推动学习、实践科学发展观向深度和广度拓展,引导党员、干部深入学习贯彻党的基本理论、基本路线、基本纲领、基本经验,学习马克思主义经典著作,系统掌握马克思主义立场、观点、方法。科学分析世情、国情、党情新变化,深入研究解决改革开放和社会主义现代化建设新课题,不断深化对共产党执政规律、社会主义建设规律、人类社会发展规律的认识,不断把党带领人民创造的成功经验上升为理论,不断赋予当代中国马克思主义鲜明的实践特色、民族特色、时代特色。坚持以领导班子和领导干部为重点,以提高思想政治素养为根本,以建设学习型党组织为抓手,大力推进马克思主义学习型政党建设。深入推进马克思主义理论研究和建设工程,实施中国特色社会主义理论体系普及计划,加强重点学科体系和教材体系建设,推动中国特色社会主义理论体系进教材、进课堂、进头脑,加强和改进学校思想政治教育。

第三,坚定中国特色社会主义共同理想。中国特色社会主义是当代中国发展进步的根本方向,集中体现了最广大人民根本利益和共同愿望。要深入开展理想信念教育,引导干部群众深刻认识中国共产党领导和中国特色社会主义制度的历史必然性及优越性，深刻认识到中国特色社会主义道路既是实现社会主义现代化和中华民族伟大复兴的必由之路，也是创造人民美好生活的必由之路，自觉把个人理想融入中国特色社会主义共同理想之中，最大限度地把广大人民团结和凝聚在中国特色社会主义伟大旗帜之下。紧密结合中国特色社会主义成功实践，联系干部群众思想实际，针对社会热点、难点问题，从理论和实践结合上做出有说服力的回答，引导干部群众在重大思想理论问题上划清是非界限、澄清模糊认识，有力抵制各种错误和腐朽思想影响。深入开展形势政策教育、国情教育、革命传统教育、改革开放教育、国防教育，组织学习中国近现代史特别是党领导人民进行革命、建设、改革的历史，坚定广大干部群众对中国特色社会主义的信心和信念。

第四，弘扬以爱国主义为核心的民族精神和以改革创新为核心的时代精神。爱国主义是中华民族最深厚的思想传统，最能感召中华儿女团结奋斗；改革创新是当代中国最鲜明的时代特征，最能激励中华儿女锐意进取。要通过历史学、社会科学等人文学科的学习宣传，广泛开展民族精神教育，大力弘扬爱国主义思想，增强民族自尊心、自信心、自豪感，激励人民把爱国热情化作振兴中华的实际行动。通过西方思想史、世界历史等人文学科知识的学习宣传，了解西方发展的轨迹和途径，广泛开展时代精神教育，引导干部群众始终保持与时俱进、开拓创新的精神状态，永不自满、永不僵化、永不停滞，以思想不断解放推动事业持续发展。大力弘扬一切有利于国家富强、民族振兴、人民幸福、社会和谐的思想和精神，大力发扬艰苦奋斗、劳动光荣、勤俭节约的优良传统。加强民族团结进步教育，增进对伟大祖国和中华民族的认同，促进各民族共同团结奋斗、共同繁荣发展。加强爱国主义教育基地建设，用好红色旅游资源，使之成为弘扬培育民族精神和时代精神的重要课堂。

第五，树立和践行社会主义道德观。社会主义道德观体现了社会主义道德的基本要求。要深入开展社会主义道德观宣传教育，弘扬中华传统美德，推进公民道德建设工程，加强社会公德、职业道德、家庭美德、个人品德教育，评选表彰道德模范，学习宣传先进典型，引导人民增强道德判断力和道德荣誉感，自觉履行法定义务、社会责任、家庭责任，在全社会形成知荣辱、讲正气、做奉献、促和谐的良好风尚。深化群众性精神文明创建活动，广泛开展志愿服务，拓展各类道德实践活动，倡导爱国、敬业、诚信、友善等道德规范，形成男女平等、尊老爱幼、扶贫济困、扶弱助残、礼让宽容的人际关系。深化政风、行风建设，开展道德领域突出问题专项教育和治理，坚决反对拜金主义、享乐主义、极端个人主义，坚决纠正以权谋私、造假欺诈、见利忘义、损人利己的歪风邪气。把诚信建设摆在突出位置，大力推进政务诚信、商务诚信、社会诚信和司法公信建设，抓紧建立健全覆盖全社会的征信系统，加大对失信行为惩戒力度，在全社会形成守信光荣、失信可耻的氛围。

第六，推动人文学科和人文知识发展，促进社会全面进步。加强法制宣传教育，弘扬社会主义法治精神，树立社会主义法治理念，提高全民法律素质水平，推动社会依法行事，维护法律权威和社会公平正义。加强人文关怀和心理疏导，培育自尊自信、理性平和、积极向上的社会心态。弘扬科学精神，普及科学知识，倡导移风易俗，抵制封建迷信。深入开展反腐倡廉教育，推进廉政文化建设。发挥传媒弘扬社会正气、通达社情民意、引导社会热点、疏导公众情绪、搞好舆论监督的重要作用，保障人民知情权、参与权、表达权、监督权。以党报党刊、通讯社、电台电视台为主，整合都市类媒体、网络媒体等宣传资源，构建统筹协调、责任明确、功能互补、覆盖广泛、富有效率的舆论引导格局。加强和改进正面宣传，加强社会主义核心价值体系宣传，加强舆情分析，加强社会热点、难点问题引导，从群众关注点入手，科学解疑释惑，有效凝聚共识。做好重大突发事件新闻报道，完善新闻发布制度，健全应急报道和舆论引导机制，提高时效性，增加透明度。加强和改进舆论监督，推动解决党和政府高度重视、群众反映强烈的实际问题，维护人民利益，密切党群关系，促进社会和谐。新闻媒体和新闻工作者要秉持社会责任和职业道德，真实准确传播新闻信息，自觉抵制错误观点，坚决杜绝虚假新闻。

第六章　马克思主义大众化传播与中国传统文化的关系

中国共产党以马克思列宁主义、毛泽东思想、邓小平理论、“三个代表”重要思想和科学发展观作为自己的行动指南。马克思列宁主义揭示了人类社会历史发展的规律，它的基本原理是正确的，具有强大的生命力。中国共产党人追求的共产主义最高理想，只有在社会主义社会充分发展和高度发达的基础上才能实现。社会主义制度的发展和完善是一个长期的历史过程。坚持马克思列宁主义的基本原理，走中国人民自愿选择的、适合中国国情的道路，中国的社会主义事业必将取得最终的胜利。中国共产党从诞生的时刻就以马克思主义作为自己的指导思想，马克思主义是中国共产党人对社会政治理想信念的选择。

“推动当代中国马克思主义大众化”是党的“十七大”提出的新要求和重要任务：中国特色社会主义理论体系，就是包括邓小平理论、“三个代表”重要思想以及科学发展观等重大战略思想在内的科学理论体系。这个理论体系，坚持和发展了马克思列宁主义、毛泽东思想，凝结了几代中国共产党人带领人民不懈探索实践的智慧和心血，是马克思主义中国化最新成果，是党最可贵的政治和精神财富，是全国各族人民团结奋斗的共同思想基础。中国特色社会主义理论体系是不断发展的开放的理论体系。《共产党宣言》发表以来近 170 年的实践证明，马克思主义只有与本国国情相结合、与时代发展同进步、与人民群众共命运，才能焕发出强大的生命力、创造力、感召力。在当代中国，坚持中国特色社会主义理论体系，就是真正坚持马克思主义。

当代中国马克思主义大众化是指把马克思主义中国化的最新成果即中国特色社会主义理论体系转化为通俗易懂、能为人民群众所了解，并被人民群众所接受、认可，且能最终转化为人民群众的坚定信仰和自觉行动的过程。目前，在推动当代中国马克思主义大众化过程中受到了理论发展本身及其与社会生活实际关系、群众主体认知程度、宣传教育方法手段、外部环境等多种因素的制约。社会主义事业是最广大的人民群众的事业，指导中国社会主义实践的理论要为群众所理解，就必须与其文化相结合。

推动当代中国马克思主义大众化就需要马克思主义理论与中国文化相结合。在改革开放的现代中国，现实文化的内容是多元的，传统文化、西方文化及其他民族的文化相互吸收和影响，其基础和根基仍然是中国传统文化。

一、中国传统文化是马克思主义大众化传播的社会意识基础

（一）文化的含义及其作用

文化是复杂现象，人们对文化的理解各有不同。塞缪尔·亨廷顿在《文化的重要作用——价值观如何影响人类进步》中指出："我们是从纯主观的角度界定文化的含义，指一个社会中的价值观、态度、信念、取向以及人们普遍持有的见解。"美国学者威廉·A.哈维兰认为：我们可以将文化设想为通常无意识的准则，社会——有组织的人群——按照这些准则运行。这些准则是通过社会习得的，而不是通过生物遗传获得的。从文化的性质来看，文化由抽象的价值、信念和世界观构成。人们的行为是价值、信息和世界观的体现，社会成员共享这些东西，当人们遵照它们行动时，它们形成其他社会成员可理解的行为。文化大致通过语言习得，而不是生物遗传，文化的各个部分作为一体化的整体起作用。①

关于文化的功能，学者们也有不同的认识。哈维兰认为，从我们到目前为止所说的来看，如果文化不能成功地处理基本的问题，就不可能持续存在下去。文化必须为生活所必需的物品和服务的生产及分配提供保证。它必须通过其成员的繁衍，为生物的延续提供保证。它必须使新成员濡化，这样他们才能成为有用的成人。它必须维持其成员之间的秩序，以及他们与外人之间的秩序。它必须激发成员持续生存下去并参加持续生存所必需的各种活动。所有这一切中最重要的是，如果在改变了的条件下它要保持适应，它必须能够变化。②

在人们的社会生活中，正是文化确定了人类彼此的行为界限，并指导行为遵循可预测的路线进行。即社会中的每个人必须有某种程度上可预测的行为，要是个人不知道其他人在特定处境中可能会有的行动，就不可能有群体的生活与合作。

（二）中国传统文化的含义

文化为什么存在？哈维兰认为，人们维持文化以对付与他们相关的难题和要紧

---

① 哈维兰.文化人类学（第10版）[M].瞿铁鹏，张钰，译.上海：上海社会科学院出版社，2006.

② 同①.

事。为了生存，文化必须满足依赖其规则生存的那些人的需要，为它自己的持续存在做准备，而且为其社会成员提供有秩序的生存方式。如此做，文化必须使个人利益和整体社会相妥协。最后，文化必须有变化的潜力，以适应新的环境或适应变化了的关于现存环境的看法。①

那么，传统文化就是一个民族或者国家的人民在长期的生存和发展中形成的、关于社会生活的基本观点、基本秩序和社会的理想。根据人类学家布罗尼斯拉夫·马林诺斯基的观点，任何地方的人都共享某种生理的和心理的需要，所有文化制度的最终功能在于满足这些需要。② 他概括了所有文化都得满足的需要的三条基本标准：(1)文化必须对诸如食物和生殖等生物学需要做好安排；(2)文化必须对诸如法律和教育等工具性需要做好安排；(3)文化必须对宗教与艺术等整合需要做好安排。

中国传统文化的基本内容就是对这些需要的回应。中国传统文化是指居住在中国地域内的中华民族及其祖先所创造的，为中华民族世世代代所继承发展的，具有鲜明民族特色的、历史悠久的文化，是民族历史上各种思想文化、观念形态的总体表征，它是中华民族几千年文明的结晶。反映人们的普遍愿望和基本诉求，可以凝聚人心，是中国传统文化基本价值观的体现。中华传统文化首先应该包括思想、文字、语言，及其书法、音乐、武术、曲艺、棋类、节日、民俗、建筑等。目前中华传统文化还应包括古文、古诗、词语、乐曲、赋、民族音乐、民族戏剧、国画、对联、灯谜、射覆、酒令、歇后语等；传统节日以及各种民俗活动等；包括传统历法在内的中国古代自然科学以及生活在中国的各地区、各少数民族的传统文化也是中华传统文化的组成部分。

二、马克思主义大众化传播与弘扬中国传统文化相结合

(一)马克思主义基本思想

马克思在《关于费尔巴哈的提纲》中说："哲学家们只是用不同的方式解释世界，问题在于改变世界。"马克思主义理论是关于无产阶级解放的学说。

马克思的两大贡献是唯物史观和剩余价值学说。唯物史观是对社会历史发展的科学说明，剩余价值学说是对资本主义社会发展规律及其未来发展的解释。恩格斯《在马克思墓前的讲话》中说："正像达尔文发现有机界的发展规律一样，马克思发现了

① 哈维兰. 文化人类学(第10版)[M]. 瞿铁鹏，张钰，译. 上海：上海社会科学院出版社，2006.

② 同①.

人类历史的发展规律，即历来为纷繁芜杂的意识形态所掩盖着的一个简单事实：人们首先必须吃、喝、住、穿，然后才能从事政治、科学、艺术、宗教等。所以，直接的物质的生活资料的生产，便构成了一个民族或一个时代的一定的经济发展阶段的基础；人们的国家制度、法的观点、艺术以及宗教观念，就是从这个基础上发展起来的。因而，也必须由这个基础来解释，而不是像过去那样做得相反。不仅如此。马克思还发现了现代资本主义生产方式和它所产生的资产阶级社会的特殊运动规律。由于剩余价值的发现，而先前无论资产阶级经济学家或社会主义批评家所做的一切都只是在黑暗中摸索。”

在《家庭、私有制和国家的起源——就路易斯・亨・摩尔根的研究成果而作》1884年第一版序言中，恩格斯详细阐述了唯物主义的历史观点："根据唯物主义观点，历史中的决定性因素，归根结蒂是直接生活的生产和再生产。但是，生产本身又有两种。一方面是生活资料即食物、衣服、住房以及为此所必需的工具的生产；另一方面是人自身的生产，即种的繁衍。一定历史时代和一定地区内的人们生活于其下的社会制度，受着两种生产的制约：一方面受劳动的发展阶段的制约，另一方面受家庭的发展阶段的制约。劳动越不发展，劳动产品的数量、社会的财富越受限制，社会制度就越在较大程度上受血族关系的支配。然而，在以血族关系为基础的这种社会结构中，劳动生产率日益发展起来；与此同时，私有制和交换、财产差别、使用他人劳动力的可能性、阶级对立的基础等等新的社会成分，也日益发展起来；这些新的社会成分在几个世代中竭力使旧的社会制度适应新的条件，直到两者的不相容性最后导致一个彻底的变革为止。以血族团体为基础的旧社会，由于新形成的各社会阶级冲突而被炸毁；代之而起的是组成为国家的新社会，而国家的基层单位已经不是血族团体，而是地区团体了。在这种社会中，家庭制度完全受所有制的支配，阶级对立和阶级斗争从此自由开展起来，这种阶级对立和阶级斗争构成了直到今日的全部成文史的内容。”

恩格斯在《共产党宣言》1888年英文版序言中指出：虽然《共产党宣言》是我们两人共同的作品，但我认为自己有责任指出，构成《共产党宣言》核心的基本思想是属于马克思的。这个思想就是：每一历史时代主要的经济生产方式与交换方式以及必然由此产生的社会结构，是该时代政治的和精神的历史所赖以确立的基础，并且只有从这一基础出发，这一历史才能得到说明；因此，人类的全部历史（从土地公有的原始氏族社会解体以来）都是阶级斗争的历史，即剥削阶级和被剥削阶级之间、统治阶级和被压迫阶级之间斗争的历史；这个阶级斗争的历史包括一系列发展阶段，现在已经达到这样一个阶段，即被剥削被压迫的阶级（无产阶级），如果不能同时使整个社会一劳永逸地摆脱任何剥削、压迫以及阶级差别和阶级斗争，就不能使自己从进行剥削和统治的那个阶级（资产阶级）的控制下解放出来。

恩格斯《在马克思墓前的讲话》中说：“因为马克思首先是一个革命家。他毕生的真正使命，就是以这种或那种方式参加推翻资本主义社会及其所建立的国家设施的事业，参加现代无产阶级的解放事业，正是他第一次使现代无产阶级意识到自身的地位和需要，意识到自身解放的条件——这实际上就是他毕生的使命。”在《共产党宣言》中写道：“代替那存在着阶级和阶级对立的资产阶级旧社会的，将是这样一个联合体，在那里，每个人的自由发展是一切人的自由发展的条件。”

为世界上绝大多数的劳动者争取幸福是马克思主义的奋斗目标，并且为实现目标指明了方向：推翻资本的统治，实现人的自由发展！

（二）中国传统文化的社会政治思想的基本内容

中华传统文化是以孔子儒家道德文化为主宗、以老子庄子道家文化及其佛教文化相配合、历史传承的墨子等诸子百家思想相互兼容的多元文化融通、包容的体系。其中，社会政治理想是其核心内容和最基本的价值观。

中国人的理想社会在《礼纪记·礼运》中充分体现：“大道之行也，天下为公，选贤与能，讲信修睦。故人不独亲其亲，不独子其子，使老有所终，壮有所用，幼有所长，鳏寡孤独废疾者皆有所养，男有分，女有归。货恶其弃于地也，不必藏于己；力恶其不出于身也，不必为己。是故谋闭而不兴，盗窃乱贼而不作，故外户而不闭，是谓大同。”

(1)儒家从社会理想的角度提出了贯穿道德核心的“仁者爱人”的博爱思想。孟子曰：“君子所以异于人者，以其存心也。君子以仁存心，以礼存心。仁者爱人，有礼者敬人。爱人者，人恒爱之；敬人者，人恒敬之。有人于此，其待我以横逆则君子必自反也：我必不仁也，必无礼也；此物奚宜至哉！其自反而仁矣，自反而有礼矣，其横逆由是也；君子必自反也：我必不忠。自反而忠矣，其横逆由是也。”[①]仁者是充满慈爱之心，满怀爱意的人。对所有的人，无论富有或贫穷，都充满慈爱之心对待，这个世界就和谐幸福了。

以孟子“父子有亲，君臣有义，夫妇有别，长幼有序，朋友有信”[②]“五伦”为标志，形成了“以仁为本”的伦理道德观。父子有亲是指父慈子孝；君臣有义是指君仁臣忠；夫妇有别是指夫义妇顺，即在家庭中承担的不同责任；长幼有序是指兄友弟恭；朋友有信是指朋友之间交往要有信义，讲究信用。这“五伦”关系是任何一个社会、国家、民族、

---

① 资料来源：《孟子·离娄下》。

② 资料来源：《孟子·滕文公上》。

时代的人都必须面对的最基本的伦理关系。因此，中国古人说，“人无伦外之人”，即不存在生活在伦理关系之外的人。

（2）为实现“仁爱”的社会实践，在日常生活中必须遵循“礼”的规范。曾子曰：“吾日三省吾身：为人谋而不忠乎？与朋友交而不信乎？传不习乎？”[①]什么是“礼”呢？我国社会在长期的发展中，与西方社会比较，封建制度比较漫长而稳定，其文化发展与其经济制度、政治制度是互相匹配和促进的，核心是维护封建等级制度，逐步形成建立在“君君臣臣父父子子”基本社会关系基础上的“三纲五常”制度，即为“礼”。为维护血缘关系、宗法制度和君主专制，强调个体服从整体的基本规范。

“三纲”“五常”这两个词，来源于西汉董仲舒的《春秋繁露》一书；但作为一种道德原则、规范的内容，它源于先秦时代的孔子。为复兴周礼、建立理想国家，孔子曾提出了君君臣臣、父父子子和仁义礼智等伦理道德观念。孟子进一步提出“父子有亲，君臣有义，夫妇有别，长幼有序，朋友有信”的“五伦”道德规范。因为西汉统一中央集权的需要，董仲舒推明孔氏对“五伦”观念做了进一步的发挥，提出了“三纲”“五常之道”。董仲舒认为，在人伦关系中，君臣、父子、夫妻三种关系是最基本的，而这三种关系存在着主从关系：君为主、臣为从；父为主，子为从；夫为主，妻为从。亦即所谓的“君为臣纲，父为子纲，夫为妻纲”的“三纲”。“五常之道”实际上是“三纲”的具体化。董仲舒又认为，仁、义、礼、智、信“五常之道”则是处理君臣、父子、夫妻、上下尊卑关系的基本法则，治国者应该给予足够的重视。坚持“五常之道”，就能维持社会的稳定和人际关系的和谐。

宋代伦理道德观以“孝、悌、忠、信、礼、义、廉、耻”的“八德”为标志。随着中国社会的发展，以家庭为本位的农业经济日益稳定与发展，家庭与家族的凝聚也就日益重要。多子女大家庭中的人伦关系，已经不仅需要纵向伦理的“孝”，更需要调整横向伦理的“悌”，有了纵向的“父慈子孝”，又有了横向的“兄友弟恭”，故有“以家为本”的伦理道德观。

（3）民贵君轻——人民比君主更重要的民本思想。“以民为本”的思想是中国古代文化中的优良传统之一。尤其在春秋战国时期，君与民的关系问题就成为一个至关重要的问题。为了巩固统治，安定社会秩序，当时各学派的思想家都提出了自己的想法。不仅儒家，包括道家、墨家以及《左传》《国语》《管子》等著作中，都不同程度地蕴含着“民为邦本”的思想。相比较而言，儒家所代表的民本思想最强烈、最集中。孟子曰：“桀，纣之失天下也，失其民也；失其民者，失其心也。得天下有道：得其民，斯得天下

① 资料来源：《论语·学而第一》。

矣。得其民有道：得其心，斯得民矣。得其心有道：所欲与之聚之，所恶勿施尔也。民之归仁也，犹水之就下、兽之走圹也。故为渊驱鱼者，獭也；为丛驱爵者，鹯也；为汤武驱民者，桀与纣也。”[①]。孟子曰：“民为贵，社稷次之，君为轻。是故得乎丘民而为天子，得乎天子为诸侯，得乎诸侯为大夫。诸侯危社稷，则变置。牺牲既成，粢盛既洁，祭祀以时，然而旱干水溢，则变置社稷。”[②]从天下国家的立场来看，民是基础、是根本，民比君更加重要。“民为贵，社稷次之，君为轻”是孟子提出的社会政治思想，也是孟子仁政学说的核心，对中国后世的思想家有极大的影响。

（三）马克思主义基本思想与中国传统文化的社会政治思想的结合

任何外来文化在本土的传播必须有文化的基础。中国的传统文化社会政治基本思想与马克思主义基本思想在社会理想追求方面有如下相同点：

中国传统文化的基本价值是民为邦本思想。这是儒家政治思想的一项重要内容。民为邦本思想在夏朝就已出现。《夏书》的佚文就有“后非众无与守邦”的说法。随着夏、商和西周的灭亡，特别是春秋战国时期的大批诸侯国的兴亡移位，人们越来越看到君主、国家、人民的相互制约关系。孔子指出：“民以君为心，君以民为本”“心以体全，亦以体伤。君以民存，亦以民亡。”[③]荀子认为：“君者，舟也；庶人者，水也。水则载舟，水则覆舟。”[④]西汉的政治家贾谊具体指出：“国以民为安危，君以民为威侮。”[⑤]唐太宗李世民则从隋亡的教训中，总结出“为君之道，必须先存百姓”[⑥]的道理。民为邦本的思想普遍受到统治者和思想家的重视，并提出了如何正确处理君主、国家、人民三者之间的关系问题，对维护君主的统治有重要的指导作用，是确定统治方法的重要理论基础。这种思想在实际政治生活中影响较大，成为促进封建盛世形成的指导思想和抑制专制君主暴虐无道、残害百姓的思想武器。

马克思主义的基本价值是为无产阶级谋福利，始终站在无产阶级和人民大众的立场上，致力于实现最广大人民的根本利益，是马克思主义最鲜明的政治立场。马克思、恩格斯在《共产党宣言》中明确提出共产党人始终坚持为无产阶级、为绝大多数劳动人民谋利益；列宁强调党是无产阶级的先进部队，要为人民群众服务、代表他们的利益；毛泽东在《为人民服务》中写道：“我们的共产党和共产党所领导的八路军、新四军，是

---

① 资料来源：《孟子·离娄上》。
② 资料来源：《孟子·尽心下》。
③ 资料来源：《礼记·缁衣》。
④ 资料来源：《荀子·哀公》。
⑤ 资料来源：《新书·大政》。
⑥ 资料来源：《贞观政要·君道》。

革命的队伍。我们这个队伍完全是为着解放人民的，是彻底地为人民的利益工作的……因为我们是为人民服务的，所以，我们如果有缺点，就不怕别人批评指出……你说的办法对人民有好处，我们就照你的办……只要我们为人民的利益坚持好的，为人民的利益改正错的，我们这个队伍就一定会兴旺起来。”毛泽东在陕甘宁边区参议会上做了题为《一九四五年的任务》的演说：“我们的一切工作干部，不论职位高低，都是人民的勤务员，我们所做的一切，都是为人民服务。”在《论联合政府》一文中，他再一次强调：“紧紧地和中国人民站在一起，全心全意为中国人民服务，就是这个军队的唯一宗旨。”邓小平提出有利于发展社会主义社会的生产力、有利于增强社会主义国家的综合国力、有利于提高人民生活水平是衡量一切工作的根本标准，实质上也就是把一切有利于人民利益作为根本标准。还提出“人民拥护不拥护”“人民赞成不赞成”“人民答应不答应”作为制定党的各项方针政策的出发点和归宿点；江泽民提出“中国共产党是中国工人阶级的先锋队，同时是中国人民和中华民族的先锋队，代表着中国先进生产力的发展要求，代表着中国先进文化的前进方向，代表着中国最广大人民的根本利益”的“三个代表”思想；科学发展观提出“以人为本”思想：以人为本，不仅主张人是发展的根本目的，回答了为什么发展、发展“为了谁”的问题；而且主张人是发展的根本动力，回答了怎样发展、发展“依靠谁”的问题。“为了谁”和“依靠谁”是分不开的。人是发展的根本目的，也是发展的根本动力，一切为了群众，一切依靠群众，二者的统一构成以人为本的完整内容。要求我们的领导干部，自觉地做人民的公仆，坚决克服旧社会遗留下来的“官本位”思想，反对工作中的官僚主义、形式主义、命令主义。对于我们党来说，坚持以人为本，就是坚持立党为公、执政为民，就是坚持全心全意为人民服务，就是坚持在任何时候任何情况下，都要相信人民群众、依靠人民群众、为了人民群众，始终保持党同人民群众的血肉联系。马克思主义经典作家和导师们鲜明的政治立场时时刻刻体现在自己的著作及讲话中。

总之，准确把握马克思主义的基本立场，始终把实现好、维护好、发展好最广大人民的根本利益作为一切工作的出发点和落脚点，是马克思主义中国化的根基所在、立足所在。

三、马克思主义大众化传播与中国优秀文化发展

(一)目前文化建设中存在的问题

改革开放近 40 年来，中国人民基本摆脱了贫困，达到了小康生活水平。物质方面的基本满足使人们更加需要精神文化方面的发展。然而随着物质经济的发展，文化方

面也暴露出了很多的问题。正如十七届六中全会报告指出的:我国文化领域正在发生广泛而深刻的变革,推动文化大发展大繁荣既具备许多有利条件,也面临一系列新情况新问题。我国文化发展同经济社会发展和人民日益增长的精神文化需求还不完全适应,突出矛盾和问题主要是:一些地方和单位对文化建设重要性、必要性、紧迫性认识不够,文化推动全民族文明素质提高的作用亟待加强;全社会普遍缺乏人文精神和人文关怀,以人为本没有落实。一些领域道德失范、诚信缺失,出现食品安全问题和社会信任度降低。一些社会成员人生观、价值观扭曲,相信金钱可以购买一切,社会价值和社会良俗被践踏,缺乏普遍认可的行为规范。用社会主义核心价值体系引领社会思潮更为紧迫,巩固全党全国各族人民团结奋斗的共同思想道德基础任务繁重;舆论引导能力需要提高,网络建设和管理亟待加强与改进;有影响的精品力作还不够多,文化产品创作生产引导力度需要加大;公共文化服务体系不健全,城乡、区域文化发展不平衡;文化产业规模不大、结构不合理,束缚文化生产力发展的体制机制问题尚未根本解决;文化走出去较为薄弱,中华文化国际影响力需要进一步增强;文化人才队伍建设急需加强。推进文化改革发展,必须抓紧解决这些矛盾和问题。

第一,从社会政治理想的角度来看,具体表现为:首先,主流价值观的缺失和社会理想信念的丧失。改革开放以来,随着经济发展,人们抛弃了传统文化中的“仁爱”理想和民本思想、全心全意为人民服务的宗旨,不再关注社会问题和社会理想,拜金主义和“官本位”思想流行。国家文化发展方面受意识形态的束缚和单方面的宣传、灌输;同时,主流倡导的文化和民间文化不能很好地融合,不能够满足人民的需求,人民处于物质丰富、精神空虚的状态。

第二,我国民族文化发展空间缩小。近年来外来文化大量涌入中国,出现“哈日”“哈韩”族等现象;国外影视、动漫作品席卷中华大地。中国本土的文化发展困难,虽然也有一些产品,但在外来文化的冲击下,很难蓬勃发展。

第三,文化领域庸俗、低俗、媚俗之风盛行。受众为寻求自身感官刺激而选择低俗;个人对名利的不当追求造就庸俗;媒体为自身经济利益而造就低级趣味。低俗文化是与超凡脱俗、高尚情趣、积极奋进等具有社会进步价值的内容相悖的,它迎合了人性中丑恶的东西,违背了道德的基本底线。

第四,我国文化产业发展自主创新能力不强,缺乏优秀的文化产品和作品。中国文化产业的发展需要大量对文化有着独创性的人才的出现,需要大批文化机构的支撑。但是目前由于对传统文化的认知和理解不足,传统文化资源不能形成产业效益。

（二）加强文化建设的重要性

中国共产党第十七届六中全会报告《中共中央关于深化文化体制改革推动社会主义文化大发展大繁荣若干重大问题的决定》指出：文化是民族的血脉，是人民的精神家园。在我国五千多年文明发展历程中，各族人民紧密团结、自强不息，共同创造出源远流长、博大精深的中华文化，为中华民族发展壮大提供了强大的精神力量，为人类文明进步做出了不可磨灭的重要贡献。当今世界正处在大发展、大变革、大调整时期，世界多极化、经济全球化深入发展，科学技术日新月异，各种思想文化交流、交融、交锋更加频繁，文化在综合国力竞争中的地位和作用更加凸显，维护国家文化安全任务更加艰巨，增强国家文化软实力、中华文化国际影响力的要求更加紧迫。当代中国进入了全面建设小康社会的关键时期和深化改革开放、加快转变经济发展方式的攻坚时期，文化越来越成为民族凝聚力和创造力的重要源泉，越来越成为综合国力竞争的重要因素，越来越成为经济社会发展的重要支撑，丰富精神文化生活越来越成为我国人民的热切愿望。我国仍处于并将长期处于社会主义初级阶段，人民日益增长的物质文化需要同落后的社会生产之间的矛盾仍然是社会主要矛盾。全面建成惠及十几亿人口的更高水平的小康社会，既要让人民过上殷实富足的物质生活，又要让人民享有健康丰富的文化生活。我们必须抓住我国发展的重要战略机遇期，在坚持以经济建设为中心的同时，自觉地把文化繁荣发展作为坚持发展是硬道理、发展是党执政兴国第一要务的重要内容，作为深入贯彻落实科学发展观的一个基本要求，进一步推动文化建设与经济建设、政治建设、社会建设以及生态文明建设协调发展，更好满足人民精神需求、丰富人民精神世界、增强人民精神力量，为继续解放思想、坚持改革开放、推动科学发展、促进社会和谐提供坚强思想保证、强大精神动力、有力舆论支持、良好文化条件。

十七届六中全会报告指出：全党必须深刻认识到，社会主义先进文化是马克思主义政党思想精神上的旗帜，文化建设是中国特色社会主义事业总体布局的重要组成部分。没有文化的积极引领，没有人民精神世界的极大丰富，没有全民族精神力量的充分发挥，一个国家、一个民族不可能屹立于世界民族之林。物质贫乏不是社会主义，精神空虚也不是社会主义。没有社会主义文化繁荣发展，就没有社会主义现代化。在新的历史起点上深化文化体制改革，推动社会主义文化大发展大繁荣，关系实现全面建设小康社会奋斗目标，关系坚持和发展中国特色社会主义，关系实现中华民族伟大复兴。我们要准确把握我国经济社会发展新要求，准确把握当今时代文化发展新趋势，准确把握各族人民精神文化生活新期待，增强责任感和紧迫感，解放思想和转变观念，抓住机遇并乘势而上，在全面建设小康社会进程中、在科学发展道路上奋力开创社会主义文化建设新局面。

(三)当代中国化马克思主义理论引领文化建设

党的“十七大”提出了推动社会主义文化大发展大繁荣:“当今时代,文化越来越成为民族凝聚力和创造力的重要源泉,越来越成为综合国力竞争的重要因素,丰富精神文化生活越来越成为我国人民的热切愿望。要坚持社会主义先进文化前进方向,兴起社会主义文化建设新高潮,激发全民族文化创造活力,提高国家文化软实力,使人民基本文化权益得到更好保障,使社会文化生活更加丰富多彩,使人民精神风貌更加昂扬向上。”

(1)20 世纪 80 年代以来,“马克思主义过时论”在世界范围内蔓延,逐渐发展成为一股颇具影响力的社会思潮。马克思主义是对资本主义的批判,它通过揭示资本主义的内在矛盾,预言了资本主义必然灭亡、社会主义必然胜利的历史发展趋势。因此,马克思主义的社会影响往往是与资本主义的发展状况联系在一起的:当资本主义处于危机状态时,马克思主义就会赢得众多的信仰者;但在资本主义平稳发展时期,“马克思主义过时论”就可能大行其道。特别是第二次世界大战以后,西方国家在新一轮科技革命的推动下,实现了经济的持续增长。社会保障、社会福利使无产阶级的革命性降低,资本主义国家发生社会主义革命的可能性大大降低,一些西方学者由此断言,资本主义已经摆脱了灭亡的命运,马克思主义对资本主义的批判已经过时。马克思主义的社会影响往往也是与社会主义的发展现状联系在一起的:20 世纪 50 年代以来,社会主义国家发展接连发生失误和挫折,积累了诸多社会问题。80 年代中期以后,苏东社会主义国家的改革没有取得预期成果,经济困难和腐败现象引发了群众的不满情绪而发生巨变。他们以社会主义国家在建设中的失误和挫折为由,断言马克思主义不具有“普遍性”。①

马克思主义过时了吗? 答案是否定的。资本主义的发展不能够证明马克思主义过时了:人民群众是历史发展的主力军思想,人的自由发展的理想没有改变;资本主义国家正是建立了社会保障来满足广大人民群众的利益,重视人的感受性,激发人的潜能,发明技术提高效率,才有了经济的腾飞。

(2)坚持以马克思主义为指导,推进马克思主义中国化、时代化、大众化,用中国特色社会主义埋论体系武装头脑、指导实践、推动工作,确保文化改革发展沿着正确道路前进。

---

① 韩柱.对“马克思主义过时论”的三重审思[J].南京政治学院学报,2010(6):4—8.

“中国化”和“大众化”既不能等同，也不能互相替代，二者应互相促进。“中国化”是“大众化”的前提和基础，没有马克思主义中国化，就不会有中国特色社会主义理论体系。同时“大众化”又是中国化的目的。理论不被群众所掌握，它无法变成物质力量。只有实现大众化，当代中国马克思主义才能发挥其对实践的指导作用。只有被广大人民群众所理解和掌握，才能转变为人民群众的自觉行动，才能推动中国特色社会主义事业不断前进。

提升马克思主义理论学科对维护国家意识形态发展和安全的影响力。马克思主义是我们立党立国的根本指导思想，是社会主义意识形态的旗帜，是社会主义核心价值体系的灵魂，是全党全国各族人民团结奋斗的共同思想基础。当今世界思想文化领域交融和交锋日益深入的态势，要求我们以高度的政治意识和责任意识，不断推动马克思主义的发展和创新，着力巩固马克思主义在思想理论领域的指导地位，扎实推进社会主义核心价值体系建设，切实维护国家意识形态安全。

坚持社会主义先进文化前进方向，坚持为人民服务、为社会主义服务，坚持百花齐放、百家争鸣，坚持继承和创新相统一，弘扬主旋律、提倡多样化，以科学的理论武装人，以正确的舆论引导人，以高尚的精神塑造人，以优秀的作品鼓舞人，在全社会形成积极向上的精神追求和健康文明的生活方式。建设社会主义文化强国，必须走中国特色社会主义文化发展道路，坚持贴近实际、贴近生活、贴近群众的原则，推动社会主义精神文明和物质文明全面发展，建设面向现代化、面向世界、面向未来的，民族的、科学的、大众的社会主义文化。

(3)“十八大”报告指出:必须坚持人民主体地位。中国特色社会主义是亿万人民自己的事业。要发挥人民主人翁精神，坚持依法治国这个党领导人民治理国家的基本方略，最广泛的动员和组织人民依法管理国家事务、管理经济和文化事业、积极投身社会主义现代化建设，更好地保障人民权益，更好地保障人民当家做主。文化建设也要体现以人为本和坚持人民的主体地位。十七届六中全会指出:坚持以人为本，贴近实际、贴近生活、贴近群众，发挥人民在文化建设中的主体作用，坚持文化发展为了人民、文化发展依靠人民、文化发展成果由人民共享，促进人的全面发展，培育有理想、有道德、有文化、有纪律的社会主义公民。所以，要发挥人民群众文化创造积极性，人民是推动社会主义文化大发展大繁荣最深厚的力量源泉。要牢固树立马克思主义群众观，自觉贯彻党的群众路线，为广大群众成为社会主义文化建设者提供广阔舞台。广泛开展群众性文化活动，提高社区文化、村镇文化、企业文化、校园文化等建设水平，引导群众在文化建设中自我表现、自我教育、自我服务。积极搭建公益性文化活动平台，依托重大节庆和民族、民间文化资源，组织开展群众乐于参与、便于参与的文化活动。支持群众依法兴办文化团体，精心培育植根群众、服务群众的文化载体和文化样式。及时总结来自群众中生动鲜活的文化创新经验，推广大众文化优秀成果，在全社会营造鼓励文化创造的良好氛围，让蕴藏于群众中的文化创造活力得到充分发挥。

(4)文化建设中坚持把社会效益放在首位，坚持社会效益和经济效益有机统一，遵循文化发展规律，适应社会主义市场经济发展要求，坚持改革开放，着力推进文化体制机制创新，以改革促发展、促繁荣，不断解放和发展文化生产力，提高文化开放水平，推动中华文化走向世界，积极吸收各国优秀文明成果，切实维护国家文化安全。建设社会主义文化强国，关键是增强全民族文化创造活力。发扬学术民主、艺术民主，为人民提供广阔的文化舞台，让一切文化创造源泉充分涌流，开创全民族文化创造活力持续迸发、社会文化生活更加丰富多彩、人民基本文化权益得到更好保障、人民思想道德素质水平和科学文化素质水平全面提高、中华文化国际影响力不断增强的新局面。

(5)党的“十七大”提出了建设和谐文化，培育文明风尚。和谐文化是全体人民团结进步的重要精神支撑。要积极发展新闻出版、广播影视、文学艺术事业，坚持正确导向，弘扬社会正气。重视城乡、区域文化协调发展，着力丰富农村、偏远地区、进城务工人员的精神文化生活。加强网络文化建设和管理，营造良好的网络环境。大力弘扬爱国主义、集体主义、社会主义思想，以增强诚信意识为重点，加强社会公德、职业道德、家庭美德、个人品德建设，发挥道德模范榜样作用，引导人们自觉履行法定义务、社会责任、家庭责任。加强和改进思想政治工作，注重人文关怀和心理疏导，用正确的方式处理人际关系。动员社会各方面共同做好青少年思想道德教育工作，为青少年健康成长创造良好的社会环境。深入开展群众性精神文明创建活动，完善社会志愿服务体系，形成男女平等、尊老爱幼、互爱互助、见义勇为的社会风尚。弘扬科学精神，普及科学知识。广泛开展全民健身运动。中华民族伟大复兴必然伴随着中华文化繁荣兴盛。要充分发挥人民在文化建设中的主体作用，调动广大文化工作者的积极性，更加自觉、更加主动地推动文化大发展大繁荣，在中国特色社会主义的伟大实践中进行文化创造，让人民共享文化发展成果。

(6)十七届六中全会指出：建设优秀传统文化的传承体系。优秀传统文化凝聚着中华民族自强不息的精神追求和历久弥新的精神财富，是发展社会主义先进文化的深厚基础，是建设中华民族共有精神家园的重要支撑。要全面认识祖国传统文化，取其精华、去其糟粕，古为今用、推陈出新，坚持保护利用、普及弘扬并重，加强对优秀传统文化思想价值的挖掘和阐发，维护民族文化基本元素，使优秀传统文化成为新时代鼓舞人民前进的精神力量。加强文化典籍整理和出版工作，推进文化典籍资源数字化。加强国家重大文化和自然遗产地、重点文物保护单位、历史文化名城名镇名村保护建设，抓好非物质文化遗产保护传承。深入挖掘民族传统节日文化内涵，广泛开展优秀传统文化教育普及活动。发挥国民教育在文化传承创新中的基础性作用，增加优秀传统文化课程内容，加强优秀传统文化教学研究基地建设。要大力推广和规范使用国家通用语言文字，科学保护各民族语言文字。繁荣发展少数民族文化事业，开展少数民族特色文化保护工作，加强少数民族语言文字党报党刊、广播影视节目、出版物等译制播出出版。加强同香港、澳门的文化交流合作，加强同台湾的各种形式文化交流，共同弘扬中华优秀传统文化。

第七章 “微”时代的马克思主义大众化传播

在《党的十七大报告》中，胡锦涛同志明确提出了马克思主义大众化的时代命题：“大力推进理论创新，不断赋予当代中国马克思主义鲜明的实践特色、民族特色、时代特色。开展中国特色社会主义理论体系宣传普及活动，推动当代中国马克思主义大众化。”报告同时强调，“马克思主义只有与本国国情相结合、与时代发展同进步、与人民群众共命运，才能焕发出强大的生命力、创造力、感召力”。① 这为当前推进马克思主义大众化指明了方向，同时也提供了其传播的途径。

习近平在中国共产党成立 90 周年研讨会上也强调，“不断推进马克思主义中国化，坚持中国特色社会主义道路”“推进马克思主义中国化，实现与时俱进”“要以科学态度对待马克思主义，正确处理坚持和发展、一脉相承和与时俱进的辩证统一关系”。②

《党的十八大报告》中对此做了进一步阐述，指出“推进马克思主义中国化时代化大众化，坚持不懈用中国特色社会主义理论体系武装全党、教育人民”。可以看出，《党的十八大报告》更明确地提出了推进马克思主义要坚持时代化，要与当前社会发展实际结合，目标和方向更具指向性。同时，推进马克思主义大众化传播，是当前思想宣传战线学习领会和深入贯彻落实党的“十八大”精神，推进马克思主义中国化时代化大众化的重大任务。

所谓马克思主义大众化，就是把中国特色社会主义理论体系通过传播渠道，将相对抽象的理论原理转化的生动具体，由深奥思辨转变为通俗易懂，使之被广大人民群众所理解和掌握、认同和运用。同时，将其“内化为人民群众的思想信仰和价值观念，外化为人民群众推动中国特色社会主义发展的自觉行动”。③

在当前形势下，我们要深刻地理解当代中国马克思主义大众化的重大战略意义。

---

① 胡锦涛. 党的十七大报告[R]. 2007－10.

② 习近平. 中国共产党成立 90 周年研讨会[R]. 2011－06.

③ 祁刚利. 推进当代马克思主义大众化的几个着力点[N]. 河北日报，2013－01－06.

马克思主义大众化的传播形式也要随着时代的变化而不断创新，只有这样才能不断增强马克思主义大众化传播的有效性，提高马克思主义大众化传播的科学化和大众化。

在此之前，我国马克思主义理论宣传主要借助于报纸、电视、杂志、书籍等媒介，在长期宣传实践中取得了显著的舆论引导和理论宣传效果。但一直以来，马克思主义宣传在其贴近性、通俗化和传播效果等问题上都存着一定的弊端，影响着主流意识形态的覆盖面和宣传效果。具体来说，有的理论内容宣传流于形式，分析问题过于片面，未能反映事物本质；有的问题解决策略不具针对性和操作性；有的不能用朴实的语言阐述深刻的道理；有的教育形式单一没有互动等等。传统的理论宣传方式已不能满足人们的理论需要，影响了马克思主义大众化的进程。人们迫切需要情真意切、有感而发、富于哲理、引起共鸣、取得实效的马克思主义理论教育内容和宣传方式。

当前信息技术快速发展，微博等社交媒体日益成为人们工作、学习、生活不可或缺的重要工具。它拓宽了信息传播的渠道，已成为人们获取信息的重要来源，网络大众化为马克思主义大众化提供了新的传播渠道和阵地。利用微博传播马克思主义，可以使马克思主义理论通俗化，使严肃的马克思主义内容生动有趣、使枯燥的理论变得丰富多彩，使单一的形式变得多种多样，使民众在既无距离感又生动有趣的互动中无形地接受理论教育，并升华其意识。因此，我们要尽快开拓微博平台，将理论宣传教育与微博结合，使马克思主义大众化的空间范围得到延伸和拓展，开辟马克思主义大众化传播的新阵地。

“微”时代的到来，使马克思主义大众化传播从反馈速度慢的低效传播转变为超越时空的即时性传播；从自上而下的单向灌输和被动接受转变为双向或多向的互动交流和主动接受；从单调的指令说教转变为图文并茂、生动有趣的多媒体交流；从集中统一的单一权威模式转变为分散多样的民主互动模式。借助微博平台，推进当代中国马克思主义大众化传播，是有现实意义和可操作性的。

因此，理论宣传要把握“微”时代的特征，抓住当前的大好时机，提升责任感和使命感，主动出击抢占马克思主义大众化传播的新阵地，要“把信息网络作为高地加以看待，重视其在意识形态建设中的强大引领功能”。[①]

一、“微”时代马克思主义大众化传播的现状

微博是基于用户关系的信息分享、传播的平台，信息传递快、保真性强的特点使其

---

① 王永贵. 经济全球化与我国社会主流意识形态建设研究[M]. 北京：人民出版社，2010.

迅速成为社会大众进行信息交流和互动的重要平台。微博改变了信息传播格局，对中国网络生态环境产生了重要影响。马克思主义大众化需要多种信息传播方式和信息载体来进行，需要更为广阔的传播空间。因而我们必须关注微博的发展现状，积极开拓微博阵地，顺利实现微博阵地的马克思主义大众化。

微博表达平台门槛较低、自由度较高、信息发布便捷的特点，使得民众表达意见更为直接和自由。但是有些表达可能带有一定的非理性成分，例如网络暴力等现象。同时，手机和互联网的快速传播能力又加剧了信息传播的集中，少数意见领袖引领和掌控了微博上的信息流和意见流，这些都是微博传播过程中不可忽视的问题。

“在这个信息时代，媒体是制造、传播意识形态最重要、最有效的渠道。”[①]面对全球化条件下多元文化价值激烈冲突、各种思潮相互交锋的态势，媒体已成为意识形态宣传教育的主渠道，尤其是新媒体领域异军突起的微博平台，正日益成为推进马克思主义大众化传播的一股新兴有生力量。

(一)马克思主义理论微博开通数量不足

据人民网统计数据显示，截至 2011 年年底，中国共产党党员总数达 8 260.2 万名，党的基层组织总数达 402.7 万个。笔者通过网络调查发现，专门推广马克思主义理论的微博数量十分稀少，除了少量机构开设理论宣传微博之外，一般为各高校开设的马克思主义理论微博，但受关注程度还很低，粉丝数量不多，最少的仅有 13 人。

目前理论宣传微博开通数量上明显不足。只有为数不多的几个理论宣传微博，比如上海市委宣传部创建的——微言大义，沈阳市委宣传部理论处官方微博——理尚往来，江苏盐城射阳县委宣传部官方微博——射阳微理论等。

另外，政务微博作为马克思主义理论传播的另一载体，通过发布信息、引导舆论，传递社会正能量，使人民群众在了解政府解决问题过程中，用切身的经历去体会和理解马克思主义相关理论，为马克思主义大众化传播奠定现实基石。

据国家行政学院电子政务研究中心发布的《2011 年中国政务微博客评估报告》显示，截至 2011 年 12 月 10 日，在新浪网、腾讯网、人民网、新华网四家微博客网站上认证的政务微博客总数为50 561个，其中党政机构微博客32 358个，党政干部微博客18 203个。在新浪网认证的党政机构微博客12 103个，党政干部微博客10 652个；在腾讯网认证的党政机构微博客13 911个，党政干部微博客6 748个；在人民网认证的党政机构微博客2 401个，党政干部微博客 71 个；在新华网认证的党政机构微博客3 943

---

① 李希光，刘康，等. 妖魔化与媒体轰炸[M]. 南京：江苏人民出版社，1999.

个，党政干部微博客732个。其中广东省委书记汪洋、四川省委书记刘奇葆、新疆自治区党委书记张春贤、浙江省委组织部长蔡奇等领导干部开通实名微博，引起了网民的“微博围观”。

由此可以看出，马克思主义理论微博尚未受到理论宣传部门及各级党政机关的重视，与数以亿计的微博实时发布数量相比，理论微博发布数量明显不足。

(二)马克思主义理论微博建设水平较低

当前为数不多的理论宣传微博还存在着定位不明确、命名混乱等现象，原创理论内容较少，缺乏专业化的管理机制，特别是与社会实际联系不够紧密，传播内容仅为空洞的理论文字，未能达到预期传播效果。

比如，中共沈阳市委宣传部理论处官方微博——理尚网来，目前拥有粉丝12 040人，发表微博2 581篇。通过分析发现，该微博大部分都是转发性的内容，而且缺乏相关评论，对用户提出的评论、意见和建议不能及时有效地回复与解决。此外，互动功能不足，没有充分利用微博的各种交互工具来实现应有的功能。甚至在2013年1月21日还发布了“抢票软件”的微博链接，这明显与马克思主义理论毫无关系。

(三)马克思主义理论微博传播效果不佳

在已开通的微博中，多数微博对马克思主义理论的宣传力度较低，网友关注度普遍较低；发布的信息数量和内容也影响着传播效果，原创内容较少，转发微博也多以官话套话、会议转摘等内容为主。

比如，江苏盐城射阳县委宣传部官方微博——射阳微理论，根据学习需要，划分成时事跟踪、党史纵横、射阳情况、专家观点、精彩一课、好书天天读、健康园地、开心下午茶、国学欣赏、经典语录等10个版块，分上下午两个时间段在新浪微博上发布。人民网传媒频道、人民网华东中心、中国党政干部论坛、思想政治工作研究、中共党史出版社、中宣部时事报告杂志社、中国社会科学网等官方微博，新媒体产业联盟主席、人民网前总裁何加正，国务院发展研究中心资源与环境政策研究所副所长李佐军，国务院发展研究中心金融所研究员、中国银行业协会首席经济学家巴曙松等一批名人微博也加入“射阳微理论”粉丝群。但即使这样“射阳微理论”粉丝数量也只有2 194人。原创内容较少，绝大多数信息未被转发和评论，发布时间也无规律，最长时间达到8天，并且缺乏活力，由此可以看出，该微博传播效果和影响力并未达到预期目标。

再比如，上海市委宣传部创建的——微言大义：中国特色社会主义理论微博，围绕社会、政治、经济、文化、党建和生态文明六大建设任务，进行理论传播和探索，但其粉丝数量只有5 464人。

总之,我国目前理论宣传微博尚处于起步阶段,对马克思主义理论进行宣传的专业微博数量不多,质量也有待提高。

二、“微”时代马克思主义大众化传播的原则

“大众化是指马克思主义基本原理由抽象到具体、由深奥到通俗、由被少数人理解掌握到被广大群众理解掌握的过程。”[①]“大众化”包括大众化的语言、大众化的内容、大众化的对象,其实就是用大众化的语言、方式、角度进行宣传、教育和推广普及的过程。用语不能“深奥难懂”,善于用“群众语言”,使用老百姓喜闻乐见的方式,使“理论”走近大众。马克思主义的实践性决定了要坚持走马克思主义大众化的道路,贴近生活,为大众所用。

相对于传统的报纸、杂志、论坛、博客、网站而言,微博平台正在改变着整个媒体行业的生态环境。当前我们必须全面认清微博在理论宣传的重要作用,理清其传播过程,鼓励主流意识形态和相关部门学习微博的经营与管理,深入回答群众普遍关心的热点问题,着眼于解决人民群众的切身利益问题,真正反映和把握群众的现实需要,进而有效地推动微博时代马克思主义大众化进程。

(一)马克思主义大众化与时代性相结合的原则

当今社会,信息传递和获取越来越快捷,不同思想文化的交流、交融、碰撞更加频繁,舆论的重心迅速向微博转移,网民爆料的首选媒介更多转向微博。此前以论坛、博客和新闻跟帖作为最主要网络舆论载体的格局被打破,微博正在成为舆论传播的新载体、新阵地。微博传播速度快、覆盖广、影响面广,已超越论坛成为第二大舆情源头,仅次于专业的新闻媒体报道,变成了一个影响深远的传播平台,涉及我们生活的方方面面。

由于微博的入驻门槛低,容易在短时间内发生虚假信息,这就造成微博信息传播中泥沙俱下的乱象,谣言得以滋生和蔓延,甚至有西方国家带有攻击性的各种消极思想观念、意识形态在互联网上广泛传播。

中国社科院发布的《中国新媒体发展报告(2011)》指出,新媒体向政治领域深层渗透,被“异化”的新媒体已成为美国等西方国家为推行其霸权战略而对其他国家进行遏

① 朱健.试论互联网时代的马克思主义大众化[J].理论月刊,2012(3):15—17.

制和施压的重要工具。近年来，美国特别重视对华开展网络外交，强推“网络自由”，新媒体成为美国发动政治攻势的“冲锋枪”。这就需要我们加强马克思主义对实践的引导和解惑功能，探索微博开展马克思主义大众化传播的新途径与新方式。

时代性是指马克思主义的理论宣传要及时跟上时代步伐，运用各种新出现的传播工具来宣传马克思主义。革命时期的中国共产党人主动地运用报纸、书籍、广播电台等多种流行工具宣传马克思主义，并主动运用电影、歌剧等新的艺术形式来反映现实社会，吸引人们对马克思主义理论的关注。在当代，随着电视、网络的普及以及网络、影视作品等文化形式的繁荣，当代中国马克思主义理论更应该主动融入其中，用时代化的表现形式展现马克思主义中国化的新的理论成果。

在这种情况下，微博适时出现，理所当然地会激发起人们的交流和表达热情，日益成为人们展示自我、彰显个性的工具和平台。将理论宣传教育与微博结合，可以充分利用微博传播优势，及时、快捷、灵活且有针对性地促进全民学习活动的开展，可以更生动有效地宣传党的方针政策、社会主义核心价值观及党和政府的政策举措，可以与广大网民交流互动，为广大网民提供及时信息，从而拓宽大众的知识面和提高大众的理论修养水平。

此外，微博独特的传播方式还为公众带来了新的话语空间，改变了信息传播模式和公众的媒体习惯，进而拓宽了当代中国马克思主义大众化传播的渠道，丰富了大众化传播的手段，使马克思主义大众化传播更具“大众化”的身份和特征，对大众的吸引力也大大增强，成为当代中国马克思主义大众化传播的重要途径。

（二）马克思主义贴近性与互动性相结合的原则

从马克思主义方法与意义的角度来看，推动马克思主义大众化，离不开实现当代中国马克思主义的实用性。马克思主义要实现“大众化”，必须能给大众带来实效，解决与广大人民切身利益相关的问题，使绝大多数人获益，可以增强人们对当代中国马克思主义的认同感。

微博的理念就是随时随地地发表自己的看法，随时随地地分享他人的信息与观点。它具有广泛的群众基础，用户数量庞大。在“微”时代，理论宣传工作者可以随时随地地发表自己的想法，只要他的思想有吸引力、有说服力，他就可以吸引更多的跟随者，这也就意味着他的思想可以得到越来越多人的认同。而只要理论宣传工作者的信息有价值、有意义，得到社会大众的认同，就能起到引导社会思潮的作用。只要充分利用微博平台，就可以极大地拓展当代中国马克思主义宣传教育的空间。

另外，马克思主义大众化要求我们用“大众化的话语”，把当代中国马克思主义的内容和要求通俗化、具象化，并将重大理论与实际问题相结合，从而使之能真正被人民群众所理解和接受。由于微博具有双向互动、多点互动的特征，因此，它在开展当代中国马克思主义的宣传和教育时，更容易关注人民群众的切身感受，并能将相关理论成果与具体、形象的社会活动相结合，这种阐释理论、运用理论的方式更具有说服力和吸引力。

因此，以大众喜闻乐见的形式和微博专有的语言方式来宣传马克思主义理论的最新成果，可以更加贴近网民和群众，贴近生活和实际，从而更有利于增强马克思主义宣传教育的效果。

(三)马克思主义理论与当前实践相结合的原则

坚持理论与实践的具体的、历史的统一，在实践基础上不断进行理论创新，这是马克思主义认识论的根本要求。从实践到理论的过程仅仅是认识过程的第一次飞跃，理论指导实践的过程才是认识过程中具有重大意义的飞跃。推进马克思主义理论的大众化，就要坚持实事求是的思想路线，坚持理论与实践相结合。

马克思主义中国化的最新理论成果，即中国特色社会主义理论体系本身就具有鲜明的现实性。在宣传普及马克思主义理论体系过程中，要从广大人民群众的现实需要出发，把理论宣传与群众的思想困惑和实际困难联系起来，关注需求，解疑释惑，让群众从内心感到当代中国马克思主义就在他们身边。只有让大众在现实生活中感受到马克思主义的魅力，才能有力地推动当代中国马克思主义大众化，才能使马克思主义理论体系内化为人民群众的自觉意识，外化为人民群众的自觉行动。

抢占微博信息高地，加强微博建设，推广马克思主义大众化，强化理论对网络舆论的引领，在理论与实际的结合中推进当代中国马克思主义大众化，不仅是与人民群众思想实际的结合，更是与人民群众生活实际的结合。例如，2009 年 11 月 21 日，针对昆明市螺蛳湾批发市场的群体性事件，云南省政府开设了国内第一家政府微博——微博云南，第一时间对事件做出回应，用具体行动解决实际问题，取得了良好的社会效果。政务微博使人民群众在了解政府解决问题的过程中，用切身的经历去体会和理解马克思主义相关理论，从而为马克思主义大众化传播奠定现实基石。

三、“微”时代马克思主义大众化传播的策略

随着时代前进与社会发展，我们应在坚持马克思主义在意识形态领域的主导地位，借鉴以往有效传播形式的同时，适应新的发展变化把握时代脉搏，创新理念，着力

解决认识问题，培养和运用创新思维来开展马克思主义理论宣传工作。因此，我们要逐步完善马克思主义大众化教育的网络阵地，抢占微博传播平台。同时要不断赋予当代中国马克思主义鲜明的实践特色、民族特色和时代特色，力求做到生动活泼、群众喜闻乐见。通过开展中国特色社会主义理论体系宣传普及活动，推动当代中国马克思主义大众化。

（一）争夺马克思主义理论宣传话语权

当代中国马克思主义大众化推动马克思主义中国化、时代化，为中国特色社会主义建设事业提供强大的精神动力和智力支持。同时中国特色社会主义建设不断发展的实践也对当代中国马克思主义大众化提出了新的命题。

微博在方便人们交流互动的同时，也以自身隐性的议程设置，影响受众对发生的社会问题、政治事件以及文化现象的态度和评价，发挥着文化软实力的渗透作用，成为各种意识形态争夺的重点领域。“在微博里拥有 10 万粉丝，相当于一个新闻网站；拥有 100 万粉丝，相当于一份全国性的报纸；拥有 1 亿粉丝，相当于一个国家级的电视台”①，由此可以看出微博强大的社会影响。因此，马克思主义大众化传播必须要抢占微博阵地，大力开展马克思主义宣传工作。

中共中央对外宣传办公室、国务院新闻办公室、国家互联网信息办公室主任王晨说：“党政机关开设政务微博有助于了解社情民意、解决民生困难，我对此总体上持积极支持的态度。”②因此，通过微博密切了解群众、联系群众，深入了解群众的所思所想、所忧所虑，加强马克思主义理论宣传已成为当务之急。我们要充分认识微博建设的重要性，重视微博在马克思主义大众化传播中的重要作用，构建以中央、省市、地方、区县、乡镇甚至街道党组织的微博传播体系，把微博管理纳入政府社会管理的范畴。政务微博要及时发布信息，开展沟通互动，了解社情民意，多角度、多层次地发挥微博的积极作用，创新社会管理，引导社会舆论。

除此以外，利用微博进行马克思主义理论的宣传还要有准确的内容定位和独特的视角，制定相应的机制；传播马克思主义理论，加强内容建设，避免形式主义，还要不断提升传播水平，满足大众的个性化需求。其中部分微博就取得了良好的社会影响。比如，“首都百万师生微党课”微博，是北京高校宣传学习贯彻“十八大”精神的官方微博，开通一周，粉丝已超过两万人，大学生们上起“微党课”，学习党的“十八大”精神。“首

---

① 王文.微博时代主流意识形态更须有所作为[J].红旗文稿，2011(22).

② 王晨.支持党政机关开政务微博、须加强内容建设[EB/OL].(2012－01－18).http://www.chinanews.coml.

都百万师生微党课”微博目前已有5万余名粉丝，通过“微直播”解读“十八大”报告，“微访谈”传递专家学者观点，“微展示”走近高校学习活动，“微课堂”普及党的知识和经典著作等。在“首都百万师生微党课”微博中看到，“聚焦”“人物”“观点”“声音”等栏目中已经有不少师生参与讨论，取得了较好的传播效果。

因此，马克思主义大众化传播要坚持观念创新，与时代发展紧密结合，力求传播方式创新。我们要充分利用好微博平台，加强马克思主义中国化最新成果的宣传普及，使微博成为当代中国马克思主义大众化的坚强阵地，在网上唱响马克思主义主旋律，掌握网上思想理论的主导权、话语权。

（二）综合运用多媒体传播平台和载体

思想的传播需要借助一定的媒介工具来实现，现代社会尤其如此。我们党历来重视借助各种媒介来有效宣传马克思主义。在延安时期，办报纸、办刊物、出版图书成为党的宣传工作中最重要的任务，从而推进毛泽东思想在社会各个领域的广泛传播，使毛泽东思想为人们所熟知、认同和接受。除此之外，还利用贴标语、图画和演讲等简单易懂的形式，在农民中宣传党的思想。中华人民共和国成立后，我们党也非常注重出版图书、创办各种刊物、拍摄影视作品宣传普及马克思主义，诸如《中国出了个毛泽东》《走近毛泽东》《红色的摇篮》《百年中国》等影视作品，都生动形象地展现了以毛泽东为代表的中国共产党人对中国革命和建设的艰苦探索历程，以及马克思主义与中国具体实际相结合的过程。

微博是多媒体传播平台，可以上传图片、声音和视频，也可以链接相关网站。信息的传播和获取呈现多渠道、多样性的特征，给人们的学习交流带来便利，形式生动、内容丰富。因此，在进行马克思主义大众化传播过程中，首先，要充分利用网络的多媒体特性，结合“微”时代“精、短、快”的特征，建设好微博平台。其次，还可以利用微视频、微电影、微文本、图片、手机报等形式，充分发挥网络和移动媒体开放性、快捷性和互动性的优势，用“大众化”的表现方式，进行全媒体、全方位、多视角、多手段的传播，增强理论宣传效果，使马克思主义内容更加立体、形象、生动。比如，开设微讲座、微论坛、在线答疑、理论探讨、新闻专题等多种形式大力宣传马克思主义，创建形象化、立体化、多维化的微博互动教育模式，开展马克思主义信仰教育。

另外，还可以针对某一话题或事件，开设微专题。比如，北京网络媒体组织的“红色故土行”活动，以网络的力量传承红色文化，这些都是马克思主义大众化宣传的重要素材和有效方式。比如，益阳市委政研室2011年10月开通的党委政务微博——“益阳政研”，已拥有66万粉丝。微博成为益阳党务公开的新窗口，其充分发挥网络访谈、直播和视频内容的独特作用，使网上理论宣传更加生动鲜活。同时针对流动人员，以手机短信为主要手段，定期发送本地党务的有关公开信息，也取得了良好的传播效果。

(三)坚持理论传播内容的大众化方向

在利用微博进行马克思主义理论传播过程中，要进一步推进当代中国马克思主义大众化，依然需要坚持理论联系实际，正确审视和解决影响人民群众思想活动的重大现实问题。特别是应从广大人民群众的现实需要出发，按照贴近生活、贴近实际、贴近群众的原则，进行理论阐释，发挥理论的导向作用。同时，推进当代中国马克思主义大众化要坚持以人为本，遵循新媒体的传播规律，转化语言表达方式，善于将理论语言转换为符合大众思维的大众语言，重视网络话语与人民群众日常生活的紧密关联，参与网络话语的塑造和使用过程中。

空洞的理论和空泛的说教吸引不了群众，在进行理论宣传时，要紧贴人民群众的思想实际和生活实际，从贴近性和大众化的角度设计传播内容，突出微博短小精炼、多样化、生活化、平民化和及时互动的特点。因此，在传播内容上要充分利用微博 140 个字的有限空间，少用深奥难懂、枯燥无味的文字。同时要力求将“理论宣讲”改为“互动对话”，用网民易于接受和产生共鸣的方式，及时将实践中出现的问题设置为互动话题。另外还要运用党的理论创新成果，深入浅出地回答人民群众普遍关心的热点难点问题。只有这样才能增强理论宣传的针对性和实效性，提高理论宣传的说服力和影响力。例如，2012 年 7 月 22 日，《人民日报》在人民网、新浪网上同步发出第一条微博，标志着《人民日报》官方微博在两大微博平台正式上线。《人民日报》的官方微博以“权威声音、主流价值、清新表达”为目标定位，以“参与、沟通，记录时代”为责任使命，内容设计以传播人民日报观点和信息为主，兼顾国内外重大事件和服务类信息，并适时组织开展微访谈、微直播、微调查等活动。

《人民日报》官方微博坚持发布原创内容，强化内容的针对性、说服力、贴近性；积极开展网友互动，及时关注社会热点，主动回应公众关切的问题，以平视、亲民的姿态持续发声；注重在舆论引导中用事实说话，引导网友理性思考，用清新的表达、独特的视角、深刻的观点，打造出《你好，明天》《微评论》等品牌评论栏目，体现了党中央机关报努力打通两个舆论场的担当。比如，特大持枪抢劫案嫌犯周克华被击毙后，网络上流传“周克华未死”的猜测和谣言，一些地方人心惶惶。针对这种毫无根据的质疑，《人民日报》用一条微博表达了自己的观点：“这到底是公民意识的觉醒，还是怀疑一切的执拗？难道猜疑猜测，真的成了多元时代的隔离墙，从此再无公信可言？修复信任，需要公权力更加公开透明，也需要抱定诚信、互信的集体信念。”这条微博转发超过 6 000

次，在 3 000 余条评论中，大多数网友表示支持和赞同。另外，类似的弘扬正气、传递感动、播种温情、讴歌真善美的博文占了相当比例。例如，反映打工者孩子生活的《“候鸟”返乡》，讲述 83 岁老人吴乃宜故事的《83 岁老人六年拾荒替子还债》以及反映残疾运动员生存状况的《独臂奔跑者的梦想》都取得了较高的转发和评论量。网友在一次次鼠标点击中，见证了中国社会正能量的旺盛生长。

为了有效地推进马克思主义大众化进程，切实达到马克思主义大众化的效果和目的，需要马克思主义传播者改变以往的单向“灌输”方法，以开放性胸怀为广大人民群众提供一个相互交流的平台。依托当前新兴媒体的独特优势，充分利用网上社交、网上论坛、网上课堂等多种形式，调动广大受众的积极性和创造性，提高受众的马克思主义理论素养水平。

（四）建立理论宣传保障与考核机制

微博的互动性和开放性非常适合马克思主义大众化传播，若运用得当，则能成为马克思主义大众化传播的重要平台。开通马克思主义理论微博，一方面有利于马克思主义理论的推广，另一方面也有利于了解社会现实，建立良好的沟通渠道。而事实上，目前理论宣传部门人员对微博的了解程度参差不齐，在微博舆情应对上还处于缺乏章法和被动应付的水平。

针对这种情况，要重视微博宣传中的长效机制建设，使微博管理常态化、制度化，将微博建设纳入相关部门的考核内容，注重马克思主义理论通过微博宣传的使用效果评价，避免跟风、空壳、作秀等情况。将微博与政府实际工作紧密结合，发挥微博“短平快”的特点，配合政府网站在信息公开、政民互动和牵引服务等方面增强政府的反应能力。同时，要加快建设官方微博，构建官方微博联动机制，各微博间实现互动与互补，以不同形式组合发声，形成立体式、直播式的信息发布网络，实现最大规模的人群覆盖，让主流声音占据网络阵地。

此外，还要组织开展学习讨论活动，例如，通过让微博培训走进党校课堂，进行专门岗位培训等活动形式，提高理论宣传工作者的传播能力。加强对各级理论宣传人员的培训，使其在宣传马克思主义理论时表现出更加平民化、人情化的语言素养，提升其新媒体的媒介素养和工作能力，少谈概念多讲事实、少谈抽象多讲具体、少谈外头多讲身边、少谈枯燥多讲有趣，真正直面“微”时代，使马克思主义理论的微博宣传潜移默化地影响和改变人们的思想观念和行为习惯，拉近其与人民群众的距离，增强其亲和力和吸引力。

(五)培养和提升专业化队伍素养

纵观当前马克思主义理论在微博上进行传播的过程中体现出的问题,传播队伍专业素养水平较低已成为其中的重要因素。通过不超过 140 个字的简短消息进行马克思主义理论传播,与传统理论宣传中完整、均衡、严密的专业化写作形成了鲜明的反差。如何用群众喜闻乐见的表达方式和通俗易懂的语言进行传播,如何把握好传播的角度,如何正确解读相关理论,如何进行多媒体传播等问题,都对传播者的专业素养提出了更高的要求。因此,推动马克思主义大众化,需要一支具有政治方向坚定、业务素质水平较高的工作队伍。

传播学理论认为,“意见领袖”是指在人际传播网络中经常为他人提供信息,同时对他人施加影响的“活跃分子”。他们在大众传播效果的形成过程中起着重要的中介和过滤的作用,由他们将信息扩散给受众,形成信息传递的两级传播。意见领袖最主要的作用是对面临信息轰炸、思想灌输的无主见、存依赖的受传者在表明态度、采取行动、解脱矛盾时予以指点和调节。

与传统意见领袖所处的环境相比,互联网所提供的相对自由和平等的言论空间,使网民的媒介接近权得到了前所未有的释放,信息的获取变得更加容易,而虚拟身份的交往却又使信任和威望的建立变得更难。

面对当前形势,首先,要求我们宣传、教育、文化部门尽快成立专门机构,高度重视网络评论工作,在网络“意见领袖”中争取更多的支持者或培养自己的网络“意见领袖”。做好网络发言人与网民在线交流,设立网民留言板,及时发布新闻与网民沟通交流,帮助公众了解事件真相及政府的处理方式,抢占舆论先机。

另外,要对理论工作者、基层理论宣传队伍进行网络理论宣传的教育培训,提高业务能力水平,为理论的网络宣传提供坚实的人才保障。要大力培养具有深厚理论功底和高超信息素质的新时代综合型理论传播人才。同时理论工作者还需要具备较强的马克思主义专业理论功底,善于进行理论创新,善于把理论通俗化、大众化,能够针对社会问题、价值观念等方面进行深刻剖析,帮助人民群众透过现象抓住事物的本质,解决实际问题,为人民群众提供切实的思想指导、精神动力和智力支持,使马克思主义理论观点鲜明生动,并且富有吸引力和感染力,真正被大众所理解和接受。其次,在此过程中还要注重受众的接受心理、接受情景、接受方式和接受偏好,积极拓宽理论宣传内容和教育艺术形式,用群众语言述说身边变化,做到用事实说服人、用真情感动人、用道理教育人,增强马克思主义理论传播力度。

因此,只有坚持科学性原则,提升专业素养,建立一支过硬的微博管理队伍,采取多种方式和多种渠道，广泛开展教育活动，才能探索出更好的推进马克思主义大众化的实现路径。在“微”时代下，敢用、会用、善用“微语言”，熟悉、关注、驾驭“微语言”，是马克思主义理论宣传工作者必须具备的素养。

（六）开辟和拓展多元化的传播模式

微博上表达的观点鱼龙混杂，对政府和社会不满的声音此起彼伏，各种谣言肆意泛滥，严重影响了民众对我国主流价值观的认同，分散了我国主流意识形态对社会舆论的导向作用。对此，政府要整合各种社会资源，加强主流意识形态对微博舆论的引导工作。科学地开发和合理地利用各种传播资源，既是马克思主义大众化传播实践的客观需要，也是实现马克思主义大众化传播目标的必要条件。

利用微博推进马克思主义大众化，要积极进行传播资源创新，塑造意见领袖，探索建立马克思主义专家微博、党支部微博、思想政治课微博课堂，使微博空间中的马克思主义思想、理论、组织、管理资源的作用得到最大限度的发挥。同时，要重视现实空间各种传播资源的开发和利用，如经济资源、政治资源、社会资源和文化资源的充分开发并使其在微博空间得到延伸及利用，实现现实传播资源和微博传播资源的良性互动，达到各种传播资源利用效率的最大化。可以邀请权威机构、相关官员、知名专家学者、媒体人士以及草根名人等，利用微博设置议程，积极发表权威性言论，引导微博舆论。

北京市委教育工委在新浪网站开设“首都百万师生微党课”微博，北京理工大学党委书记郭大成在“微党课”中发言：“贯彻落实‘十八大’精神，要从提高教学质量出发，从培养学生全面发展出发，从奉献伟大祖国出发，全面推进素质教育，培养德智体美全面发展的社会主义建设者和接班人！”清华大学党委书记胡和平、校长陈吉宁，北京大学党委书记朱善璐、校长周其凤，中国人民大学党委书记程天权、校长陈雨露等首都各大高校的“掌门人”纷纷开设“微党课”，相继发言，与学生交流，分享学习党的“十八大”精神的心得体会以及对青年学生的期望和鼓励，深受学生欢迎。除高校校长书记外，一些知名教授也开设“微党课”，在“微党课”平台分享观点，对《党的十八大报告》中的理论创新与理论亮点进行了系列解读。北京市委教育工委还成立专项小组，每天以学生喜闻乐见的形式编写课程内容，帮助师生学习知识、坚定信念。

微博作为马克思主义大众化传播的新手段，已超越网络论坛成为仅次于新闻媒体报道的中国第二大舆情源头。微博舆论具有深厚的群众基础，成为社会舆论不可或缺的组成部分。我们要充分发挥微博宣传的传播导向和整合功能，改革和创新马克思主义大众化宣传工作，努力提升当代中国马克思主义大众化传播水平。

第八章 建设好马克思主义大众化传播的主渠道

高校大学生是当代青年的主体，是国家宝贵的人才资源，是民族的希望和祖国的未来，是实现中华民族伟大复兴“中国梦”的强大主力军。根据中国统计数据显示，截至 2014 年年底，我国普通高校在校学生(博、硕、本、专科)数量为两千六百多万人，学生党员达到了一百多万人，共青团员达到了一千七百多万人。这个庞大的群体有着巨大的社会影响力。如果用马克思主义武装大学生，使其成为马克思主义的信仰者和践行者，他们就会像传播马克思主义的种子，植入社会的每个角落，为马克思主义大众化起到推动、示范和导向作用。在高校传播马克思主义可以通过多种方式来完成，其中思想政治理论课是最重要、最直接的途径。党中央特别指出：思想政治理论课是高校对大学生进行世界观、人生观、价值观、道德观教育的主渠道、主阵地，在培养全面发展的社会主义接班人方面有着不可替代的作用。思想政治理论课作为大学生的必修课程，具有引导大学生确立社会主义核心价值观的作用，在推动当代中国马克思主义大众化的进程中占有极为重要的地位。

一、高校推进马克思主义大众化传播的时代使命

(一)推进马克思主义大众化是党和国家事业兴旺发达的必然要求

高校的教育对象是青年大学生。青年大学生是中国特色社会主义事业的接班人和可靠建设者，中国的前途与他们的政治意识水平息息相关。坚持用马克思主义教育全党同志、全体人民特别是广大青年，是我们党的一贯原则。我党领导人历来高度关注对青年的教育。毛泽东就十分关注对青年的塑造和培养，他强调广大青年要认真学习马克思主义，“没有正确的这种观点，就等于没有灵魂”①。要加强对青年的马克思

① 毛泽东.毛泽东同志论教育工作[M].北京：人民出版社，1992：258.

主义教育，促进其政治素养的形成。对青年进行马克思主义教育，是邓小平青年观的重要组成部分。他指出："共产主义的理想是我们的精神支柱……要特别教育我们的下一代下两代，一定要树立共产主义的远大理想。"①胡锦涛指出："一个有远见的民族，总是把关注的目光投向青年；一个有远见的政党，总是把青年看作推动历史发展和社会前进的重要力量。"②习近平强调："我们党自成立之日起，就始终代表广大青年，赢得广大青年，依靠广大青年。历史和现实都告诉我们，青年一代有理想、有担当，国家才有前途，民族才有希望，实现我们的发展目标就有源源不断的强大力量。"③

当代青年大学生是青年的主体，是社会发展的主体力量，是改革开放的生力军，需要马克思主义作为实践的指导和人生的指南。所以在高校推进马克思主义大众化是党与国家事业兴旺发达的必然要求，使大学生具备较高水平的政治敏锐性和政治辨别能力，他们必然会成为我国未来社会发展的中坚力量。进入新世纪，国际国内形势发生了深刻的变化，世界正处在大变革、大调整之中，国际经济政治格局演变得十分复杂，国际敌对势力与我们争夺青年一代的斗争更加尖锐也更加复杂，大学生面临着大量西方文化思潮和价值观念的冲击。尤其在全球化和世界格局多元化的国际形势下，资本主义与社会主义两种意识形态的斗争转变为用潜移默化的文化形式来占领意识形态的阵地。他们通过影视艺术、社交软件等形式把西方的价值观念传播到中国，影响中国的青少年。不可否认，这种润物细无声的意识形态斗争已经对大学生产生了一定的消极影响。根据青年心理学发展趋势的一般特征表明，青年时期是人生发展中一个很重要的转折时期，是由发展到成熟的最后时期。青年时期人们的独立意识开始增强，具有强烈的自尊心和自信心；他们情感日趋丰富，性格尚未最后定型，世界观处在形成之中，可塑性很大。青年时期是进行教育的关键时期，因为这个时期选择什么样的世界观，决定着他人生发展的方向。在这个阶段，要特别注重通过马克思主义理论教育，积极引导青年学生选择、树立正确的世界观、价值观、人生观，坚定建设中国特色社会主义的信念。

高校推进马克思主义大众化可以使学生明白马克思主义是一个十分完整而严密的科学理论体系，是立党立国的根本指导思想，是全国各族人民奋斗的共同理论基础。坚持马克思主义的指导思想任何时候都不能动摇，否则我们的社会主义事业就会因为没有正确的理论基础和思想灵魂而迷失方向，最终导致失败。中华人民共和国成立以

---

① 邓小平. 邓小平文选(第3卷)[M]. 北京：人民出版社，1993：111，137.

② 七论学习贯彻胡锦涛同志"七一"重要讲话[N]. 人民日报，2011－07－10.

③ 习近平. 在同各界优秀青年后谈时的讲话[EB/OL]. (2013－05－04). http://news.xinhuanet.com/politics/2013－05/04/c_115639203.htm.

来，特别是改革开放近40年来，我国各个领域所取得的巨大成就，都是在马克思主义中国化理论成果的指导下取得的，这也进一步证明了马克思主义强大的生命力、创造力和感召力。

(二)推进马克思主义大众化是高校培养社会主义合格建设者和可靠接班人的需要

培养什么人？如何培养人？是我国高等教育发展中必须解决好的根本问题。正确认识和切实解决这个问题，事关党和国家的长治久安，事关中华民族的前途命运。大学生是未来建设中国特色社会主义的中坚力量，他们身上承载着全面建成小康社会、实现中华民族伟大复兴"中国梦"的历史重任，把他们培养好，是我们实现好、维护好、发展好最广大人民根本利益的重要体现，也是实现亿万家庭最大愿望和切身利益的民心工程。如何正确引导和帮助大学生健康成长，使他们能够德智体美全面发展，是一个关系到我国教育发展方向的重大问题。我们不仅要大力提高他们的科学文化素质，更要大力提高他们的思想政治素质，要引导大学生树立正确理想，坚定正确信念，自觉把自己的人生追求同祖国的前途命运联系起来，树立为祖国繁荣富强贡献青春力量的远大志向，这对于确保党的事业后继有人、社会主义事业兴旺发达，提高党的执政能力，巩固党的执政地位都具有重大意义。

把大学生培养好是一项长期且艰巨的任务，我们要看到面临的重重困难。新形势下，大众传媒的发展，特别是互联网在我国的普及和发展，极大地丰富了大学生的精神文化生活，促使当代青年大学生思想活跃、善于思考，在政治上要求进步及在思想上进一步解放。但与此同时，西方文化大量涌入，历史的和现实的、传统的和外来的、进步的和落后的、科学的和迷信的思想文化相互交织碰撞，思想界、理论界的禁区不断被打破。由于大学生思辨能力不成熟，容易受错误的、腐朽的思想的侵蚀，他们的政治信仰、理想信念、社会责任受到深刻影响。当代大学生中信仰马克思主义的大学生虽占主流，但也存在怀疑者。青年大学生作为社会主义事业的接班人，他们的信仰问题是一个关乎国家意识形态建设的重大问题，关系到能否抵挡住各种社会思潮的冲击，关系到中国特色社会主义建设事业的兴衰成败。目前我国青年大学生对马克思主义的信仰情况在总体上是积极、健康、向上的，他们对马克思主义的信仰、对党和政府的信任、对社会主义现代化事业充满信心。大学生们认同马克思主义，也接受马克思主义，可是也有部分大学生没有把它作为唯一的信仰，缺乏对科学理论的进一步认识，缺乏对马克思主义信仰的坚定支持。因此，高校要把大学生培养成中国特色社会主义事业的建设者和可靠接班人，不仅要大力提高他们的科学文化素质水平，而且还要大力提高他们的马克思主义理论素养水平，帮助他们树立远大的共产主义理想和坚定的马克思主义信念，破除对马克思主义理论的偏见，让大学生们认识到马克思主义理论是使人终身受益的理论。高校要使大学生们在学习、掌握马克思主义理论的基础上，自觉地把马克思主义作为自己的行动指南，用马克思主义的立场、观点、方法来认识社会发展，自觉辨别和抵制各种不良思想文化的影响，以把我国建设成富强民主文明和谐的社会主义现代化国家、实现中华民族的伟大复兴作为自己的神圣职责和历史使命。

(三)高校推进马克思主义大众化是促进大学生全面健康发展的需要

坚持马克思主义的指导地位，坚持走中国特色社会主义道路，是我国意识形态建设的重要任务，也是当代中国青年大学生的主流政治思想。2011 年教育部对 140 所高校中的 25 000 余名学生调查表明，“当前高校学生主流思想继续保持积极、健康、向上的良好态势。广大高校学生坚决拥护党的领导，高度认同中国特色社会主义理论体系，对中国共产党成立 90 多年来带领中国人民取得的辉煌成就给予了高度肯定。高校学生的理想信念更加坚定，爱国热情持续高涨，社会责任感显著增强，道德素质和现代文明素质明显提升，充分表明当代大学生正在成为中国特色社会主义共同理想的坚定信仰者、社会主义核心价值体系的积极践行者、社会和谐稳定的热情维护者”①。但是，我们必须清楚地看到，他们思想活跃开放的同时，政治观良莠不齐；个性意识增强的同时，价值取向多元化；理想信念务实的同时，道德观参差不齐。正如中共中央、国务院《关于进一步加强和改进大学生思想政治教育的意见》中指出的那样，当前“一些大学生不同程度地存在政治信仰迷茫、理想信念模糊、价值取向扭曲、诚信意识淡薄、社会责任感缺乏、艰苦奋斗精神淡化、团结协作观念较差、心理素质欠佳等问题”②。大学生能否健康成长对我国的前途和命运具有深远影响。

大学生健康成长的正确引导者无疑是马克思主义。马克思主义给大学生提出了实事求是的根本方法论原则，而且还提出了一系列具体的认识方法，尤其是历史分析方法、社会基本矛盾分析方法、利益分析方法、历史和逻辑相统一分析方法等，这些方法是指导我们洞察历史、总结经验的重要思想工具。马克思曾经指出，哲学家们只是用不同的方式解释世界，而问题在于改变世界。高校推进马克思主义大众化的一个主要作用就是不断提高大学生的科学思维水平和增强掌握科学思维方式的能力，通过理

① 焦新. 2011 年高校学生思想政治状况滚动调查表明大学生思想主流积极健康向上[N]. 中国教育报，2004－10－14.

② 中共中央，国务院. 关于进一步加强和改进大学生思想政治教育的意见[N]. 中国教育报，2004－10－14.

论联系实际，使大学生注重科学思维方式的指导，注重科学思维方式的运用，以此促进大学生全面健康发展。

二、思想政治理论课是马克思主义大众化传播的主阵地

高校是体现当代中国坚持和运用马克思主义的重要窗口，是对青年学生传播马克思主义的主要阵地，在学习和传播马克思主义进程中具有十分重要的作用。高校传播马克思主义理论可以通过多种方式来完成，包括教育宣传、社会心理影响、制度规约和公共政策影响等路径。[①] 毫无疑问，这几种途径的目标是完全一致的，都是围绕着强化马克思主义在意识形态领域的主体地位，培养社会主义事业的建设者和接班人而进行的。其中，思想政治理论课是最重要的途径。党中央特别指出：思想政治理论课是高校对大学生进行世界观、人生观、价值观教育的主渠道、主阵地，在培养全面发展的社会主义接班人方面有着不可替代的作用。思想政治理论课作为大学生的必修课程，具有引导大学生确立社会主义核心价值体系的优势，思想政治理论课在推动当代中国马克思主义大众化的进程中占有极为重要的地位。

(一)思想政治理论课与马克思主义大众化具有本质的一致性

思想政治理论课与马克思主义大众化的目的都是培养社会主义现代化建设的合格建设者和接班人。马克思主义大众化的本质是用科学理论武装人民群众，将马克思主义的核心价值理念内化于人们的精神生活过程中，进而在世俗生活领域形成人们对中国特色社会主义理论体系基本观点与主张的认同情感与遵从态度，最终达到维护主流意识形态安全的现实目标。它强调的是，马克思主义基本原理由抽象到具体、由深奥到通俗、由被少数人理解到被广大群众掌握。人民群众(包括青年学生)是历史的创造者，中国特色社会主义事业是亿万人民群众的事业，只有把人民群众培养成合格的社会主义建设者，中国特色社会主义事业才能长远发展；只有当科学理论被广大人民群众所理解和掌握，并转化为投身改革建设的动力时，培养千万合格建设者的任务才算完成。高校思想政治理论课承担着对大学生进行系统的马克思主义理论教育的任务，是大学生思想政治教育的主阵地。它是通过内容丰富、形式多样的教育活动，通过教育者与受教育者之间的思想交流互动，通过社会主义核心价值观与大学生原有价值观念的沟通，引导学生自觉改造主观世界，实现个人思想道德的社会化，使个人的思想

---

① 邱柏生.推进当代中国马克思主义大众化的路径和过程[J].思想政治教育，2008(5)：8－13.

道德不断向社会所要求的方向发展，并通过社会实践活动将精神力量转化为物质力量。这与马克思主义大众化过程中，科学理论得到大学生理解认同，从而进一步内化为大学生的精神指南和自觉追求的过程具有本质的一致性。

思想政治理论课与马克思主义大众化都是普及马克思主义理论的渠道和途径。思想政治理论课是大学生思想政治教育的主渠道，是系统地宣传、灌输和普及马克思主义理论的重要场所。在高校中设置思想政治理论课，是社会主义教育的重要特征之一，它关系到高校培养的学生应具备怎样的思想政治素质，能否适应我国社会主义现代化建设的要求，能否将党的基本理论和基本路线坚持下去的重大问题。毛泽东曾经指出："掌握思想教育，是团结全党进行伟大政治斗争的中心环节。如果这个任务不解决，党的一切政治任务是不能完成的。"①邓小平也曾强调指出："十一届三中全会确立的这条中国的发展路线，是否能够坚持得住，要靠大家努力，特别是要教育后代。"②我国高校多年来办学的历史经验也深刻表明，只有坚持用马克思主义这一科学世界观和方法论去武装青年学生，才能使我们的青年学生树立起正确的世界观、人生观和价值观，树立起崇高的共产主义理想，才能掌握科学的思想方法，提高思维能力，才能在国内外复杂的政治斗争中辨明方向，才能增强抵制各种错误思潮和拜金主义、享乐主义、极端个人主义等腐朽思想侵蚀的能力，才能保证青年学生的健康成长，使他们在我国社会主义现代化建设的伟大事业中最大限度地发挥其聪明才智。马克思主义大众化，是把人民群众视为历史的主人即主体，帮助他们掌握马克思主义这一科学的世界观和方法论，有助于实现对客观世界的有效改造。因为，马克思主义理论一经为群众掌握，就会转化为社会主义建设的物质力量。

（二）思想政治理论课是实现马克思主义大众化的重要形式

马克思主义大众化是大学生思想政治理论课的重要任务和目标。在我国高校，思想政治理论课是唯一一类向学生系统全面介绍马克思主义基本原理和马克思主义中国化两大理论成果的课程。其政治目的非常明确，就是完整系统地向大学生传播主流意识形态。通过思想政治教育，青年能够认同马克思主义的指导思想地位，认同中国共产党的领导，认同社会主义的前途。因此，党中央高度重视思想政治理论课的教学，特别是以"05 方案"实施为标志，马克思主义中国化最新成果"进教材、进课堂、进大学生头脑"工作取得新进展。"05 方案"新课程体系改革思路非常明确，就是要以马克思

---

① 毛泽东. 毛泽东选集(第 3 卷)[M]. 北京：人民出版社，1991：1094.

② 邓小平. 邓小平文选(第 3 卷)[M]. 北京：人民出版社，1993：381.

主义中国化的理论成果，即毛泽东思想、邓小平理论、“三个代表”重要思想、科学发展观等作为中心内容，完善思想政治理论课程体系。也就是说新课程体系的课程设置与安排必须围绕当代马克思主义中国化理论成果这个中心内容，必须体现马克思主义中国化、时代化、大众化。目前，高校思想政治理论课从四个层次设置课程结构体系：以马克思主义基本原理为主题的课程设置，如“马克思主义基本原理概论”课；以马克思主义中国化的两大理论成果为主题的课程设置，如“毛泽东思想和中国特色社会主义理论体系概论”课；以中国近现代社会发展史为主题的课程设置，如“中国近现代史纲要”课；以认识客观世界、改造主观世界为主题的课程设置，如“思想道德修养与法律基础”课。初步形成了以“毛泽东思想和中国特色社会主义理论体系概论”为中心内容的新课程体系。这个体系既充分体现了马克思主义中国化的最新成果和中国特色社会主义实践的最新经验，又科学准确地回答了当代大学生十分关注的重大理论与现实问题。四门课程按照规定的教学大纲、教科书和教学计划，向学生传播、灌输和普及系统完整的马克思主义理论知识，这是思想政治理论课的基本教学形式特有的功能与定位。

思想政治理论课的科学性不容置疑。思想政治理论课是政治性与科学性的高度统一。以往人们普遍认为思想政治理论课最突出的是政治教育和意识形态教育，于是质疑思想政治理论课的科学性。“05 方案”实施以后，根据《中共中央宣传部、教育部关于进一步加强和改进大学生思想政治教育的意见》，马克思主义理论被确立为一级学科，其下属的五个二级学科也正式确立。马克思主义理论一级学科建设提高了高校马克思主义大众化队伍的整体素质水平，强化了对马克思主义基本原理、马克思主义中国化以及思想政治教育的理论研究，为思想政治理论课教学质量的提高以及当代中国马克思主义大众化的发展提供了有力的学科支持。国务院学位委员会、教育部在 2005 年 12 月颁发的 64 号文件《马克思主义理论一级学科及所属二级学科简介》中明确指出：“马克思主义理论学科”是一门从整体上研究马克思主义基本原理和科学体系的学科。它研究马克思主义基本原理及其形成和发展的历史，研究它在世界上的传播与发展，特别是研究马克思主义中国化的理论与实践，同时把马克思主义研究成果运用于马克思主义理论教育、思想政治教育和思想政治工作。马克思主义理论学科的设立依托学科建设推进高校马克思主义大众化，充分发挥学科的功能，成为高校马克思主义理论工作者任务之一。在从事教学工作的同时，广大思想政治理论课教师积极发挥学科科研功能，推动了对马克思主义的理论研究。通过研究，思想政治理论课教师能够比较准确地理解马克思主义的内涵，较为全面地掌握当代马克思主义理论的内容概要和精神实质。他们的出色工作保证了马克思主义理论的科学性、准确性与完整性。高校拥有一批具有深厚马克思主义理论功底的学者和专家，他们不仅是进行马克思主义大众化理论研究的主力军，还是研究推进马克思主义大众化的人才资源，为思想政治理论课推动马克思主义大众化提供了有效的理论支持和组织保证。

（三）思想政治理论课具有价值导向的作用

思想政治理论课是高校思想理论教育中最稳定、最系统、最具有保障的教育渠道，对大学生思想政治观念的形成具有导向作用，在高校思想政治理论教育中发挥主导性作用。

思想政治理论课体现了党和政府对人才培养的目标、内容、模式等方面的具体要求，为学校教育提供了一个具体的价值指向和标准。理论是具有先导作用的教育内容，理论是在感性认识基础上的升华与提炼。因此与感性认识相比，理论更具有前瞻性，它可以引导人们的实践活动，具有明显的导向性。思想政治理论教育的实施过程，实质上是把社会主导的价值观念转化为学生个体思想政治观念的过程，有助于增强学生的思想政治教育观念。思想政治理论课是高校思想理论教育中具有主导地位的课程，在整个高校思想政治教育渠道中居于主体性地位。思想政治理论课是高等学校课程体系结构金字塔中最顶端的课程，它以其他课程所培养的学生健康素质、科学文化素质、思想政治素质为基础，以马克思主义立场、观点和方法把所有课程形成的综合思想政治因素进行提升，因而，具有统领其他课程的作用。思想政治理论课并不排斥其他课程的积极成果，但所有课程教学必须以思想政治理论课的目标和价值导向进行整合和提升。

思想政治理论课是引领性的课程。思想政治理论课所依托的马克思主义理论学科是我国哲学社会科学中的基础理论学科、领头学科，是关系党和国家前途命运的生命工程学科，是体现社会主义意识形态本质特征的引领性学科。思想政治理论课完全能够担负起解决当代部分大学生精神危机的教育使命。这是因为思想政治理论课的特征使它在进行知识传递的同时，也传播着政治信仰。思想政治理论课在教学过程中运用中国化的马克思主义来分析当今中国社会现状，把当代中国马克思主义理论成果中的科学内容与大学生自身的内心世界联系起来，努力去满足大学生人生价值以及自身发展需要，帮助大学生认识和把握社会发展规律，了解社会发展的内在机理，确立社会发展所必需的规则意识，培养社会发展所要求的道德理念。旗帜鲜明地表明我们提倡什么、反对什么，用科学的世界观、人生观、价值观和道德观来教育和引导大学生，提供大学生精神食粮，开阔大学生的精神视野，使他们在面对错综复杂的社会现实时不至于迷失方向，使大学生在理解相关知识的同时，不自觉地选择正确的立场和树立崇高的信仰。在思想政治理论课的课堂里，知识和信仰是分不开的。如果说专业课是为了让大学生具备生存、生活和改造物质世界的能力，那么思想政治理论课就是能够在传递知识的同时，使大学生拥有良好的思想品德、理想信念和健康的精神世界。思想政治理论课教学中提倡的用中国特色社会主义共同理想凝聚力量，用以爱国主义为核心的民族精神和以改革创新为核心的时代精神鼓舞斗志，用社会主义荣辱观引领风尚等，都是当代中国马克思主义大众化在高校所要实现的重要目标。

三、强化思想政治理论课在马克思主义大众化传播中的作用

当前，改革开放正进入新的历史时期，如何面对国情和党情变化带来的新情况、新问题以及各种社会思潮的冲击，引导大学生真正树立马克思主义的信仰，是摆在我们面前的一个现实问题。在不断认识思想政治理论课对大学生马克思主义信仰教育具有巨大作用的同时，我们应该不断优化思想政治理论课课程内容，努力增强马克思主义大众化传播效果。

（一）精心打造一支高素质的专业教师队伍

列宁曾指出，“在学校教育中最重要的是讲课的思想政治方向，而这个方向并不是由地方组织的良好愿望决定，也不是由其他规章制度和教学计划决定，而是由讲课人员决定的”[①]。邓小平同志也曾指出，一个学校能不能为社会主义建设培养合格的人才，培养德智体全面发展、有社会主义觉悟的有文化的劳动者，关键在教师。在思想政治理论课教学过程中，思想政治理论课教师既是马克思主义理论和马克思主义中国化理论成果的传播者，也是马克思主义理论的实践者、思想政治理论课教学过程的管理者、学生思想政治观念的引导者。因此，在思想政治理论课教师与大学生的关系上，思想政治理论课教师处于主导地位，他们管理、控制、引导着课堂教学的方向，是学生思想政治观念的帮助者和促进者。教师既是知识的传播者，又是人类灵魂的塑造者。教师的水平和能力，直接决定了实践育人的效果。因此，高校要着力加强高素质的马克思主义教师队伍建设，要加强马克思主义和思想政治理论课教师队伍建设，帮助他们增强创新精神，积极投身实践活动，研究并掌握新的创新理论。

1.思想政治理论课教师要有优良的政治素质和崇高的信仰追求

思想政治理论课教师必须要有崇高的信仰追求，因为他们是马克思主义理论的传

---

① 列宁.列宁论教育[M].北京：人民教育出版社，1990：344－346.

承者，只有把马克思主义作为自己崇高的信仰追求，才能不断丰富和完善马克思主义所创立的人类最优秀的文化成果，为“中国梦”的实现提供强大的精神动力。党的“十八大”提出，立德树人是教育的根本任务。大学一定要帮助学生打好人生的第一个阶梯，而思想政治理论课教师就是帮助大学生打好人生第一个阶梯的人，他们只有具有崇高的信仰追求，才能自觉完成为“中国梦”培养“筑梦人”这一艰巨任务。

思想政治理论课教师必须不断提高自身的马克思主义理论修养水平，认真研究马克思主义理论的新成果；养成密切关注现实生活的思维习惯，培养良好的政治嗅觉，善于洞察政治、经济、社会发展的方向，不断对马克思主义理论成果做出富有创造力的阐释；同时自身要做到真学、真懂、真信，并准确、及时地把最新的理论成果运用到教学实践中。只有这样才能使思想政治理论课的教学具有针对性，把中国特色社会主义理论的相关内容讲深讲透，增强思想政治课对学生的吸引力。

2. 思想政治理论课教师必须要提高自己多方面的综合素质和能力

思想政治理论课教师应当拥有一般专业课教师所不具备的特殊才能，更加具有理论魅力、知识魅力、艺术魅力和人格魅力。一个优秀的思想政治理论课教师的能力水平不仅表现在让学生接受他的见解，更在于让学生受到他的熏陶，在具体行为上体现出与主流思想观念的一致性。因为一个人接受大学教育，不仅仅是学习文化知识，更是在人格上接受一种熏陶。一个有着良好的人格魅力和优秀的品质、知识丰富的思想政治理论课教师对大学生有着先天的吸引力、信服感。所以，思想政治理论课教师要充分认识到言传身教对大学生世界观、人生观、价值观和道德观的深刻影响，在运用马克思主义理论教育人、感染人的同时，不断改造自己的主观世界，努力成为大学生言行的表率，与学生一起做到对马克思主义理论的真学、真懂、真信、真用。

3. 思想政治理论课教师要不断调整和充实自己的知识结构，以适应思想政治理论课教学改革需要

思想政治理论课教师要关注大学生关心的热点难点问题，善于理论联系实际，注重解决思想问题与解决实际问题相结合，把逻辑的力量与事实的力量结合起来，以给人民群众带来实惠的具体政策、法规、制度为突破口。思想政治理论课教师通过不断地深入研究和对研究成果的宣传，把经验上升为理论，着力引导大学生从政策和制度的兴趣和认同上升到对马克思主义理论的认同，从而提升大学生的理论水平，在引导大学生的同时满足大学生的现实诉求。同时，思想政治理论课教师还要针对思想政治理论课教学的特殊性，不断从事教学研究，以提升自己的教学水平，增强思想政治理论课教学的针对性和实效性。思想政治理论课是政治性与学术性有机统一的课程，深邃

的思想性和鲜明的意识形态属性是该课程最显著的特性。作为反映客观事物本质和历史发展趋势的思想政治理论课程不仅具有政治性，而且具有学术性。思想政治理论课教师需要尽快从传统的单纯教书匠的思维里摆脱出来，增强教育科研意识，用科研促进教学水平的提高。

(二)充分尊重大学生的主体地位

有了高素质的思想政治理论课教师队伍并不一定带来马克思主义大众化的良好的传播效果，关键还要看思想政治理论课教师的教学内容是否真正引起大学生的兴趣，是否真正进入大学生的头脑和心灵，引起大学生的共鸣。因为高校马克思主义大众化的最终目的是让大学生了解理论，并成为大学生成长成才的行动指南。在马克思主义大众化传播过程中，大学生是接受的主体，他们具有主观能动性，接受什么，不接受什么，接受到什么程度，直接取决于接受者主体作用的发挥。因此要特别尊重大学生的主体地位，了解大学生的成长特点、成长规律，探索有效方法让他们主动走近理论并主动接受理论，这是高校思想政治理论课有效推动马克思主义大众化进程的关键。

1.优化思想政治理论课教学内容

高校思想政治理论课教材尽管是全国统编且不断修订，但在一定程度上还是滞后于社会的急剧发展，造成教学内容与社会现实之间的落差。因此，思想政治理论课教师迫切需要改变单纯的课程解说者角色，不断增强课程参与意识、效果意识，努力做课程的设计者和开发者，实现由遵从型向创造型教师的转换。思想政治理论课在安排教学内容时，既要保证传播的马克思主义基本原理和马克思主义中国化理论成果的准确度和严肃性，又要考虑当代大学生的特点，与时俱进，注意增强教育内容的时代性、知识性，增强理论的吸引力和说服力。在课堂上，学生所面对的是已经被教师诠释后的学习内容，教师要把教学内容中本质性的内涵传导给学生，就必须深刻领会马克思主义理论的科学体系和内在逻辑，抓住本质和要害，把教学内容本身的逻辑性和科学性讲明、讲透、讲实，做到既能把握理论背景，又能密切联系实际。所以，教师应该积极寻找教学内容和生活实践的连接点，始终围绕价值目标，善于从学生感性的生活层面中去寻找课本中理性的理论诠释。大学生普遍认为政治理论课程应当是时代感最强的课程，所以教学内容应当及时地反映当前世界热点问题，体现时代发展的趋势，把握时代发展的脉搏，真正做到课程的与时俱进。思想政治理论课教学，必须力求使内容贴近中国改革开放这个社会大背景，贴近建设中国特色社会主义这个现实大课题，贴近社会、贴近现实、贴近生活。要根据社会形势的变化和教育的需要更新和调整教学内容，及时吸收当前思想政治教育研究的新成果，用以解决学生的疑点和问题。

2. 创新教学方法，增强教学的针对性和有效性

所谓方法，就是人们在认识世界和改造世界的过程中，为达到预期目的所采用的手段或方式。高校开设思想政治理论课程的目的和任务是紧扣大学生成长中遇到的问题，有针对性地开展马克思主义理论教育，引导大学生树立远大理想，陶冶高尚情操，认同并遵循中华民族传统和时代精神的核心价值标准与行为规范，养成良好的思想道德素质和行为规范，做“有理想、有道德、有文化、有纪律”的社会主义建设者和接班人。可见，思想政治理论课的任务和内容具有政治性和导向性的特点。这也决定了思想政治理论课教学必须始终将人生观、价值观等问题潜移默化地渗透在教学的全过程，努力达到润物细无声的教育效果。因而，思想政治理论课的教学方法具有不同于其他学科的功能和特点。其教学方法具有一种启迪心智和引领精神的功能。教学方法的设计和实施要符合学生的认知意趣，体现其针对性和有效性。当代大学生崇尚平等、注重自主、个性张扬、敢于冒险，他们思想活动具有独立性、选择性、多样性和差异性的特点。所以，教师以真理的持有者和当然的教育者自居，使学生成为单纯的知识存储器的“满堂灌”式的单向教育模式已不再适用于当代大学生，更不适用于具有较强实践性和现实性特点的思想政治理论课教学。

创新思想政治理论课教学方法要坚持新的理念。一是要体现人文关怀。作为培养学生世界观、人生观、价值观的课程，高校思想政治理论课教师要切实承担起教育者的社会责任，在教学中满怀对学生的真心关爱，高度重视大学生成长过程中的情感需求和精神文化需求，要关爱、关心每一名学生的成长进步，要以真情、真诚去教育和影响学生，要尊重学生的个性，帮助学生解决最关心的实际问题，使学生时时处处感受到人文关怀。教师要热爱和尊重学生，以学生为本，遵循教育主客体互动平等、教学相长的原则。只有民主、平等、对话的师生关系才是符合人性的师生关系。教师的讲授不是背诵几条原理的宣传，而是依事说理，必须要对自己所讲授的内容真信、真懂、真用，敢于接触不同意见和反对意见。思想政治理论课教师要做到为人师表，热爱和尊重学生，以人格教育人格，以性情培养性情，以心灵感动心灵。二是坚持理论联系实际，将改革开放和中国特色社会主义的理论内涵、思想魅力和实践活动引入教学过程中，以更加客观传递事实逻辑和内涵的方式进行思想政治理论课教学，构建当代大学生与广阔社会天地之间的紧密联系。在思想政治理论课教学中，没有固定不变的方法，教师必须不断摸索和反思，总结运用适合教学对象、教学情境的方法，不断创新讲述方式和价值传递方式，才能最大程度增强教学说服力和感染力。

3.研究和回答大学生关心的热点难点问题

所谓热点难点问题，也就是青年学生普遍关注的那些重要的深层次的理论问题、认识问题和实践问题。这些热点难点问题，实际上是马克思主义在发展过程中和社会主义运动在实践中所遇到的矛盾和问题在教学中的表现和反映。因此，研究和回答这些热点难点问题是高校思想政治理论课的本质要求，是实现“传道、授业、解惑”历史责任的需要。我们应看到，研究和回答青年学生关注的热点难点问题，既是思想政治理论课教师应该具备的基本素质和能力，是教学实效性和教师魅力的集中表现，又是引导和帮助青年学生健康成长与成才的有效途径。思想政治理论课教师要研究和解决马克思主义中国化与大众化问题，就必须花大力气关注理论和实践的前沿问题，贴近实践、贴近学生，研究和回答青年学生提出的热点难点问题，把思想理论上的宣传教育同青年学生的健康成长与成才紧密结合起来，力求用马克思主义的基本理论帮助学生解答与社会现实紧密联系的诸种理论困惑。思想政治理论课教师既要分析社会主义制度的优越性和改革的成功之处，又要讲清社会主义初级阶段的基本国情及存在的种种困难和问题，激发大学生努力学习科学文化知识，坚定实现富强民主文明和谐的社会主义现代化目标的决心。那种把研究和回答青年学生关注的热点难点问题同对青年学生进行马克思主义基本理论教育割裂开来或对立起来，把高校马克思主义理论教育变成某种脱离现实实际和学生思想实际的纯理论、纯学科、纯知识的传授，并不符合高校思想政治理论课的要求。

(三)开展社会实践，提升马克思主义理论的吸引力和感召力

实践性是马克思主义最深刻的本质属性，也是马克思主义区别于其他学说的根本标志。马克思主义作为一种以实践性为本质特征的理论学说，从实践中产生，在实践中发展，以改变现实世界为目的，并且不断被新的实践所补充、修正和完善，是具有实践精神的科学体系。正如恩格斯所指出的，马克思主义世界观不是教义，而是方法；它提供的不是现成的教条，而是进一步研究的出发点和方法，注重实践才能增强马克思主义对大学生的吸引力和感召力。马克思主义不是书斋中的学问，而是用来指导实践的，是为广大人民群众解疑释惑的。当代中国马克思主义是实践经验的总结，具有很强的现实针对性。只有实践，才能强化马克思主义对大学生的话语主导权，增强马克思主义对大学生的吸引力和感召力。思想政治理论课必须注重理论教学和实践教学相结合，实现课上课下、课内课外相衔接。

1.在实践中大学生可以加深对马克思主义理论的理解

实践是理论联系实际的有效途径，也是把理论学习引向深入的重要环节。实践对

大学生了解社会、了解国情，增长才干、培养品格，增强爱国情感和社会责任感，具有不可替代的作用。以社会实践的途径让学生运用所学的马克思主义中国化理论研究问题，通过实践印证马克思主义中国化理论成果的科学性，直接感受马克思主义指导中国特色社会主义的生动实践和伟大成就，从而增进大学生对马克思主义的情感认同。在实践教学过程中让学生感悟、理解、信仰、践履与理论教学内容密切相关的思想政治理论信息，进一步加深对马克思主义理论的理解，真正领会马克思主义理论的精髓，是思想政治理论课社会实践教学环节设置的终极目标所在。

2.在实践中大学生团结互助协作能力不断增强

随着知识经济时代的到来和社会主义现代化建设事业的快速发展，当代社会对人的人际交往与合作能力的要求越来越高，团队合作精神是大多数公司、企业特别是跨国公司录用人才时最看重的标准之一。2004 年，中共中央国务院 16 号文件也明确提出的加强和改进大学生思想政治教育的主要任务，其中就包括加强大学生集体主义和团结合作精神教育。而社会实践以其实践性、社会性、教育性、团队性等特点成为培养大学生团结协作精神的有效途径之一。

3.在实践中大学生可以学习科学方法

理论联系实际，既是马克思主义的基本原则，也是我们学习马克思主义的根本方法。邓小平同志指出："马克思主义理论从来不是教条，而是行动的指南。它要求人们根据它的基本原则和基本方法，不断结合变化着的实际，探索解决新问题的答案，从而也发展马克思主义理论本身。"[①]马克思主义是理论，也是方法，其中的方法是就马克思主义理论的应用而言的。学是手段，用是目的，"学以致用"的关键是要学习科学方法。掌握学习方法的路径就是通过实践使大学生不仅学到理论，而且学会如何学理论、怎样用理论。这样大学生才能在实践中自觉运用马克思主义的立场、观点、方法去发现问题、分析问题和解决问题。

正因为此，中共中央宣传部、教育部《关于进一步加强和改进高等学校思想政治理论课的意见》中明确指出：高等学校思想政治理论课所有课程都要加强实践环节。要建立和完善实践教学保障机制，探索实践育人的长效机制。围绕教学目标，制定大纲，规定学时，提供必要经费。加强组织和管理，把实践教学与社会调查、志愿服务、公益活动、专业课实习等结合起来。要通过形式多样的实践教学活动，提高学生思想政治素质和观察分析社会现象的能力，深化教育教学的效果。高校要从学分设置、课时安

---

① 邓小平.邓小平文选(第 3 卷)[M].北京：人民出版社，1993：146.

排、教学方法改进入手，大力推进思想政治理论课的教学改革，科学地构建马克思主义理论教育的实践教学体系。要改革传统课堂理论的教学模式，设立思想政治理论课的实践学分，让学生广泛参与实践教学活动的设计和组织。用形式多样、生动有效的实践活动调动学生的学习积极性和主动性，充分发挥他们在教学过程中的主体性，让他们在实践过程中进一步加深对马克思主义基本理论的理解和把握，提升思想政治素养，磨炼学生的意志品格。

第九章　努力构建马克思主义大众化传播话语体系

习近平曾指出："所谓马克思主义大众化，就是把马克思主义理论用简单质朴的语言讲清楚、用群众喜闻乐见的方式说明白，使之更好地为广大党员和人民大众所理解、所接受。"[①]马克思主义大众化是一种关于人的对象性活动，马克思主义大众化的受众是人民群众。现代传播理论认为，"受众"并不是消极地"接受"信息，而是积极地寻求信息为自己所用，是传播的主动者。"受众"是一个完整的信息流动过程的基础和前提，是现实传播效果实现的归宿，具有极其重要的地位。受众的接受兴趣、接受能力、接受内容、接受方式和接受语言是马克思主义能否实现大众化和多大程度上实现大众化的关键要素。

一、构建马克思主义大众化传播话语体系的迫切性

当代中国马克思主义大众化是时代赋予全党、全社会的一个重大课题。马克思主义作为一种科学体系，它要实现由真理化身向信仰对象的转变，必须经过话语的承载和中介。所谓话语，就是言语或说话。无论是口头表达的话语，还是文字表达的话语，都是一定思想、理论、文化、艺术、科学、观念的字词表达。思想观念是内在的、反映本质内容的，而话语则是外在的表达方式。因此，话语体系是受思想理论体系和知识体系制约的，由一定相关的概念、术语、判断、规律、范畴所形成的思想理论体系和知识体系，决定了其话语体系的逻辑架构。任何话语都表达了一定的思想理论观念，而思想理论观念又都需要一定的话语来表达。习近平总书记在全国宣传思想工作会议（简称"8·19讲话"）上强调：创新对外宣传方式，加强话语体系建设，着力打造融通中外的

① 习近平. 关于建设马克思主义学习型政党的几点学习体会和认识——在中央党校2009年秋季学期第二批进修班开学典礼的讲话[N]. 学习时报，2009－11－16.

新概念新范畴新表述，讲好中国故事，传播好中国声音，增强在国际上的话语权。

（一）建构马克思主义大众化传播话语体系是马克思主义大众化的本质要求

马克思主义不是常识性的生活体系和习惯性的话语体系。马克思主义及当代中国马克思主义是包括马克思主义哲学、政治经济学和科学社会主义等在内的具有严密理论逻辑的科学体系。列宁在谈到马克思主义时，反复强调它的理论完整性和逻辑严密性。他指出："马克思学说具有无限力量，就是因为它正确。它完备而严密，它给人们提供了决不同任何迷信、任何反动势力、任何为资产阶级压迫所作的辩护相妥协的完整的世界观。"[①]同时，他还指出："马克思的观点极其彻底而完整，这是马克思的对手也承认的，这些观点总起来就构成作为世界各文明国家工人运动的理论和纲领的现代唯物主义和现代科学社会主义。"[②]毛泽东也特别强调马克思主义的科学真理性和理论体系性。他说："马克思列宁主义是从客观实际产生出来又在客观实际中获得了证明的最正确最科学最革命的真理。"[③]作为深邃的真理体系和科学的方法论体系，马克思主义是对社会生活和无产阶级实践的高度理论抽象，具有特定的话语体系、逻辑层次、概念系统和理论架构。这就要求马克思主义理论必须通过话语转换来实现其效果。马克思主义理论话语和实践话语之间需要一个话语"翻译"和话语转换，使理论性、抽象性的理论话语转换为情理交融、通俗易懂的教育话语。"通常情况下，生动、鲜明、幽默的修辞话语容易引起接受者的兴趣。就书面语而言，丰富的词汇、铿锵的音节、适当的偶句、精彩的堆叠等调整适应地好，容易激起受话兴趣。"[④]理论本身要充分考虑人民大众的接受能力和思维习惯，通过贴近实际、贴近生活、贴近群众等方式主动走向和接近大众，要创造性地利用一些贴切的形象和比喻，使其符合大众的文化水准和切身利益。把高深的理论用群众乐于接受的平实质朴语言说清楚、讲明白，使抽象的理论逻辑转化为形象的生活逻辑，从而产生巨大的鼓舞人的力量，突显马克思主义大众化的真理魅力。

（二）建构马克思主义大众化传播话语体系是实现马克思主义大众话语权力的基本要求

在网络出现以前，中国马克思主义大众化的主要载体是报刊、广播、电视等传统媒

---

① 列宁. 列宁选集(第 2 卷)[M]. 北京：人民出版社，1995：309.

② 同①418.

③ 毛泽东. 毛泽东选集(第 3 卷)[M]. 北京：人民出版社，1991：817.

④ 张春泉. 论接受心理与修辞表达[M]. 北京：中国社会科学出版社，2007：109.

体,通过对传统媒体的控制,党和政府控制着舆论导向。其采取的传播手段主要是集体学习,集体收听收看,面对面地辅导讲授以及直接对个人进行单独的思想教育等。这种传播模式的最大特点是单向式,国家和政府是信息的控制者、传播者,民众是信息的接收者。与这种传播模式相适应,逐渐形成了集中统一的、自上而下的传播体制。而网络的出现打破了党和政府对媒体的控制范围,使中国传统的马克思主义大众化传播体制受到冲击和挑战。"在'万维网'上,每个人都是宇宙的中心。在控制空间('虚拟现实')中,乡巴佬心理消失了,这里没有'首都',没有长官,也没有国家和政府。"[①] 在互联网上民众不再仅仅是信息的接受者、消费者,还是信息的创造者、发布者,可以自主地参与信息创造,自由地进行交流讨论,可以传播有关信息、发表看法、提出建议,信息的传播模式由单向灌输模式转变为双向互动模式。在网络信息化传播过程中,受众与传播者站在了"平等"的位置上,网络世界中沟通的主动性、对话的平等性、传播的广泛性以及交流的匿名性使得信息传播过程中去中心化、去权威化的趋势日益明显。在网络传播中,受众不是被动地接收信息,而是主动地发现信息、选择信息、处理信息,这就彻底改变了受众被动接收的习惯。同时,互联网使传播者和受众之间的关系发生了根本性的变化,受众的地位受到充分的尊重,受众的主体性增强。

网络出现以前,理论工作者理所当然地成为马克思主义大众化的传播者掌握话语的主动权。虽然他们在理论上也承认受众在马克思主义传播中的主导地位和主体性,但往往抽象化、简单化地理解"灌输论",忽视了受众的主体性,导致受众的主体性作用发挥不足。因此,必须将灌输式、劝导式的话语方式转变为平等交往的对话方式,在平等对话的基础上进行沟通与理解、分享与合作,最终达成共识。网络的出现开启了一个平等性与互动性兼容的虚拟世界,大大拓展了大众的话语空间、增添了大众的话语方式和提高了大众的话语能力,话语权平等已经成为势不可挡的时代潮流和社会法则。所以,在推进马克思主义大众化的历史进程中,理论工作者和思想政治教育者应自觉顺应时代发展的要求,对于大众的话语权、话语能力及话语方式给予高度重视。应以词句的简洁化、语言的大众化、表述的通俗化和文法的民族化为基本特征,实现马克思主义的话语大众化,使科学理论以大众通俗易懂、喜闻乐见的话语方式得到有效传播,进而改造我们的主观世界和客观世界,并成为发展中国特色社会主义实践的科学指南。

---

① 上海市哲学社会科学规划办公室. 国外社会科学前沿:第二辑[M]. 上海:上海社会科学出版社,1998:676.

(三)全球化的发展需要马克思主义大众化话语体系的建构

从时代变化来看,我们已经身处全球化的时代境遇中,全球化正以超人的速度迅速扩张。世界各国的交往越来越频繁,交往的障碍在不断减少。尤其是互联网的出现,导致国内外各种意识形态的网络传播具有全球性的特点。在互联网上,各种意识形态自由地同时也是激烈地争夺着全球的受众。过去,中国虽然也面临着国外资本主义意识形态的渗透,但是我们依靠集中统一的、自上而下的信息管制模式,可以控制传媒,并对信息进行筛选,将那些负面信息拒之于国门之外。同时通过国内统一的舆论宣传和理论教导,确立马克思主义在国内意识形态的主导地位。现在,互联网使意识形态的传播没有了国界之分,单纯的"堵"已经不能奏效。社会主义意识形态建设必须主动顺应全球传播的时代潮流,树立全球意识,制定全球战略。

改革开放以来,虽然我国的经济社会发展取得了巨大成就,备受世界关注,但我国的思想理论在国际社会影响较小。这种情况与我国的经济社会快速发展和越来越高的国际地位不相称,也是国际社会不能全面客观地认识当代中国,出现不少误解或误判的重要原因。这些年来,我们的对外文化交流成就很多,但主要是传统文化、民间文化等对外交流较多,文学艺术等思想文化交流近年来才逐渐增加,至于思想理论交流可以说少得可怜。随着我国经济社会的快速发展以及国际地位的提高,我国对外开放水平不断升级,参与国际事务越来越多,所承担的维护世界和平发展的任务越来越重。同时随着中国道路、理论、制度越来越成熟,也需要我们主动发出声音,从理论上阐明自己的观点。这不仅有利于我国的发展,对世界文明的进步也大有益处。

目前,世界话语体系中"西强我弱"的局面还没有根本改变。最新的调查研究显示,当代国际受众对于中国的了解主要借助于西方媒体,信息获取率高达68%,仅有32%的受众从中国媒体了解中国。这表明,当代中国国际形象的树立主要源于"他塑",而非"自塑",中国对外传播的话语空间遭到严重挤压。尽管我们进行了鲜活的实践,积累了丰富的理论资源,但广为中外传播的新话语还不丰富,甚至我们一些人仍然盲从、照搬西方理论和学术话语,削中国实践之足、适西方理论之履。这些都说明,与时代的深刻变化和实践发展相比,与中国不断上升的国际地位和丰富的理论资源相比,我们的马克思主义大众化话语体系的创新还相对滞后。这就要求我国必须学会运用国际化的话语体系来传播马克思主义理论。正如党的十八届三中全会《决定》所说,要"积极吸收借鉴国外一切优秀文化成果"。当然,我们也不能"以洋为重"或"挟洋自重",不能"言必称希腊",因为以西方经验为基础、以西方思维方式为导向、以解决西方所遇到的问题为指向的西方学术话语,难以准确地解释中国特色社会主义的实践。即使有一些值得借鉴的理念和方法，也要结合中国国情进行“中国化”“本土化”的改造，使之能够接中国的地气，补充中国的养分，做到洋为中用。

二、构建马克思主义大众化传播话语体系的原则

（一）必须坚持科学性原则

任何一门科学的理论体系，都是由一系列的概念、原理及其相互关系构成的。马克思主义理论也不例外，它的内容本身具有系统严密的理论色彩、明确具体的思想导向和深刻严谨的逻辑内涵。马克思主义认为，语言是在人类长期在生产和交往活动中形成的，因此，语言作为人们的交往工具同其他生产工具一样是没有阶级性的。但是，由语言构成的话语权则是有阶级性或带有阶级色彩的。话语权的创立者米歇尔·福柯指出：话语是权力，人通过话语赋予自己权力。著名的英国现实主义者卡尔把国际权力划分为 3 种：军事权、经济权和话语权。因此，话语权反映的是某种政治经济权利，体现了人在社会中的角色或国家在世界格局中的政治经济地位。中国马克思主义大众化属于意识形态教育，这种教育必须以科学性为前提。在进行传播时，对语言的要求首先就是科学、严谨、规范，不能以大众化为名忽视理论的科学性。无论对概念、理论的阐释与论证，还是对事实的叙述和描绘，都要求言之有据、言之成理；引用的材料和数字要准确和真实，语言表达要注意用词精准、逻辑严密、避免歧义；在阐述个人观点时更不能想当然、随心所欲、信口开河。

（二）必须坚持实践性原则

马克思主义是实践的科学，马克思主义从诞生之日起，其生命力最深刻的根源和动力就存在于实践之中。所谓实践性，就是一定要面对实际问题，解决实际问题，贴近人民群众的思想实际，同时，不断总结和提升人民群众的实践经验，这是马克思主义大众化最根本的诉求。马克思主义理论要被群众掌握，化为群众的工作指南，必须着眼于实践的新发展，着眼于群众的现实需求。而要做到这一点，就必须使马克思主义话语贴近生活、贴近实际、贴近群众，使抽象的理论通俗化、官方语言民间化。毛泽东曾经说过：“我们说的马克思主义，是要在群众生活群众斗争里实际发生作用的活的马克思主义。”①他指出：“所有的理论工作者应当学会不用书本上的公式而用为群众事业

---

① 毛泽东. 毛泽东选集(第 3 卷)[M]. 北京：人民出版社，1991：858.

而奋斗的战士们的语言来和群众讲话。”①中国实践是马克思主义大众化话语体系产生和发展的源头活水。实践具有第一性，实践是理论产生的源泉，是理论发展的动力，是检验理论正确与否的唯一标准。实践发展永无止境，认识真理永无止境，理论创新永无止境。当代中国马克思主义包含了大量的具有实践特色的大众语言，如“发展才是硬道理”“摸着石头过河”“改革开放”“科学发展观”“和谐社会”“小康社会”“以人为本”“协商民主”“新型大国关系”“和谐世界”“一国两制”“中国梦”等话语不仅出现在正式场合，而且运用于大量的非正式场合和人民群众的日常生活场景中。当前，要进一步推进当代中国马克思主义与群众现实生活实际相结合，必须将这种理论话语渗透到群众的各种生活形态中，使之有效指导群众的物质生活、政治生活以及精神生活。同时，要尊重人民主体地位，尊重人民首创精神，在马克思主义大众化话语体系构建中自觉坚持群众立场，充分满足群众的话语需求，充分反映群众在实践中创造的好经验、好做法、好语言。

（三）必须坚持国际化原则

按照马克思主义中国化的内涵来看，马克思主义中国化的预期目标就是用马克思主义解决中国革命、建设和改革中的实际问题，在解决问题的过程中进行创新，形成新的理论成果，与中国文化融合并成为中国优秀文化的组成部分。我国对外政治传播的重要内容是马克思主义中国化的理论成果，所以必须学会运用国际化的话语体系来传播马克思主义，要在打造融通中外的新概念、新范畴、新表述上下功夫。也就是说，要建立一套新的符合当代人类文明进步潮流的、可以为世界人民所认同的话语体系。在国际意识形态的斗争领域，如果“你说你的，我说我的”，根本不考虑是否适合别人的话语体系，别人就听不懂你在说什么，也就无法说服别人。世界各国，特别是发达资本主义国家在发展过程中创造了属于那个时代的思想理论和观念形态，其中不乏属于人类文明的东西。我们现在搞社会主义市场经济，实行对外开放，对于西方资本主义国家在内的各国创造的有利于人类文明发展的思想，有利于竞争、法治的理论都要吸收和借鉴。列宁说过：“苏维埃共和国无论如何都要采用这方面一切有价值的科学技术成果。社会主义能否实现，就取决于我们把苏维埃政权和苏维埃管理组织同资本主义最新的进步的东西结合的好坏。”②对待资本主义，要改变过去一味斗争、排斥的态度，要在斗争中注重吸收其优秀成果，更加注重交流，通过对话的方式消除分歧。不断吸收

① 毛泽东. 毛泽东选集(第 3 卷)[M]. 北京：人民出版社，1991：842.

② 列宁. 列宁选集(第 3 卷)[M]. 北京：人民出版社，1995：492.

人类文明的一切优秀成果，不仅有利于丰富和发展马克思主义，而且有利于我们与当代资本主义国家之间的交流，有利于社会主义意识形态在世界范围内的传播和拓展。当然，我们也绝不能盲目照搬所谓的流行概念、分析框架、理论体系，而必须坚持马克思主义的立场、观点、方法，从实际出发，批判地吸收借鉴。对于那些可以借鉴的提法，比如民主、人权等，也要根据我国国情和人类文明发展规律，赋予其更加科学的含义，并在此基础上纳入马克思主义大众化的话语体系，增强话语体系的科学性和感染力。而对于那些不符合我国国情的提法，则应坚决地舍弃甚至抵制。

三、马克思主义大众化传播话语体系的创新路径

马克思主义大众化传播话语体系的创新并不是突破马克思主义话语体系，更不是摒弃马克思主义，而是要在坚持马克思主义精神实质的前提下实现新时期马克思主义大众化话语体系的创新。

(一)继承现有的马克思主义大众化传播中涌现的原创性话语

自中华人民共和国成立以来，特别是改革开放近 40 年以来成功实践的基础上，我们开创了一条中国特色社会主义道路，提出了中国特色社会主义理论体系，建立起中国特色社会主义制度，创造了世界上少有的发展奇迹。这些成功实践的成果是加强马克思主义大众化话语体系建设并在世界上赢得话语权优势的最丰富源泉。

1.梳理改革开放实践中涌现的马克思主义中国化理论成果的原创性话语

中华人民共和国成立以来，与我国社会主义现代化建设实践发展和经济社会变革相适应，涌现出许多马克思主义中国化理论成果的原创性话语。这些话语通俗易懂、言简意赅、富有哲理，可以说是进一步加强了马克思主义大众化传播话语体系建设，实现话语体系创新的宝贵材料。例如，“不管白猫黑猫、捉到老鼠就是好猫”“实践是检验真理的唯一标准”“科学技术是第一生产力”“贫穷不是社会主义”“摸着石头过河”“两手都要抓、两手都要硬”“发展才是硬道理”“执政党党风问题是关系党的生死存亡的问题”“改革是中国第二次革命”“群众利益无小事”“把权力关进制度的笼子”“踏石留印，抓铁有痕”等。这些脍炙人口的名句，为加强马克思主义大众化话语体系建设奠定了坚实基础。

2.提炼属于党的文献语言与学科语言以及有机结合的话语，为马克思主义大众化提供学理支撑

“以人为本”，仅从字面上来看，一百多年前西方人本主义哲学家就提出来了。但

是中国共产党人在长期实践尤其是改革开放的实践中逐步地赋予“以人为本”全新的内涵。今天“以人为本”成为表达中国共产党性质和宗旨的党的文献语言。毛泽东用“为人民服务”这五个字来概括党的性质和宗旨。邓小平有“人民拥护不拥护、人民赞成不赞成、人民高兴不高兴、人民答应不答应”的名言。江泽民认为,“三个代表”最终要落脚到代表最广大人民的根本利益上来。胡锦涛指出,科学发展观的核心是以人为本。习近平总书记强调,人民对美好生活的向往,就是我们的奋斗目标。今天,我们完全可以把像“以人为本”的这类话语纳入学科语言的重要范畴,从而为马克思主义中国化理论成果的创新提供学理支撑。

3.凝练鲜明中国特色的原创话语

“十八大”以来,在习近平总书记系列重要讲话和党的文献中涌现出不少朴素的中国风格话语。例如,用“要有天下为公的宽阔胸襟,摒弃私心杂念,夙夜在公、勤勉工作”来表达领导干部要有历史担当;用“功成不必在我”来倡导各级领导要树立正确的政绩观;用“照镜子、正衣冠、洗洗澡、治治病”来表述开展群众路线教育实践活动的根本要求;用坚持“老虎”“苍蝇”一起打,来表示我们有腐必反、有贪必肃的决心;用“绿水青山就是金山银山”来表述要实现科学发展、全面发展,建设生态文明;用“小康不小康,关键看老乡”来表示“三农”问题是实现我国现代化目标的重中之重;用“记得住乡愁”作为推进新型城镇化的一项重要要求;用“不能政府一换届,规划就换届”来形象而又准确地指出以往我们在规划工作中的弊病和教训;用“国家的,民族的,大家才会好”来阐明每个人的命运与国家和民族的前途命运紧密相连;用“鞋子合不合适,自己穿了才知道”讲一个国家发展道路的选择。用“块头大不等于强,体重大不等于壮,有时是虚胖”来比喻说明只有经济总量而没有科学技术支撑是不够的等。马克思主义理论工作者也应该把包含在这些“接地气”话语中的哲理内涵揭示出来。

(二)领悟马克思主义理论的精髓,创新个性化的语言风格

马克思主义是一个完整的理论体系,它不仅以哲学思想为指导,有着严密的逻辑性,而且涉及社会生活的方方面面,具有高度的概括性和抽象性。马克思主义大众化的首要任务在于话语体系的创造性转换,形成个性化的语言风格。我们解读和传播马克思主义,并不是死背、死守经典著作中的固有观点,也不是不加分析地简单传达其中的内容,而是要结合时代的发展,联系本国的国情,加以创造性地运用。只有对理论的内容有了深刻的理解,并达到融会贯通的程度,才可以随心所欲地运用生动畅晓的语言来表达。因此,不同的语言表达形式和风格绝不仅仅是一个与内容无关的外在形式

问题，而是传播者思想观念、领悟能力和理论水平的差异在语言形式上的反映。如果对马克思主义理论没有深刻的理解乃至精深的研究，没有对理论本身的执著和热爱，那么，要用自己的语言去说话、去写作，形成自己的语言风格和个性特色，是不可能的。马克思主义传播者如果仅仅把理论教学和研究当作一种谋生的手段，是不可能真正深入到这个理论之中，掌握其精神实质和科学方法的，也不可能达到对马克思主义的融会贯通进而形成自己的理论观点和语言风格。

1. 马克思主义传播者必须深入研究马克思主义理论

有了科学的理念，才有科学的实践。马克思主义理论是由一系列概念、范畴、命题、观点和原理构成的理论体系，其中每一个概念、范畴、命题、观点和原理的确立都经历了一个逐步完善与发展的过程，而且都批判继承了人类思想史上已有的思想资源。马克思主义传播者只有将其放在马克思主义理论形成和发展的历史长河中，并联系当代实践以及理论发展的前沿，在逻辑与历史、历史与现实相一致的基础上，对其进行研究，才能真正透彻地阐明它们的本质内涵、思想意蕴、历史地位和现实意义，也才能在此深厚的历史和现实的积淀上做到用自己的语言说话。习近平总书记指出，我们的思想宣传工作“在事关大是大非和政治原则问题上，必须增强主动性、掌握主动权、打好主动仗，帮助干部群众划清是非界限、澄清模糊认识”。要在马克思主义传播中发挥好这一作用，达到最佳效果，马克思主义传播者必须要加强对马克思主义的深入学习研究，做好理论储备，培养深度解读马克思主义理论的能力。

2. 必须把马克思主义理论内化为自己的理论思维和信仰

实现内化是一个长期学习和修炼的过程，没有对理论经典的大量阅读和把握，特别是对这些经典的透彻体悟和创造性解读，是不可能将其内化为自己的理论思维并转换为自己的语言的。内化的关键是创造，只有在创造性阅读中，才能一点一滴地实现内化并通过内化提升自己的理论思维能力，形成自己独特的语言特色。在这方面，毛泽东为全党做出表率。我国著名翻译家傅雷先生，在 1957 年 3 月 12 日听了毛泽东在宣传工作会议上的讲话后，给儿子描绘他的感受：那种口吻音调，特别平易亲切，极有幽默感而且没有教训口气……他的马克思主义到了化境的，随手拈来，都成妙蒂，出之以极自然的态度，无形中渗透听众的心。

3. 必须学习如何逻辑地思维和明确地表达思想

要做到用自己的语言说话，具有个人的语言特色，必须有清晰的语言表达方式。马克思曾经说过，一个人应该学会逻辑地思维和明确地表达思想。如果有了好的思想内容，却不能用明白清晰的语言和结构严谨的逻辑表达出来，那么，也不能被人们所认可和接受。因此，我们需要学习正确地运用语言和逻辑表达思想的方法、技巧和规律，不断地提高自己的语言表达能力，并逐步形成自己的语言风格。

(三)深入实践生活，实现马克思主义大众化语言的通俗化

推进马克思主义大众化，面临的一个重要难题是，怎样把高深的理论、晦涩的语言，用通俗性的语言表达出来，让人民大众理解它、接受它、信服它。所谓通俗性的语言，就是在语言形式上把马克思主义文本中过于思辨的表述尽可能用简明扼要、易懂易记的话来表达；就是要把深奥的理论还原为朴实的道理，尽可能做到既通俗易懂，又生动形象，既言简意赅，又娓娓道来，使之朴实、直白、明了。

1.要注意处理好通俗化与科学性的关系

马克思主义大众化语言的通俗化并不等于庸俗化，马克思主义大众化不是马克思主义泛化，因此，对语言表达分寸的掌握要有很高的要求，不能为了通俗而通俗。通俗一旦走向极端便是庸俗，这样也就失去了马克思主义理论本应有的雅趣。列宁指出："庸俗化和浅薄同通俗化相差很远。通俗作家应该引导读者去了解深刻的思想、深刻的学说，他们从最简单的、众所周知的材料出发，用简单易懂的推论或恰当的例子来说明从这些材料得出的主要结论，启发肯动脑筋的读者不断地去思考更深一层的问题。"①列宁在《关于四月代表会议的报告的纲要》中指出，"最高限度的马克思主义＝最高限度的通俗和简单明了""最高限度的马克思主义＝最高限度的通俗化"。② 1936年，毛泽东给叶剑英去信，指出：要买一批通俗的社会科学自然科学及哲学书……要经过选择真正是通俗的而又有价值的(例如，艾思奇的《大众哲学》之类)给干部阅读。由此可见，"俗"并非低俗和庸俗，推进通俗化，要防止低俗化，也要防止低质化，不能因为通俗化而降低甚至舍弃马克思主义的科学性，这样就失去了马克思主义理论原有的气质和魅力。因此，强调通俗化并不是要削弱马克思主义的科学性，而是将马克思主义的基本原理、基本观点通俗化、形象化，使之更好地为人民大众所理解、所接受，创造出为大众所熟悉的语言表达形式，实现科学性与通俗化的统一，使大众感受到理论与现实的紧密联系，感受到理论能够引领他们去追求更美好的生活和更高的社会理想。

2.要注意处理好通俗化与时代化的关系

马克思主义的理论使命就是捕捉和反映时代精神，自觉地承担起社会发展和历史

---

① 列宁.列宁全集(第5卷)[M].北京：人民出版社，1986：278.

② 列宁.列宁全集(第36卷)[M].北京：人民出版社，1959：467—468.

变革的引领和先导作用。当代中国火热的社会主义实践为马克思主义理论创新增添了新的资源，丰富了马克思主义的理论宝库，同时，它也要求创造适合时代特征的马克思主义新的传播语言和概念，以牢牢掌握马克思主义在意识形态领域和日常生活中的话语权。对于中国的马克思主义大众化来说，时空条件的变迁和历史使命的变化以及马克思主义理论本身的中国化和时代化，要求我们在坚持马克思主义基本精神的同时实现话语体系的转换。如果无视当今时代的社会实践，不顾当下社会生活所提出的现实问题，马克思主义的传播就可能脱离实际，也不可能具有吸引力和感染力。伴随着信息化、网络化、全球化时代的到来，信息语言、网络语言、外来语言应运而生，对人们的生产生活方式及价值观念产生了重要影响。在这样的话语环境下，马克思主义要有效发挥它在日常生活领域的功能，就不仅要有好的文风和生动活泼的宣传方式，更要不断调整其话语体系。我们必须重视语言的变化发展，积极借鉴和吸收流行话语，要敢于说贴近群众、贴近生活的“新话”，要吸收、归纳、整理和提炼人们日常生活中形成的话语资源，将马克思主义的理论话语转化为富有时代气息的大众话语。

3. 要处理好通俗化与中国化的关系

马克思主义大众化的对象主要是中国民众，因而，要中国人民接受马克思主义就必须使用中国化的通俗语言。因为语言是在民族文化的长期发展过程中形成的，具有中国民族特色的马克思主义大众化语言更容易为民众所理解和接受。毛泽东思想之所以能够为中国老百姓所认知和接受，一个重要的原因就是他善于运用中国传统文化中的格言、典故、成语、寓言等来阐发马克思主义基本思想，把深刻的道理寓于生动的故事中。比如，他用“实事求是”来表达马克思主义的思想路线，用“万里长征第一步”“愚公移山”来表示社会主义建设事业的艰巨性和实现这一宏伟目标的决心，用“流水不腐，户枢不蠹”来形容进行批评和自我批评的必要性，等等，从而把马克思主义基本原理和哲学方法论有效地转化为群众都能掌握与运用的思想方法及工作方法。在改革开放的历史进程中，我们党把坚持马克思主义同推进马克思主义中国化结合起来，形成了中国特色社会主义理论体系，这一理论体系体现出了浓郁的国情和民情，是具有中国气派和中国风格的当代中国马克思主义。因此，中国特色社会主义理论体系的大众化传播必须立足当代中国的具体实际，深入实践，了解群众的特点和诉求，用人民群众熟悉喜爱的、符合大众认知心理和思维方式的民族风格、语言习惯、乡土文化谈大众关心的问题，从老百姓生产生活的角度阐释马克思主义理论体系的深刻内涵，使之对人民群众产生强烈的感召力和亲和力。

4. 构建平等的马克思主义大众化传播语言风格

马克思主义大众化语言传播的一个重要方式就是要采取交流对话的方式，力戒冰冷的说教、空洞且缺乏魅力的套话，努力使传播的理论具有亲切感人的魅力，使广大人民群众乐于接受和学习。那种高高在上的“训导者”的方式，容易使理论脱离人民群众，势必导致马克思主义大众化传播受阻。马克思曾经说过，理论只要说服人，就能掌握群众；而理论只要彻底，就能说服人。毛泽东在《关于正确处理人民内部矛盾的问题》一文中明确指出，不能强制人们放弃唯心主义，也不能强制人们相信马克思主义。当代中国马克思主义大众化，旨在加强和改进马克思主义理论宣传和教育，提高马克思主义理论的吸引力，使马克思主义成为人民群众认识世界和改造世界的思想武器，而不是强迫人民大众都接受马克思主义，更不是强制人民大众都信仰马克思主义。当今，人民大众文化水平越来越高，接收信息的渠道越来越广，自主意识越来越强，强制的方法越来越难奏效，所以马克思主义的传播者应该掌握语言艺术，把科学的理论、深刻的道理讲得亲切、朴实、生动，使大家愿意听、乐意听、听得懂、听得进，引发人民大众的思想共鸣。这样，中国特色社会主义理论体系才能真正成为代表人民群众的根本利益、融入人民群众的思想情感、激发人民群众创造力量的伟大理论。

（四）融通中外新概念新范畴新表述，拓宽马克思主义传播话语体系

话语是交往的工具，也是文化的神经。话语权背后隐含着国与国之间地位、实力的角逐，记录了国家利益与意识形态的竞技。国际话语权是国家软实力的重要组成部分，既取决于一国的综合国力，又取决于一国话语体系对外的吸引力、感染力、传播力、影响力。掌握了国际话语权，在国际竞争中就能更多地占据主动地位，获得较大的竞争优势。当今世界，谁能拥有国际话语权，最终要看谁的意识形态特别是价值观能够正确回答世界性时代课题、有力推动人类文明发展进步。马克思主义中国化的理论成果反映了以人为本、追求公平正义、实现人与自然和谐发展的人类社会进步方向，其提出的关于中国发展问题的解决办法，对各个国家特别是发展中国家都有借鉴意义，因而具有取得国际话语权的内在优势。党的“十八大”以来，以习近平为总书记的党中央高度重视对外话语体系的创新工作，明确提出了“加强话语体系建设，着力打造融通中外的新概念新范畴新表述”的要求。所以要提高国际话语权，仅有科学的思想理论体系和知识体系还不充分，还必须在构建话语体系上主动作为。

1.抓好融通中外这个关键

融通中外，就是我们传播的概念范畴表述既要符合中国国情，有鲜明的中国特色，又要与国外习惯的话语体系、表述方式相对接，易于为国际社会所理解和接受。打造这样的概念范畴表述，有利于马克思主义中国化理论成果传播出去，有利于中国与世

界更好地沟通和交流，有利于国际社会客观、理性地认识中国。中国的发展离不开世界，世界的繁荣稳定也离不开中国。中国特色话语体系，应当遵循开放的原则，用恰当的话语和形式表达中国观点、中国立场，在国际重大事件上发出响亮的中国声音，充分展现我们和平发展、民主进步、文明友善的国家形象。为此，一方面要以中国特色社会主义核心价值观为支撑，在对外传播中充分体现我们自己的价值理念和理论成果，讲清楚中国基本国情、发展道路、发展理念、内外政策。同时，对稳定经济增长，转变经济发展方式，推进全球经济治理机制改革，推进国际金融体系改革，加强环境治理以及应对国际金融危机、粮食危机、气候变化以及重大自然灾害等人类发展共同面对的重大问题做出具有说服力的理论回答，增强设置国际议题和制定国际规则的话语能力。另一方面要以开放包容的姿态，积极反映中国对人类共同命运和全球事务的认识、思考和担当，多反映中国与外部世界的话语共同点、利益交汇点，多贴近外国受众的思维习惯和语言习惯。同时，要解放思想、拓宽视野、海纳百川、兼收并蓄，积极学习借鉴国外有益的文明成果，不断丰富我们的概念范畴表述，使中外话语体系更好地相融相通。要善于站在人类文明发展的高度，用科学的观点、方法以及国外受众易于理解和接受的话语、形式和手段，努力做到“中国立场、国际表达”，讲好、讲活、讲深“中国故事”，不断增强中国特色话语体系的吸引力、感染力、解释力、影响力。党的“十八大”以来，新一届中央领导集体一系列的执政理念、执政方略以及核心价值取向，在国际社会引起高度关注和热烈反响。比如，“中国梦”“新型大国关系”“命运共同体”“丝绸之路经济带”等新概念，就是中国共产党执政理念与价值追求的最新表达，受到国际社会的高度认可和积极评价。

2.在“新”字上下功夫

围绕国际新形势、新变化，使我们对外传播的概念范畴表述更好地适应国内外形势的发展变化，更有效地服务党和国家的工作大局，就要把马克思主义中国化最新理论成果和新一届中央领导集体治国理政的新理念新成就新经验介绍好、阐释好、传播好，将其作为对外话语体系建设的重点，形成完整的、准确的表达和阐述方式。特别是要阐释好中国梦和改革开放的新举措、经济发展的新思路、对外交往的新理念等。同时要针对外界关注的一些涉华重要问题提出新的概念、新的表述，准确反映中国在这些方面的发展进步。要根据我国的实践概括和提出新的概念、新的表述，把我国的国情说明好，把我们的理论成果阐释好，引导国际社会客观、公正地认识和看待这些问题。还可以借西方话语的“外壳”为我所用，比如，“宪法”是西方资产阶级先搞起来的，“法治”是他们经常使用的话语。我们是社会主义国家，也要有宪法，也要实行社会主义法治，尽管其内涵与西方有根本区别。我们也可以赋予某些西方话语以新的涵义。比如，“人权”是资产阶级在反对封建主义斗争中提出的口号。虽然第二次世界大战结束后西方国家曾经以人权为幌子干涉别国尤其是社会主义国家的内政，这是我们坚决反对的。但是，我们并不是反对人权口号本身，而是赋予人权以新的内涵。我们党强调对于发展中国家而言，人权首先是指生存权和发展权。正如邓小平指出，人们支持人权，但不要忘记还有一个国权。今天在我国宪法和中国共产党党章中都有关于保障人权的规定。此外，还可以引用外国诗词谚语阐释重要理念。比如，在阐释一系列倡议和主张时，习近平总书记常常使用访问国的谚语，出访俄罗斯时，他提到俄罗斯的谚语“大船必触远航”等。

3.破除对西方的迷信，树立起高度的文化自觉、文化自信

在实现中华民族伟大复兴的进程中，无疑需要以海纳百川、有容乃大的胸怀和气度，借鉴吸收包括西方思想文化在内的一切人类优秀文明成果。但必须清楚的是，每个国家和民族的历史传统、文化积淀、基本国情不同，全盘照抄照搬西方的概念范畴、话语系统只会水土不服，注定要失败。我们必须在一些全球性问题和事关中国改革发展稳定大局的关键问题上，敢于亮剑，主动发声。这就要求我们必须自觉增强政治敏锐性和理论鉴别力，坚持独立思考和平等对话的态度，对西方的理论话语持存疑和警醒态度，对当代西方种种新潮异说绝不能趋之若鹜。比如，“私有化”，它是从新自由主义的核心观点中引申和得出的概念，即主张全部资产私有化。这与我们所说的进行国有资产“民营化”的改革，普遍实行股份制和进一步发展混合所有制经济等，根本不是一回事。再如“文明冲突”，虽然它反映了当今文明碰撞的现状，但是这个提法包含了西方对文明类型划分的标准和理解上的固有范式。这种范式是排斥我们一贯倡导的文明是多样的以及各种文明是可以包容和共同发展的文明观的，而且它还有意贬低其他类型的文明。因此，我们要坚持道路自信、理论自信、制度自信、文化自信，重点围绕中国国情、中国道路、中国理念、中国特色等重大课题及民主人权、民族宗教等西方对我国长期存在的“认知错位”的关键问题，阐释命运共同体、亚洲新安全观、正确的义利观等新理念，积极反映中国对人类共同命运和全球事务的认识、思考和担当，展现中国文明大国、东方大国、负责任大国、社会主义大国的形象。

第十章　马克思主义大众化传播的历史经验

马克思主义中国化是一个历史发展的过程。包括“五四运动”之前的早期传播，“五四运动”期间李大钊等马克思主义者的传播以及之后各个时期，马克思主义在中国逐渐深入人心，产生了马克思主义中国化的两大理论体系，实现了马克思主义中国化的两次历史性飞跃，从而对中国社会形成了深刻的影响。

一、“五四运动”之前马克思主义的早期传播

19 世纪下半叶，西方资本主义国家依仗其船坚炮利，打开了中国的大门，中国清朝政府被迫同列强签订了一系列不平等条约，中国逐渐形成半殖民地半封建社会。中国先进的知识分子不甘屈辱，不断进行探索，寻求救国的出路，在理论和实践的摸索过程中，最终选择了马克思主义。

(一)马克思主义自身的科学性吸引了中国的先进分子

马克思主义诞生于 1848 年的欧洲，当时西欧资本主义已有相当发展。英、法、德三国是其发源地。因为当时英、法，德已经或正在进行产业革命，生产力和科学技术达到前所未有的水平，无产阶级已经由自在阶级开始向自为阶级转变。英国宪章运动、法国里昂工人起义和德国西里西亚纺织工人起义标志着无产阶级已经作为独立政治力量登上历史舞台，这是资本主义矛盾激化和工人运动发展的产物。马克思主义的诞生以《共产党宣言》的问世为标志。它吸收和改造了人类思想文化的一切优秀成果，特别是 18 世纪中叶和 19 世纪上半叶的社会科学及自然科学的成果。它的主要理论来源是德国古典哲学、英国古典政治经济学和英法空想社会主义。此外，法国启蒙学者的思想和法国复辟时期历史学家的阶级斗争学说，也为科学社会主义理论提供了有益的思想资料。

19 世纪科学技术的新成果，特别是细胞学说的确立、能量守恒和转化规律的发

现、进化论的新发展都为马克思主义的产生奠定了坚实的自然科学基础。马克思和恩格斯按其社会地位而言，原是资产阶级知识分子；按其哲学观点而言，原是唯心主义者；按其政治观点而言，原是民主主义者。大概在1842—1844年，他们积极投身于现实的政治斗争、工人运动和科学研究，转变为无产阶级知识分子、唯物主义者和共产主义者。从1844年起，合著《神圣家庭》《德意志意识形态》，并分别著有《英国工人阶级状况》《哲学的贫困》等书，阐明无产阶级的新世界观。在1848年2月出版的《共产党宣言》中，第一次对无产阶级的思想体系做了系统的表述，这标志着马克思主义的诞生。在他们以后的活动中，继续丰富了马克思主义。马克思主义一词是在1883年3月马克思逝世后，才被作为无产阶级思想体系的代表逐步确立的。

马克思主义理论是关于全世界无产阶级和全人类彻底解放的学说。它由马克思主义哲学、马克思主义政治经济学和科学社会主义三大部分组成，是马克思、恩格斯在批判地继承和吸收人类关于自然科学、思维科学、社会科学优秀成果的基础上于19世纪40年代创立的，并在实践中不断地丰富、发展和完善的无产阶级思想科学体系。

马克思主义是先进的意识形态，其理论的立足点在于对社会生活的客观分析。马克思主义的先进性首先体现在科学性，辩证唯物主义和历史唯物主义是最根本的世界观和方法论，从根本上揭示了自然界、社会和思维发展的一般规律，辩证唯物主义和历史唯物主义与各门具体科学及无产阶级革命实践相联系，在无产阶级认识世界和改造世界的过程中提供科学的指导。马克思主义的科学性还在于以辩证唯物主义和历史唯物主义为基础建立了完整、系统、深刻的马克思主义理论体系；在唯物史观和剩余价值学说的基础上，阐明了社会主义必然胜利的历史发展趋势。马克思主义的科学性还在于它在自身发展过程中，运用辩证唯物主义和历史唯物主义的方法对理论本身进行扬弃，并结合不同国家的特点发展马克思主义，中国化的马克思主义就是在中国的革命和建设实践过程中发展了的马克思主义。马克思主义还具有鲜明的阶级性和革命性，它明确体现出来的特征是致力于实现广大人民群众的根本利益，与资产阶级做斗争，摆脱剥削和压迫，争取建立无产阶级自己的政权。马克思主义所倡导的社会理想是消灭私有制，消灭剥削，消灭阶级，实现共产主义，人得以自由全面的发展。马克思主义代表了全人类发展的最终奋斗目标，代表了广大人民群众的根本利益，符合社会历史发展的方向，因而，马克思主义必然会得到无产阶级和广大人民群众的接受与认同。

(二)资产阶级改良派和革命党人的贡献

1899年，在由西方基督教会在上海设立出版机构广学会主办的《万国公报》上，登载了由英国传教士李提摩太节译、蔡尔康撰写的《大同学》，其中第一次出现了关于马克思主义的介绍，“其以百工领袖著名者，英人马克思也”“讲求安民新学”，安民新学即社会主义学说。这是提到马克思主义的最早记载，但这是出于一个外国传教士之手。

梁启超为代表的资产阶级改良派，是中国人自己介绍马克思主义的开始。梁启超在国家处于严重的民族危机、社会危机之时，马克思主义在西方的发展以及社会主义思潮的兴起，引起了他的兴趣。1902 年在《进化论革命者劫德之学说》一文中，梁启超指出，马克思是社会主义的创始人和泰斗。“故麦喀士（日耳曼人，社会主义之泰斗也）嘲之曰：‘今世学者，以科学破宗教，谓人类乃由下等动物变化而来，然其变化之律，以人类为极点乎，抑人类之上，更有他日进化之一阶级乎？彼无以应也’。”梁启超说：“今日德国有最占势力之二思想，一日麦喀士（马克思）之社会主义，二日尼志埃（尼采）之个人主义。麦喀士谓今日社会之弊在多数之弱者为少数之强者所压服；尼志埃谓今日社会之弊在少数之优者为多数之劣者所钳制。二者虽持之有故，言之成理，要之其目的皆在现在，而未尝有所谓未来者存也。”[①]梁启超等人对马克思主义的介绍，使中国人对马克思主义有了一个初步的了解，对于后来中国思想界对马克思主义的进一步研究奠定了良好的基础。但梁启超等人并不主张以马克思主义作为理论指导来解决中国的问题，梁启超认为，社会主义精神和中国自古以来就有的大同思想是一致的，中国人解决社会问题用传统的方法就可以了，而且社会主义思想在中国是不适合的，在欧美等国家可以，资本主义社会因为其弊端会产生经济问题、分配问题等，而中国不存在这样的需求。

马克思主义在中国的传播，资产阶级革命党人做出了一定贡献。1903 年，马君武在《译书汇编》第 11 期上发表文章《社会主义与进化论比较》，来介绍马克思其人和科学社会主义学说。同盟会学人在《民报》上也进行了积极的传播。其中，朱执信是第一个向中国人比较全面地介绍马克思主义的人。朱执信祖籍浙江萧山，他自幼才智超群，在家学渊博的熏陶下，很早就立下了济世救民的志向。朱执信，原名大符，字执信。1904 年，20 岁的朱执信东渡来到了日本，寻找救国的途径。在日本他加入了孙中山先生倡导成立的同盟会，被选为评议部议员兼书记，和孙中山、章太炎、廖仲恺、何香疑、秋瑾、宋教仁等一批志士仁人共同与清王朝进行斗争。他在求索中认真分析了“康梁变法”所主张的改良主义、资本主义、社会主义以及中国封建主义的现状，与孙中山先生一起试图走一条不同于欧美资本主义的发展之路，创造一种适合中国国情的社会制度。

朱执信早期革命活动是以同盟会办的《民报》为阵地的。在《民报》上，他同以梁启

---

① 梁启超.梁启超选集[M].上海：上海人民出版社，1984：347.

超为代表的改良派进行论战。这场论战交锋的重点是进行反清的革命救国，还是拥清的改良救国？由于这个争论牵涉到用什么方式、依靠什么力量去变革，以及变革之后用什么来代替封建王朝等一系列问题，于是便展开了中国历史上最早的一场关于社会主义的论战。当时欧洲和北美的社会主义有十几个版本，各有各的理论，在名目繁多的“主义”中，朱执信独具慧眼，找到了马克思的科学社会主义理论，并且向民众做了介绍。1905 年 11 月 26 日，《民报》第二期发表了朱执信的《德意志社会革命家小传》一文，第一次比较详细地叙述了马克思和恩格斯的革命活动，1906 年 1、4 月的《民报》第 2 号、第 3 号上，朱执信署名蛰伸，按照自己的理解，翻译了部分《共产党宣言》和《资本论》的内容。

在朱执信的介绍中，他说，社会主义独昌于德国，后来经过发展，社会党人为了反对政治专横，兴起社会革命和政治革命，于是在世界舞台上有了一大势力。马克思创立共产主义学说，随着学说的渐广，社会革命家也渐渐增多，不断与不利的现实做斗争，决心改变社会，这样，当然会引来政府的压抑，压抑的结果，是社会党愈加发达。朱执信在文中还介绍了《共产党宣言》中“十大纲领”的内容，而且涉及马克思的剩余价值学说，他认为，马克思畅言社会主义之前，攻击资本主义的人也有不少，但能指出其毒害的根源以及解决办法的，未曾听说。马克思要以阶级斗争为手段，救那些贫苦的劳动人民，因此，《共产党宣言》发表后，“家户诵之，而其所惠于法国者尤甚，时际法国革命”。朱执信不仅高度评价《共产党宣言》，还极为称赞《资本论》，认为马克思的《资本论》为一般学者鞭长莫及，他提出的剩余价值学说对资本家攻击无余，“故马尔克之言资本起源，不无过当，而以言今日资本，则无所不完也”。其剩余价值学说，“为社会学者所共享，至今不衰”。朱执信对马克思的学说评价很高，他认为马克思主义是科学的社会主义，社会革命具有不可避免性，社会革命与政治革命具有并行的可能性，并且分析了中国有利于速行社会革命的各项条件。这表明朱执信对马克思的社会革命学说有了较深入的理解，体现了他运用唯物史观和阶级分析方法观察分析社会问题的意向。①

朱执信这些与社会主义有关的文字，与今天浩如烟海的社会主义著述比起来，只能说是沧海一粟。然而，可贵之处在于它是“第一次”。虽然朱执信当时对社会主义的理解还不深刻，远远没有系统全面地了解社会主义对中国社会进步的伟大意义，他的介绍和宣传也是只言片语、零散而不系统的，是对马克思主义最肤浅的介绍，但他的介绍使中国人民第一次接触到了科学社会主义的崭新理论。他把马克思主义最根本的、

---

① 郭刚. 中国早期马克思主义的传播[M]. 北京：人民出版社，2010：198－199.

能够解决社会问题的学说内涵，即唯物史观、剩余价值学说、阶级斗争学说都介绍给国人，这是非常有意义的，为马克思主义在中国的开花结果起到了积极的作用。朱执信的文章《德意志社会革命家小传》后来作为中国最系统介绍科学社会主义创始人及其思想的文章汇入史册，在中国近代思想史上占有重要的位置。

不仅朱执信，资产阶级革命党人宋教仁、廖仲恺都曾对社会主义学说有所介绍，并且和无政府主义做对比，让中国人了解社会主义的精髓。宋教仁还在文章中谈到第一国际的历史，分析阶级对立、阶级斗争的阵势以及马克思主义学说的意义。

（三）“五四运动”之前马克思主义传播的意义

“五四运动”之前马克思主义在中国的传播，主体为资产阶级改良派、资产阶级革命党人等，他们为后来马克思主义的广泛传播奠定了良好的基础。他们对马克思主义的介绍是比较全面的，让国人对马克思主义有了初步的了解，知道了马克思主义的主要内容是什么。这一工作虽然只是初步的，但对于后来中国的先进分子了解、研究马克思主义，运用马克思主义的关于革命的观点，初步分析中国的具体社会问题，起到了重要的铺垫作用。

这期间，马克思主义的传播是在改良主义盛行的背景下，康有为、梁启超等人的改良主义主张被认为是社会进步的出路。但朱执信等人在研究了马克思主义关于社会革命、社会经济制度等理论后认为，“吾辈所主张为国家社会主义，尤无难行之理”①，这是针对梁启超的社会主义不适合中国的观点提出的。通过对马克思主义、科学社会主义的研究，朱执信还为孙中山的三民主义提供了一定的理论支撑。朱执信尝试用马克思主义观察和研究中国社会，解答中国革命的具体问题，拒绝改良派的观点，非常难能可贵。

朱执信比较早地接触到马克思、恩格斯及其学说，为马克思主义在中国的传播做出了独特的贡献。但由于主客观因素的影响，他始终未能真正掌握马克思主义的科学世界观和方法论，没有意识到这一理论应该和当时反帝反封建的革命任务结合起来。他也始终没有冲破资产阶级民主主义的思想藩篱而成长为真正的马克思主义者。

中国早期马克思主义的传播，是在清朝末年动荡的时局下进行的。当时西方各个学术流派纷纷进入中国，中国的知识分子大开眼界，他们在寻求救国救民方案时，马克思主义成为了一个新的路径。通过他们由浅入深的探索研究，为后来“十月革命”“五四运动”期间马克思主义的广泛传播创造了条件。

---

① 广东省哲学社会科学研究所历史研究室.朱执信集(上)[M].上海:中华书局,1979:55.

二、“五四运动”期间马克思主义的传播

“五四运动”期间，中国社会发生了很大的变化。1917年，“十月革命”成功，给中国人民带来启发，也促使马克思主义引起人们更大的关注；“五四运动”以其彻底的反帝反封建的行动和思想，推动中国进入新民主主义革命阶段。马克思主义开始了在中国的广泛传播，并成为1921年成立的中国共产党的指导思想。

(一)李大钊等人对马克思主义传播的贡献

中国的先进分子一贯向往和学习西方资本主义国家，向西方学习救国真理，当时在半殖民地半封建的中国，这种愿望是不可能实现的。多次失败受挫，使中国的一些先进知识分子对学习西方失望了。“十月革命”发生后，他们从报道中得知，这是不同于以往资产阶级革命的新式革命，他们推翻了地主阶级的政权，建立了劳农政权，对外主张各民族一律平等。列宁领导的革命，解决了中国人按照西方资产阶级的办法解决不了的问题，因此这个革命对中国来说是有吸引力的。在“十月革命”和新的世界革命潮流中，中国的先进分子看到了希望，他们开始意识到，资本主义是没落的，代替它的将是社会主义。“‘十月革命’一声炮响，给我们送来了马克思主义，‘十月革命’帮助了全世界的也帮助了中国的先进分子，用无产阶级的宇宙观作为观察国家命运的工具，重新考虑自己的问题。走俄国人的路，这就是结论。”①

李大钊在1918、1919年相继发表了《法俄革命之比较观》《庶民的胜利》《布尔什维主义的胜利》和《我的马克思主义观》等文章，成为中国第一个马克思主义者。还有比他稍晚接受马克思主义的陈独秀、毛泽东、周恩来、李达等一批当时中国的先进知识分子，他们对马克思主义的研究和宣传，使马克思主义最终在中国树起了一面鲜艳的旗帜。

李大钊，字守常，河北乐亭人，生于1889年10月。1907年考入天津北洋法政专门学校，1913年毕业后东渡日本，入东京早稻田大学政治本科学习，1916年回国，到北京大学任图书馆主任后又兼经济学教授，积极投身于新文化运动，成为新文化运动的一员主将。“五四运动”期间，李大钊是积极的参与者和领导者，也是热情歌颂和宣传俄国十月革命伟大意义的第一人。在宣传“十月革命”的过程中，他自己的政治觉悟得到迅速提高，从一个爱国的民主主义者转变为一个马克思主义者，并且成为我国最早

① 毛泽东．毛泽东选集(第4卷)[M]．北京：人民出版社，1960：1471.

的马克思主义传播者。

李大钊像近代中国那些探求救国真理的仁人志士一样，也曾追求过资产阶级民主共和与自由平等的政治理想，他曾深受进化论、互助论、人道主义等各种欧美社会思潮的影响，但这一系列观点都没有帮助他找到中国进步的出路。第一次世界大战和“十月革命”使他看到资本主义社会自身不可克服的种种矛盾，认识到资本主义、帝国主义是侵略战争和工人阶级及殖民地半殖民地国家劳苦大众受剥削受压迫的根源，认识到社会主义的新曙光和社会主义必将取代资本主义的社会发展规律，从而认识到马克思主义的剩余价值原理、唯物史观和科学社会主义理论的正确性。经过不断地探索和研究，李大钊逐渐摆脱各种资产阶级、小资产阶级社会思潮的影响，最终选择了马克思主义。《我的马克思主义观》是李大钊的一篇两万多字的长文，文章对马克思主义的三个组成部分——唯物史观、政治经济学和科学社会主义都有所介绍和阐明。李大钊认为社会发展的最主要动力是物质生产力，经济因素是社会发展的决定力量；精神的构造随经济构造的变化而变化，也就是我们说的物质决定意识，社会存在决定社会意识。这篇文章是李大钊成为马克思主义者的标志。

在李大钊的主持下，《新青年》还出版了“马克思研究号”，在《晨报》副刊开辟了“马克思研究”专栏。李大钊开始用马克思主义观点研究中国的问题，他强调劳动人民的历史作用，认为人民群众的解放要靠自己努力，“真正的解放，不是央求人家网开一面，……是要靠自己的努力，把他打破，从那黑暗牢狱里，打出一道光明来”①。李大钊还把马克思主义理论运用于社会实践，他在北京大学成立马克思学说研究会，引导进步的青年学生研究马克思主义理论。1920年，继上海共产主义小组成立后，李大钊也在北京发起成立共产主义小组，小组成员在李大钊的带领下学习马克思主义，积极参加革命活动，并深入到广大的工人群众中去宣传、讲解马克思主义，让马克思主义同中国的工人阶级结合起来。北京的共产主义小组还创办了自己的宣传刊物《劳动音》，要求将马克思主义同工人运动相联系，要求革命知识分子深入到工人阶级中去传播马克思主义。在工人群众中宣传，是非常关键的一个步骤，直接促进了马克思主义和工人运动的结合，为中国共产党的建立和发展奠定了阶级基础，也真正找到了革命的主导力量。李大钊被称为在中国传播马克思主义的第一人，还因为在他的倡导、推动下，一批马克思主义者成长起来，陈独秀、毛泽东等人都或多或少地受到李大钊的影响。

“五四运动”后，陈独秀开始接受并积极宣传马克思主义，他在1919年至1920年完成了由激进民主主义者到马克思主义者的转变。陈独秀，是新文化运动的发起者，

---

① 李大钊. 真正的解放[N]. 每周评论，1919－07－13.

“五四运动”的总司令；他也是马克思主义的积极传播者，中国共产党最重要的创始人。陈独秀之所以选择接受马克思主义，首先在于他曾经对救国之路的追求，旧中国深受帝国主义列强与封建势力的压迫，陈独秀开始时认定西方民主主义是解决问题的正确指导思想；但巴黎和会中国外交失败，世界资本主义国家出现的经济危机，使陈独秀对资本主义产生了怀疑，开始意识到帝国主义的压迫才是中国落后的原因。而“十月革命”后的苏联，给了中国人民新的希望，陈独秀逐渐接受了马克思主义，并且和李大钊一样，来到工人群众中进行宣传。陈独秀认为，要使无产阶级认识到自己肩负的历史使命，必须首先到工人群众中宣传马克思主义，用马克思主义武装工人群众，并进行组织工作；而要向工人群众宣传革命真理，就必须了解工人，了解工人运动，就必须深入到工人当中。为此他亲自从北京到上海，到码头工人中调查工人罢工的情况；到中华工业协会、中华工会总会等劳动团体中调查工会团体的情况。1920 年 3 月，陈独秀决定将 5 月 1 日出版的《新青年》第七卷第六号编辑成《劳动节纪念号》，集中反映工人群众和工会运动的情况。这期《劳动节纪念号》特刊的内容非常丰富，刊登的首篇文章是李大钊的《五一运动史》。这篇文章翔实地介绍了五一国际劳动节的由来及欧美工人为实现八小时工作制的斗争史，并希望中国工人“认定今年‘五一’纪念日为一个觉醒的日期”。《劳动节纪念号》内容丰富、形式新颖、图文并茂、令人耳目一新，上面还刊登了 16 个人的题词，其中既有孙中山、蔡元培等革命家、教育家的题词，也有名不见经传的劳苦工人的题词，内容反映的都是工人阶级的心声，如“不劳动者人类之公敌也”“黜逐强权，劳动自治”“不劳动者口中之道德神圣皆伪也”“惟亲身劳动者有平等互助精神”等。除工人题词外，还刊登了 33 幅工人劳动状况的照片。普通工人的题词和照片登上了举国闻名的《新青年》，充分体现陈独秀对宣传、教育工人问题的深刻认识，他希望能够通过这期杂志引导工人自己教育自己。编辑出版的《劳动节纪念号》是陈独秀把马克思主义同中国工人运动相结合的一次成功实践，是他思想转变的一个重大表现，也是党和先进知识分子自觉与工人阶级相结合的一次成功尝试。

上海共产党小组成立后，陈独秀和李汉俊等人创办了《劳动界》《伙友》两本反映工人阶级生活的刊物。刊物上的文章都是围绕工人的相关问题展开，例如，减少劳动时间，增加劳动收入。当时工人每日工作时间长达 12 个小时，工钱却只有 2、3 角钱。陈独秀在文章中向工人解释为什么生活那么苦，他运用马克思的剩余价值理论，讲解资本家剥削的秘密。

李大钊、陈独秀是当时中国最有影响力的先进知识分子。以李大钊、陈独秀为代表的一批中国知识分子，先后成为马克思主义者，他们具有共同的特征：首先，因为对救国出路的探索，尤其是各种理论在中国的失败，他们开始转向对马克思主义的研究；

其次，“十月革命”的胜利，使他们看到了希望，受到了启发，不再局限于向西方学习，开始把目光投向苏俄；最后，他们不再局限于对马克思主义理论的研究，还投身于社会实践，投身于与工人阶级、工人运动的结合，走向社会，使马克思主义在中国的传播表现出旺盛的生命力，也向广大人民群众展示出极强的可信度。

（二）马克思主义在传播过程中出现的三次论争

马克思主义在中国的传播过程中，中国社会上各种思潮、主义流行，马克思主义在此期间经历了三次与非马克思主义的论争，促使马克思主义得到更为广泛的传播和认同。

1919 年 7 月开始的“问题与主义”之争，争的是改造中国社会的道路问题，是遵循马克思主义进行阶级斗争，实现各种问题的根本解决，还是用实用主义的观点，实现局部渐进的改良。胡适的态度是“多研究些问题，少谈些主义”，认为空谈主义是没有用处的事，人们应该把精力放在研究和解决各种社会问题上面，社会主义、无政府主义都不能解决根本问题。胡适认为解决具体问题是最重要的，而且要讲究方法。因此，胡适又是矛盾的，一方面批判主义，一方面又提倡从美国学来的“改良主义”“实用主义”。李大钊则强调问题与主义是不可分的，社会改造必须依靠社会运动，要先有一个共同趋向的主义作标准，需要一个共同的主义作为准则，以此衡量社会生活，所以谈主义是必要的。如果不宣传主义，没有正确的理论指导，共同运动必然会失败，社会问题也不会得到解决，大家观点一致就会找出问题和解决的办法。李大钊明确表示自己喜欢布尔什维主义，接受社会主义，并要把社会主义作为理想，以马克思主义作为解决中国问题的指导思想。

中国共产党成立前夕，又出现了关于社会主义的论争，争论中国该发展什么样的社会主义。提倡基尔特社会主义的张东荪、梁启超和陈独秀、李大钊之间进行的论争。张东荪等人是受到英国唯心主义学者、基尔特社会主义的拥护者罗素的影响。罗素自称是一位社会主义者，但他来中国之后讲中国不能进行社会革命，唯一的任务是发展实业。在他看来，社会主义是产业制度的结果，只要发展产业，自然就会形成社会主义。张东荪、梁启超等人受到鼓舞，提出中国应该发展实业。他们认为，世界上并没有不经过资本主义就直接发展到社会主义的国家，社会主义是产业制度的结果。他们还否定中国的劳资矛盾，理由是中国既无资本家，又无工人阶级，因此，无阶级差别意识，就无阶级矛盾，更不用社会革命了。其中心思想就是反对暴力革命，反对建立无产阶级政党，认为中国教育形成工业劳动者阶级，不可能创建工人政策，也不可能有真正的社会主义运动。但随着中国劳资矛盾的加深，他们不得不承认中国存在劳资矛盾，但主张调和矛盾。他们主张的是基尔特社会主义，主张阶级调和，发展实业，以实现国家富强。陈独秀提出相反意见，他认为中国的前途是社会主义而非资本主义，只有社会主义才能发展中国的生产力。经济落后不能阻止社会革命，列宁已经提出并通过苏联的实践证明，经济落后的国家，也可以实现社会主义。中国社会的改造只能采取无产阶级革命手段。为什么俄国能实现成功的社会革命，是因为俄国革命胜利的关键在于革命党的力量比英美那些资本主义国家强大。李大钊也认为生产力推动生产关系的变革，决定了社会主义必然代替资本主义，中国当时已是国际资本主义国家的侵略对象，不可能再走资本主义道路。中国要开发实业，发展生产力，不能也无法依靠资本主义，只能走社会主义道路。中国革命必须依靠无产阶级进行阶级斗争，实现生产资料公有制，达到社会主义才是最好的出路。

第三次论争是与无政府主义者进行的。1920 年至 1921 年，在各地共产主义小组建立后的中国共产党创建过程中，陈独秀、李达、毛泽东等早期马克思主义者同以区声白、黄凌霜等为代表的无政府主义者进行了斗争。当时无政府主义在中国非常流行，对于反对封建专制制度，提倡个人自由，有一定的进步意义。但是，无政府主义反对任何组织纪律，反对一切权威、一切国家，鼓吹绝对的无政府状态和绝对的平均主义；认为一切强权都是剥削百姓为政府服务，不相信政府，国家就更没有存在的必要了，这种观点显然是和马克思主义相抵触的。陈独秀等马克思主义者在《新青年》《共产党》《先驱》等刊物上先后发表多篇文章，同无政府主义者论战，指出在阶级没有消灭之前，必须坚持无产阶级专政，才能保护劳动者的利益；绝对平均主义根本不存在，自由、平均、平等，都只是相对的。

这三次论争在中国思想领域产生了很大影响，它们肯定了中国需要马克思主义，必须走社会主义道路，必须建立共产党和无产阶级专政，推动了马克思主义的广泛传播，为中国革命的进一步发展奠定了思想基础。更多的进步知识分子选择了马克思主义，马克思主义也在论争中扩大了传播范围，更充分地显示出其革命性和科学性。

（三）“五四运动”时期马克思主义传播的特点和意义

“五四运动”时期是马克思主义在中国传播的关键时期，马克思主义在李大钊等马克思主义者的努力之下，在半殖民地半封建的中国树起了自己的旗帜，成为引领中国人民走出苦难的指导思想。

在此期间，马克思主义的传播，首先，因为中国第一个马克思主义者李大钊的贡献，李大钊影响了一批先进知识分子、青年学生接受了马克思主义。1917 年李大钊担任北京大学图书馆主任，在他的组织和领导下，1920 年 3 月北京大学进步师生成立了中国第一个马克思主义研究会，通过搜集有关马克思主义学说的各种书籍以及组织讨论会、演讲会等方式，学习、研究马克思主义。李大钊还在北京大学组织了社会主义研究会，把信仰社会主义、对此有兴趣的人集合起来，共同研究、传播社会主义思想。这些组织，特别是马克思主义研究会，对马克思主义的传播和早期共产主义者思想的形成起了重要作用。共产党早期组织——共产主义小组就是在它的基础上建立起来的。可见，在"五四运动"时期中马克思主义的传播首先是因为有先进知识分子的引领。

其次，马克思主义的传播一开始就注意和工人运动的结合，使马克思主义的传播找到了土壤。李大钊等人一开始就号召青年学生深入工人群众，不要空谈，要走到工农中去，把马克思主义宣传给工农群众。在李大钊的推动下，青年学生邓中夏等人组织北京大学"平民教育演讲团"在民众中开展宣传活动；"五四运动"后，邓中夏、张国焘等人在长辛店创办劳动补习学校，宣传马克思主义，成立工人俱乐部，把工人群众组织起来。他们还创办出版了《劳动音》周刊，在工人群众中引起关注，受到了工人的热烈欢迎。"五四运动"时期马克思主义者用无产阶级的唯物史观观察问题，认识到了广大工农劳动人民的力量，促进了马克思主义与工人运动的结合，成功地走出了一条马克思主义在中国传播发展、迈向胜利的道路。

最后，马克思主义在与非马克思主义的论争中发展起来。经过三次论争，马克思主义在中国的影响越来越大，一批以救国救民为己任的进步青年，在论争中进一步认识到马克思主义的科学性，认识到马克思主义对中国的意义。只有科学社会主义才能解决中国问题，越来越多的人选择、接受了马克思主义。

马克思主义的传播，为中国共产党的成立奠定了思想基础，为中国社会的进步找到了出路。从此，中国革命有了正确的指导思想，有了明确的方向，这是"五四运动"时期马克思主义传播最重要的意义所在。

三、马克思主义中国化的两次历史性飞跃

马克思主义在中国的传播经历了新民主主义革命、社会主义改造和社会主义建设、新时期改革开放三个阶段，实现了马克思主义同中国实际相结合的两次历史性飞跃，产生了两大理论成果，即毛泽东思想和中国特色社会主义理论。

（一）毛泽东思想的形成与发展

任何新的思想和理论，都不是凭空产生的，而是一定社会历史条件的产物，是对一定社会存在的反映，毛泽东思想也不例外。毛泽东思想产生于 20 世纪上半叶的中国，

是国际共产主义运动和中国革命发展的必然结果，也是中国社会政治、经济、文化发展的必然结果，更是马克思主义在中国广泛传播的结果。马克思主义的传入与传播，为毛泽东思想的形成准备了思想理论条件，新文化运动和“五四运动”推动了马克思主义在中国的传播，中国深厚的传统文化和孙中山的革命思想对毛泽东思想的形成也产生了影响。

毛泽东思想产生、形成和发展经历了几个不同的历史阶段。

第一阶段：1921－1927 年，是毛泽东思想的诞生时期。从 1921 年党的建立到 1927 年大革命失败，即党的创建和国民革命时期，是马列主义同中国社会实际的初步结合阶段。1921 年党的成立，标志着中国共产党在中国大地上诞生。自从有了中国共产党，中国的面貌就焕然一新了。1924 年开始的国共合作，是中国共产党和以孙中山为首的国民党为打倒北洋军阀、争取国民革命胜利进行的第一次合作，这次合作中的北伐战争，打败了吴佩孚、孙传芳等军阀，取得了国民革命的重大胜利。1927 年，由于国民党新右派蒋介石、汪精卫反动集团的背叛，轰轰烈烈的大革命失败了。8 月 7 日，中国共产党在汉口召开“八七”会议，确定了土地革命和武装反抗国民党反动派的总方针，开始了艰苦卓绝的第一次国内战争时期。在此期间，毛泽东同志写下了《中国社会各阶级的分析》《湖南农民运动考察报告》等著作，把马克思主义运用于中国的实际，对新民主主义革命理论提出了一系列基本观点。在文章中，毛泽东同志阐明了无产阶级领导权思想、农民问题的重要地位和无产阶级领导农民斗争的极端重要性等问题。他深刻分析了中国的社会形态和阶级状况，指出无产阶级是中国民主革命的领导阶级，“农民问题乃国民革命的中心问题”，农民是无产阶级的同盟军，军阀与帝国主义势力是中国革命的对象。这些都集中体现了马列主义和中国革命实际相结合的最初成果，标志着毛泽东思想的萌芽。

第二阶段：1927－1935 年，是毛泽东思想的基本形成时期。从 1927 年大革命失败到 1935 年遵义会议，在这一时期，我们党的许多领导人，如瞿秋白、周恩来、朱德等为毛泽东思想的形成都有所贡献，毛泽东同志的贡献最为突出。他着重论述和解决了以下问题：关于红色政权存在的原因与条件以及红色政权在中国革命中的地位和作用；关于土地革命中的阶级路线和土地分配原则和方法；关于新型人民军队建设的基本原则和红军作战的基本方针；关于农村与战争环境中党的建设以及根据地的政权建设与经济文化建设；关于反对本本主义，坚持实事求是的思想路线等。把马克思主义创造性地运用于中国，提出了一条全新的革命道路。

第三阶段：1935－1945 年，是毛泽东思想的成熟时期。从 1935 年的遵义会议到 1945 年党的“七大”。在这一时期，毛泽东思想得到系统总结和多方面展开，并达到成熟，发展成为科学的理论体系，并被确立为中国共产党的指导思想。在此阶段，毛泽东在全党确立了稳固的领导地位。并且通过中国革命两次兴起与两次失败的反复比较，为毛泽东思想的成熟提供了丰富的历史经验；抗日战争的复杂环境和丰富实践，则为毛泽东思想的成熟提供了深厚的现实土壤；特别是整风运动使全党认清了教条主义的危害，端正了思想路线，提高了马列主义的理论水平，马克思主义在中国的传播发展也到达了一个新阶段。毛泽东思想的成熟，为中国革命奠定了成功的基础。

第四阶段：1945－1956 年，是毛泽东思想继续发展的时期。从 1945 年党的“七大”以后到 1956 年年底社会主义改造的完成。抗日战争的胜利，是中国近百年来取得的民族解放战争的第一次重大胜利。战后，中国社会面临两种命运、两种前途的选择。1946 年，蒋介石国民党集团撕毁了重庆谈判签订的一切协定，以大举进攻中原解放区为起点发动了全面内战。中国共产党制定了一系列路线、方针、政策，领导全国人民用三年的时间打败了国民党集团，取得了解放战争的胜利，建立了新中国。在这一时期，毛泽东思想得到进一步发展，主要思想包括：关于一切反动派都是纸老虎的思想；关于土地改革的总路线和方针；关于军事战略反攻的思想与方针；统一战线思想与方针；革命胜利前后关于执政党建设的思想；中华人民共和国成立后关于过渡时期总路线和三大改造的思想。1956 年，三大改造基本完成后，社会主义制度在中国基本确立。

第五阶段：1956 年以后，是毛泽东思想曲折发展并出现重大挫折的时期。从 1956 年社会主义改造的完成到 1966 年“文化大革命”，即全面探索建设社会主义的历史时期。在这一时期中，两种思想倾向并存，有正确和错误的不同内容。1956 年党的“八大”召开，确立了发展生产力、解决人民提高物质生活需求和生产力发展水平低等矛盾的社会主义建设的正确路线；而“左”倾思想路线进一步发展，强调意识形态领域的斗争，以阶级斗争为纲，直至“文化大革命”的发生。“文化大革命”期间，是毛泽东思想遭受重大挫折的时期。从 1966 年“文化大革命”到 1978 年十一届三中全会的召开。由于“左”倾错误的发展，1966 年爆发了无产阶级“文化大革命”，打乱了正常的社会生活秩序，使中国社会的政治、经济和文化生活处在极度混乱和无序的状态，“文化大革命”中提出了“以阶级斗争为纲”“无产阶级专政下继续革命”等极“左”的思想理论。中国社会和毛泽东思想遭受了重大挫折。

在马克思主义和中国社会实际的结合过程中，毛泽东思想诞生并发展成熟，这是马克思主义中国化的第一次飞跃，而且是一次成功的飞跃。

(二)中国特色社会主义理论体系的形成和发展

马克思主义中国化的第二次飞跃发生在十一届三中全会之后，中国共产党人总结中华人民共和国成立以来30多年正反两方面的经验教训，借鉴国际共产主义运动的经验，开始找到一条建设中国特色社会主义的道路，走进了社会主义建设的新阶段。

1978年的十一届三中全会到1982年“十二大”前，这是探索中国式现代化道路和不断深化对社会主义再认识，奠定建设有中国特色社会主义理论基础的第一阶段。十一届三中全会是我国社会主义发展过程中的一次伟大历史性转折，它重新确立了实事求是的思想路线，纠正了“以阶级斗争为纲”的错误路线，把现代化建设作为社会主义事业的中心和党的根本政治路线，做出了改革开放的战略决策。1979年，叶剑英同志在国庆30周年的讲话中指出，我国的社会主义制度还处在幼年时期，它还不成熟、不完善，并且第一次明确提出要在建设高度物质文明的同时，建设高度的社会主义精神文明。1981年，十一届六中全会通过的《关于中华人民共和国成立以来党的若干历史问题的决议》，正确评价了毛泽东和毛泽东思想，总结了我国社会主义建设的经验教训，指出“十一届三中全会以来，我们党已经逐步确立了一条适合我国情况的社会主义现代化建设的正确道路”。

从1982年9月党的“十二大”至1987年“十三大”前，提出了“建设有中国特色的社会主义”的科学命题，并且形成全面建设社会主义思想和社会主义改革理论。邓小平同志在“十二大”开幕词中指出：“把马克思主义的普遍真理同我国的具体实际结合起来，走自己的路，建设有中国特色的社会主义，这就是我们总结长期历史经验得出的基本结论。”“十二大”政治报告科学地概括了社会主义社会的基本特征，回答了什么是社会主义的问题。

1987年10月召开的党的第十三次代表大会至1992年邓小平同志南行，有中国特色的社会主义理论和路线逐步形成和发展。“十三大”的主要贡献在于提出了社会主义初级阶段理论，对中国的国情作出了科学的判断，并制定了社会主义初级阶段的基本路线，“十三大”还阐述了中国特色社会主义理论的十二个要点。中国特色社会主义理论至此基本形成。

邓小平同志发表南行谈话至今。这个阶段，从沿海到内地，从城市到农村全方位深化改革、扩大开放，经济不断登上新台阶，有中国特色社会主义的理论体系也基本形成。邓小平同志南行谈话，是邓小平理论集大成之作，文中深刻地总结了我国建设中国特色社会主义的丰富经验，提出了一系列重要的理论和观点。例如，关于革命是解放生产力，改革也是解放生产力的思想；关于党的“一个中心、两个基本点”的基本路线要管一百年，要长期坚持下去的思想；关于改革开放胆子更大一些，要大胆地试、大胆地闯的思想；关于社会主义的本质和判断姓“社”姓“资”标准的思想；关于计划和市场都是经济手段，不是社会主义与资本主义的本质区别的思想；关于在社会主义建设中要警惕右，但主要是防“左”，不论右或“左”都会断送社会主义的思想等等。这些结论既有丰富的理论内涵，又有很强的现实针对性。邓小平同志南行谈话的发表，标志着我国改革开放进入了一个新阶段。

党的“十八大”以来，习近平总书记系列重要讲话，集中反映了新一届中央领导集体的执政理念和工作思路，回答了在新的历史条件下党和国家发展的一系列重大理论和现实问题，是马克思主义中国化最新成果的集中体现，是中国特色社会主义理论体系的丰富和发展。习近平总书记在改革发展、治党治国治军、内政外交国防各个领域，创造性地提出了一系列紧密联系、相互贯通的新思想和新观点，形成了中国梦、科学发展、深化改革、依法治国、群众路线、反腐倡廉、从严治党、“三严三实”“一带一路”、和谐世界等基本范畴，全面系统地阐述了坚持和发展中国特色社会主义伟大事业、推进党的建设等伟大工程中的一系列基本问题，成为对党和国家发展全局起着统领作用的科学理论。

习近平总书记的讲话是中国特色社会主义理论体系的重要组成部分。围绕“什么是社会主义、怎样建设社会主义”“建设什么样的党、怎样建设党”“实现什么样的发展、怎样发展”三大基本问题做出创造性科学回答的同时，讲话对“什么是改革、进行什么样的改革、怎样改革”这一时代课题，做出了科学的研究，成为中国特色社会主义理论体系中一个新的有机组成部分，开辟了马克思主义中国化的最新境界。

马克思主义中国化的两次历史性飞跃，推动中国社会不断跨入新的阶段，人民生活水平不断提高，社会进步步伐不断加快。当前，全国人民在以习近平总书记为首的党中央领导下，向着“两个一百年”的目标奋进，向着国家富强、民族振兴，人民富裕的梦想的实现努力前行。

四、马克思主义大众化传播的历史经验

习近平总书记在纪念毛泽东同志诞辰120周年座谈会上的讲话中指出：从革命斗争的失误教训中，毛泽东同志深刻认识到，面对中国的特殊国情，面对压在中国人民头上的三座大山，中国革命将是一个长期过程，不能以教条主义的观点对待马克思列宁主义，必须从中国实际出发，实现马克思主义中国化。回顾历史，马克思主义大众化传播的过程，也是中国革命与建设变化发展的过程。在这一过程中，马克思主义大众化传播积累了丰富的经验。在马克思主义的指导下，中国革命和建设一步步走向胜利。特别是党的“十八大”以来，以习近平同志总书记为首的党中央毫不动摇地坚持和发展中国特色社会主义理论，勇于实践，善于创新，深化对共产党执政规律、社会主义建设

规律、人类社会发展规律的认识，探讨有中国特色社会主义道路的历史选择，形成一系列治国理政新理念、新思想、新战略，为马克思主义大众化传播做出了新的贡献，对于我们进一步理解党的基本路线，坚定走中国特色社会主义道路具有重要的意义。

(一)深入领会马克思主义理论的含义及实质，认识到马克思主义的科学性和革命性

马克思主义具有高度的科学性和彻底的革命性，因而，能够对全世界无产阶级和劳动群众产生不可遏止的吸引力。马克思主义理论是博大精深的理论体系，也是一种科学的世界观和方法论。它不是刻板的教条，“实事求是是马克思主义的精髓。要提倡这个，不要提倡本本”①。实现马克思主义中国化最重要的历史经验，就是坚持实事求是，坚持有的放矢，真正领会马克思主义的实质。马克思主义理论的任务不是束之高阁的学术教条，它本身的任务不仅是说明、解释这个世界，更是要进一步改变这个世界。马克思主义以实践为基础，紧密结合实际，不断研究和解决随着时代的前进和实践的发展所提出的新情况、新问题，因而，它也就能够成为永葆青春活力的科学真理。

在这一问题上，中国共产党在实现马克思主义中国化的过程中，曾经有过失误、走过弯路。马克思主义自从成为党的指导思想，就一直有一种错误的观点，即把马克思主义神圣化、教条化。中华人民共和国成立前的新民主主义革命时期，把共产国际的指示神圣化，把本本教条化，一些去过苏联的同志，读了一些马列原著，照搬照抄，认为书上的、共产国际说的就是不可动摇的真理，用以指导中国革命必然无往而不胜。中华人民共和国成立后，我们一度把苏联经验神圣化，在结合国情认识社会主义这一问题上出现失误，到了“文化大革命”时期，提出“无产阶级专政下继续革命”的理论，把阶级斗争扩大化当作是马克思主义的观点，“左”倾思潮盛行，给党和国家带来极大危害。而真正正确的方法是把马克思主义当作行动的指南、科学的方法，毛泽东同志在《反对本本主义》中说：“我们说马克思主义是对的，绝不是因为马克思这个人是什么先哲，而是因为他的理论，在我们的实践中，在我们的斗争中，证明了是对的。我们的斗争需要马克思主义。我们欢迎这个理论，丝毫不存在什么先哲一类的形式的甚至神秘的念头在里面。”②在马克思主义中国化的过程中，只要坚持实事求是的原则，党就走向胜利；只要违背这一原则，党就会在前进中出现失误和挫折。

---

① 邓小平.邓小平文选(第3卷)[M].北京：人民出版社，1993：382.

② 毛泽东.毛泽东选集(第1卷)[M].北京：人民出版社，1991：111.

(二)推动马克思主义理论和中国现实的结合,使其“接地气”,变成中国人自己的理论

坚持正确的马克思主义中国化的方向,要弄清楚什么是真正的马克思主义,要坚持实事求是,还要深入了解中国国情,实现理论与现实的结合,使其“接地气”,使之变成中国人自己的理论。

我党所有方针政策的制定和完善,都与中国广大人民群众的利益紧密联系在一起,立足中国国情,科学把握国情与制定各种方针路线政策。中国国情非常复杂,自然状况、人口结构、多民族的传统信仰、中国历史的发展演变、经济政治情况的发展演变等等。毛泽东曾经说过,对于中国这个复杂的客观世界,我们自己在很长时间内认识的不清楚,而这恰恰影响着党的各种政策的制定。在中国马克思主义传播的过程中,密切联系实际是中国马克思主义者始终坚持的原则,李大钊、陈独秀等中国先进分子在接受了马克思主义后,开始用马克思主义来审视中国的现实,提出中国人只有走向社会主义才能找到出路。他们带着这样的认识引领中国人选择了马克思主义,选择了社会主义,在马克思主义的指引下,中国革命的面貌焕然一新。

马克思主义反映的是无产阶级的世界观和方法论,中国人民则是接受这一理论的阶级和社会基础,中国的马克思主义者成功地把马克思主义和中国现实相结合,使之转化为中国人民心中的指南和手中的武器。中国广大群众文化水平低,受教育程度存在很大差异,中国共产党在马克思主义传播中,考虑到这种因素,或深入浅出,或结合现实,以各种恰当合理的方式帮助中国各阶层人民理解、接受马克思主义。

中国共产党人,在实现马克思主义中国化的过程中,非常注重继承中国优秀的传统文化,将中国传统优秀文化与马克思主义相结合,创造了马克思主义的民族形式,这种实现了民族化的马克思主义,以更为亲民的民族风格展示于群众面前,更容易为广大中国人民接受。在这方面,毛泽东同志的成就最为突出。毛泽东同志一生酷爱中国文化,并有深厚的国学根底,他博览群书,熟读历史、经史子集、时政小说等,难能可贵的是,他不是死读书,而是学以致用,并且有意识地把马克思主义和中国文化相融合,创造出具有中国特色、中国风格的文章。毛泽东思想就是这样的成果,应用了马克思主义,概括了中国历史,结合了中国革命的经验和教训,因此,毛泽东思想是马克思主义的,也是中国特色的。

在改革开放的新时期,中国共产党及时了解、关注人民的需求,解决人民的实际问题,让广大人民群众成为改革的受益者,享受改革的成果,也进一步认同了马克思主义,而马克思主义也在与中国现实的紧密结合中,使自己获得了强大的生命力。大量

中国式的语言、典故，接地气的描述和理论、政策，例如，“摸着石头过河”“打老虎”“洗洗澡、出出汗”等等，让人民更接近了马克思主义，接近了共产党。中国共产党人在马克思主义传播中，也坚持马克思主义和中国现实相结合，大大推进了马克思主义中国化的进程。

(三)与时俱进，吸收人类文明的一切优秀成果，推动马克思主义大众化传播不断深入

与时俱进是马克思主义的理论品质，坚持马克思主义与时俱进的理论品质也是理论联系实际的本质要求和必然结论。理论联系实际和与时俱进是实践与理论的辩证关系合而一的两方面，既要将理论能动地去结合实践、联系实际，也要在实践中丰富和发展理论。马克思主义是开放的、与时俱进的。马克思主义不是教条，必须和本国的实际结合在一起，必须随着历史条件和现实情况的变化而发展。马克思主义是发展的科学，它认为自然界、社会和人的思维始终处在不断的运动、变化和发展之中，不承认世界上有任何终极状态和终极真理。我们必须把马克思主义的基本原理同社会主义现代化建设和改革开放的实际紧密结合起来，同时代和世界形势的新发展、新变化紧密结合起来，在坚持马克思主义的实践中丰富和发展马克思主义，推进马克思主义的传播。

马克思主义与时俱进的理论品质，是由马克思主义的实践性和科学性决定的。当然，在不同的历史时期，马克思主义理论创新和与时俱进的条件及动力是不同的，因而，其实现的途径和方法也有很大差异。因此，在马克思主义传播过程中，需将最新成果列于首位，紧跟时代的发展，研究新动态，解决新问题，保持理论的生机和活力。在我党推进马克思主义在中国的传播时，既考虑了与中国历史文化的融合，又辩证吸收了人类的优秀文明成果，保证了马克思主义传播对广大人民群众的吸引力。人民群众接受马克思主义是为了对生活、对社会发展起到指导作用，在改革开放新时期，人民群众看到了马克思主义在中国的最新成果——中国特色社会主义理论，它对改革开放中的新问题一一做出解释和指导，例如，人们不再纠结于社会主义和资本主义的对立关系，意识到两者不仅是对立和对抗关系，还有继承关系，可以共存和互为补充。“资本主义已经有了几百年历史，各国人民在资本主义制度下所发展的科学和技术，所积累的各种有益知识和经验，都是我们必须继承和学习的。”①“要弄清什么是资本主义，资本主义要比封建主义优越。有些东西并不能说是资本主义的。比如说，技术问题是科

① 邓小平. 邓小平文选(第2卷)[M]. 北京：人民出版社，1994：167－168.

学，生产管理是科学，在任何社会，对任何国家都是有用的。我们学习先进的技术、先进的科学、先进的管理来为社会主义服务，而这些东西本身并没有阶级性。”①邓小平将市场经济从资本主义制度中剥离出来，指出市场和计划都是方法，不是社会主义和资本主义的本质区别。我国当前经济发展进入新常态，改革开放步入新的重要关头，各种矛盾和问题错综复杂，面对不断变化的客观实际，习近平总书记反复提出，必须学好用好马克思主义哲学。习近平强调，对于执政考验、改革开放考验、市场经济考验、外部环境考验等矛盾的处理，千万不能简单化，搞单打一；也不能过于复杂化，畏惧矛盾；更不能搞平均主义，不分主次和轻重。马克思主义的不断发展，在中国的深入传播，引导着中国人民，在党领导下沿着社会主义的道路坚定地前进。

① 邓小平．邓小平文选(第 2 卷)[M]．北京：人民出版社，1994：351.

第十一章　马克思主义大众化传播与传媒道德规范建设

传媒作为一种专门采集、整理和传播各种信息的特殊产业，它已出现400多年，中国新闻传媒业的产生也有百余年的历史。

19世纪以来，传媒职业道德在世界上许多国家都受到重视。进入20世纪以后，很多国家都制定了传媒职业道德规范，联合国也制定了国际新闻道德规约。像这样受到全世界普遍关注和重视的道德规范制定和职业道德建设，在其他行业是不多见的。这一现象的出现，说明了没有哪一种职业能够像传媒这样，对社会的稳定和发展以及人民群众的生活有着如此大的影响；也没有哪一种职业的道德状况，与职业自身的生存发展有着如此密切的相关性。尤其在现代社会，传媒已成为人们政治、经济、文化生活中不可缺少的部分，人们对传媒业的关注程度超过了任何一种职业。因此，传媒职业的道德建设不得不引起社会和传媒业自身的高度重视。

一、马克思主义大众化传播与传媒组织规范

在全面建设小康社会的历史进程中，我们党提出了以德治国的基本方略，党特别要求思想政治战线要更好地担负起以德治国的历史责任。就一个行业来说，“德治”的含义就是要“以德治业”，即用良好的职业道德来规范行业行为、培育行业文明。传媒行业的“德治”，就是要用马克思主义的传媒职业道德观来规范职业行为，培育传媒行业的精神文明之花。美国报人普利策有一段名言：“只有最高尚的理想，最严谨的追求真理的热情，以及最忠诚的道德责任感，才能将新闻事业从对商业利益的臣属、自私自利的追求，以及社会利益的敌对上拯救出来。”①

在我国，传媒在国家的政治、经济、文化和社会生活中，在社会主义的物质文明和

---

① 赵鼎生. 西方报纸编辑学[M]. 北京：中国人民大学出版社，2002.

精神文明的建设中承担着特殊的功能，在引领社会风气、塑造社会风尚方面承担着更多的责任。人们对新闻传媒寄予了比其他行业更多的期许和厚望。每一个传媒组织和传媒工作者的职业行为直接关系到传媒事业社会功能的发挥。因此，树立良好的职业道德，自觉地用马克思主义的传媒职业道德观来规范自己的职业行为，是社会主义传媒组织行使其职业权利、完成其职业使命和任务的基本条件。

在中国革命和建设实践中，我们党和政府十分重视传媒职业道德建设。在取得全国政权以前，党通过掌握媒体，宣传自己的思想和主张并引导整个传媒界的发展，形成了优良的道德传统和鲜明特色。其主要表现为：马克思主义传媒伦理思想是其基本理论；为党和人民的利益而奋斗、自觉接受党的领导是其基本核心；维护传播的真实性是其基本立足点；依照党的意志办事，为人民服务是其基本的出发点和归宿。在马克思主义传媒伦理思想的指导下，我们党领导的传媒事业坚持无产阶级党性原则，开展全党办报活动，坚持真理与正义，真心实意为人民大众服务、为社会服务，维护新闻的真实性，成为传媒道德伦理建设的典范。

中华人民共和国成立以后，社会主义传媒事业得到快速发展。但是，经历了十年"文化大革命"的破坏，传媒业界的不正之风日益严重，传媒职业道德建设问题引起党和政府以及社会各界的关注。1981 年，中共中央宣传部和首都各新闻单位共同研究制定了《记者守则(试行草案)》。这一试行草案是中华人民共和国成立后第一个成文的社会主义新闻职业道德规范。1991 年《中国新闻工作者职业道德准则》的颁布，成为社会主义新闻职业道德建设的一项具有里程碑意义的举措。1994、1997 年又对这一《准则》进行了两次修改。随着改革开放的不断深入发展，社会主义市场经济制度的建立，中宣部、广电总局、新闻出版总署、中国记者协会多次研究部署加强传媒职业道德建设问题，对新闻、出版、广告、网络等媒体的职业道德问题提出了新的要求和规范。

目前，中国社会主义传媒道德规范虽然尚未有一个全面系统的文本，但对其内容的界定应该有一个共同的标准。具体内容可以概括为以下几个方面：

坚持全心全意为人民服务的宗旨。这是社会主义传媒伦理道德的核心，也是我国社会主义传媒的根本宗旨。坚持对党负责与对人民负责的一致性。传媒组织及其从业人员应充分运用媒体，把党和国家的决策、主张及时、准确地向人民群众传播，讴歌人民群众的创造才能和劳动业绩，正确反映他们的愿望、呼声和要求。

坚持正确的舆论导向，把社会效益作为工作的最高准则。这是社会主义传媒伦理道德的灵魂。传媒组织及其从业人员要有政治意识、大局意识、责任意识和导向意识，自觉为维护社会稳定做好信息传播和舆论导向工作。正确处理经济效益和社会效益的关系，始终把社会效益放在第一位。处理好两者关系，关键是要把社会效益放第一位。对此，邓小平指出："思想文化教育卫生部门，都要以社会效益为一切活动的唯一准则。"①

遵守宪法、法律和党的宣传纪律。这是社会主义传媒的政治道德。我国社会主义传媒在国家的政治、经济、文化生活中具有重要影响，必须自觉维护传媒组织在社会中的信誉，在公众中树立遵纪守法的楷模形象。传媒组织及其从业人员必须在宪法和法律规定的范围内活动，要自觉维护国家安全，决不做有损国家利益的事情。

坚持传播内容的真实性。真实是传媒的基本道德要求。习近平强调，真实性是新闻的生命，要根据事实来描述事实，既准确报道个别事实，又从宏观上把握和反映事件或事物的全貌。我国社会主义传媒事业坚持马克思主义世界观，坚持把客观事实作为大众传播的本源，依据现实生活，依据物质存在，依据客观事实来反映和传播信息。传媒组织及其从业人员要培养诚实公正的品德，要具有客观公正的职业态度。

保持和发扬清正廉洁的作风。传媒的权力是人民赋予的。传媒是人民利益的忠实代表和坚定维护者。传媒的清廉准则，是由传媒的党性原则决定的。在传播活动中，传媒组织要有严格的自律，要自觉抵制拜金主义、享乐主义和极端个人主义思想的侵蚀，坚决反对有偿新闻和低俗传播。

坚持公开客观原则。传播内容的公开客观性是传媒的生命力所在。传播内容的公正客观性，关系到社会主义传媒在人民群众中的信誉和声望，也直接关系到党和国家的威信。传媒组织及其工作者不仅要真实反映客观事物，而且必须恪守公正准则，做到胸怀天下、不偏不倚、诚实无私，永远保持公正的形象。

发扬团结协作的精神。社会主义传媒事业是党和人民的事业。团结协作是社会主义传媒组织的优良传统和作风。传媒组织之间以及传媒内部员工之间，应发扬互助友爱、团结协作的精神。在此基础上，开展正当的业务竞争。要尊重同行的劳动成果，反对抄袭和剽窃他人的劳动成果。在同国外同行的交往中，维护祖国的尊严，维护祖国社会主义传媒及其从业人员的尊严。

二、用马克思主义传媒观统领行业道德建设

马克思主义传媒职业道德观，是马克思主义对传播媒体及从业人员道德品质和行为准则的基本看法，是马克思主义的世界观、人生观和价值观在传媒职业道德领域的反映与体现。马克思主义传媒职业道德观的内涵十分丰富，它包括马克思主义对传媒

---

① 邓小平.邓小平文选(第3卷)[M].北京：人民出版社，1993：145.

职业道德原则、道德权利、道德义务和道德规范等一系列问题的基本看法。在马克思主义关于传媒职业道德的一系列观点和理念中，全心全意为人民服务是其基础和核心，它是决定和统率其他内容的东西。全心全意为人民服务是共产党人的根本宗旨，同时也是社会主义职业道德建设的基石。全心全意为人民服务不但体现着社会主义传媒事业的工作方针和工作宗旨，也包含着党和国家对社会主义传媒战线的道德要求，它是马克思主义传媒职业道德的基本内涵和核心内容。

在现阶段，坚持马克思主义的传媒职业道德观具有重要意义。

第一，它是传播媒体履行党和人民赋予的使命和任务的需要。坚持用正确的舆论引导人民群众是社会主义传媒义不容辞的政治责任和社会责任。准确、生动、鲜明地宣传党的路线、方针、政策和主张，及时、如实、充分地反映人民群众的呼声、愿望和要求，积极做好新闻宣传、热点引导和舆论监督是社会主义传媒必须承担的政治使命和社会任务。传播媒体要完成党和人民所赋予的这些使命和任务，就要自觉地把自己的全部工作同党和人民的需要，同国家的政治稳定、经济发展、民族团结和社会进步联系起来，就要有良好的道德观念和道德情操，就要时时、事事、处处以大局为重，以是否符合党和人民的利益作为衡量和检查职业行为的标准。这是党和人民对传播媒体最基本的道德要求。

第二，它是树立媒体良好形象、纠正传媒行业不正之风的需要。从总体上来说，中华人民共和国成立六十多年来，我们党领导的传媒事业有着良好的职业传统，在社会上树立了较好的职业形象。但是，也要看到，传媒行业也存在着不正之风。有些媒体在思想上和作风上背离了传媒事业的社会使命和道德责任，引起了社会与公众的不满。突出表现是：有的工作敷衍，导致新闻报道失实；有的追逐私利，搞“有偿新闻”；有的无视法律法规，侵犯他人权益；有的猎奇求异，传播低级庸俗的东西。虽然各级传媒组织采取措施，加大思想道德建设力度，行业之风有所好转，但从当前一些媒体单位反映出来的情况看，问题依然不少，有些还比较严重。因此，确立马克思主义的传媒职业道德观，并用其指导传媒行业的职业行为，依然是每个传媒组织必须重视的课题和必须实现的目标。

第三，它是传媒战线有效应对当前所面临的国际传播环境的需要。自上世纪80年代以来，世界在政治、经济、科技和社会文化等领域发生了前所未有的深刻变化。世界已进入信息时代，信息的竞争已成为国家之间控制舆论、争夺话语权的较量。面对国家软实力“西强我弱”、两种意识形态对立的格局，各级传媒组织应当保持清醒的头脑，打好牢固的思想基础。要注意加强作风和道德修养，坚持用马克思主义的传媒道德观涵养自己，自觉抵制西方文化的恶意侵入，特别是西方传媒价值观的侵蚀。要始终坚持传媒事业为人民服务的正确方向，绝不能在激烈的全球传媒竞争中乱了阵脚，迷失了方向，丢弃了自己存身立命的好道德、好传统。

用马克思主义传媒道德观统领职业道德建设，关键在于强化思想认识，把职业道德作为媒体建设的基础工程来抓。搞好传媒职业道德建设，说到底，是如何教育从业人员学会做传媒人的工作。当前，传媒组织应当把职业道德建设工作放在思想教育的头等位置，提高认识，加强举措，下大工夫，花大气力，把职业道德建设搞上去。宁肯业务学习的时间减下来，也要保证职业道德建设活动的开展；宁肯在其他工作项目上安排得紧一些，也要保证职业道德建设工作的落实。教育从业人员要树立崇高的理想和坚定的信念，坚持正确的行为取向。没有崇高的理想和坚定的信念，就不可能养成良好的职业道德。有些人之所以职业道德素养不高，根本原因就是在理想信念上出了偏差。要教育传媒从业人员提高道德认识，认真学习和掌握道德理论，增强道德判断能力和道德行为能力，将道德行为升华为日常行为习惯，做合格的社会主义传媒工作者。

三、开展经常性制度化传媒伦理和职业道德教育

职业道德的树立与养成，最终还要看个人自身的素质和觉悟。因此，任何情况下都要把人的思想教育放在第一位。加强传媒职业道德建设，主要有组织教育和自我学习两种基本方法，而组织的教育、帮助和引导是重要的途径。传媒单位的党、团组织以及行政、业务领导机构，要坚持对从业人员进行经常性制度化的道德和理想教育，帮助他们树立马克思主义传媒道德观和理想观。要通过富有成效的思想素质和道德素质教育，引导从业人员明确自己的责任和义务，认清自己的身份和职责，时时自尊、自爱、自省、自悟，严格审视自己的言行，自觉地对其行为进行自我限制和自我约束。

（一）职业道德教育的主要内容

第一，加强政治理论学习。认真学习马克思主义唯物史观与辩证法，认识历史发展规律，增强辨别是非的能力，认清事物是否顺应历史潮流。认真学习马克思主义传媒道德观，认清生活中的正确与错误，弄清什么行为是道德的，什么行为是不道德的，懂得为什么要做一个合乎道德的人，正确评价自己和他人的行为是否道德。在道德规范与法律法规未涉及的领域，也能做到洁身自好、自省自律，牢固树立正确的道德观念。

第二，加强传媒理论修养。认真学习党和国家关于传媒工作的方针、政策，学习贯

彻科学发展观等重大战略思想。学习党中央和各级党组织关于加强传媒队伍思想建设的一系列重要指示，用科学的理论武装头脑，保持政治上的清醒与坚定，树立正确的世界观、人生观和价值观。认清传媒工作的性质和传媒工作者的责任，认清自己肩负的历史使命，在心中确立正确的道德观念和道德界限，在工作中树立良好的思想作风和工作作风。

第三，加强道德修养，提高道德境界。教育引导传媒工作者明确与牢记工作宗旨和自身应有的职业道德，以先公后私、先人后己的道德境界来规范自己的言行，抛弃自私自利的思想和行为，时刻把祖国和人民的利益放在第一位。在工作实践中，坚决杜绝以职谋私的行为，并同违反职业道德的行为作斗争。

（二）职业道德教育的主要方法

第一，身教与言教相结合。言教虽然是品德形成的前提与指导，但言教只能使受教育者懂得为什么要做一个合乎道德的人，而不能使受教育者想做、愿做、自觉去做一个合乎道德的人。而身教则是引导受教育者自觉践行道德的重要方法。古人说，“正人先正己”“己不正焉能正人”。媒体及其管理者作为有约束力的组织和个人，不仅要求受教育者实行道德，而且自己应该首先实行道德。只有这样，受教育者才会产生同感，才会认为教育者公正、言行一致，从而自觉自愿地实行道德。反之，如果领导者、教育者只有言教而无身教，只要求别人实行道德，而自己却不实行道德，受教育者就会反感，就会认为领导者、教育者是把自己不愿意做的事让别人去做。于是，受教育者也就不会自觉自愿地实行道德，甚至会极力逃避实行道德。

第二，树立典型，发挥榜样的力量。人只能用人来建树，道德只能用道德来培养。榜样的力量是无穷的。运用典型、开展向先进模范人物学习，是引导受教育者模仿、学习高尚品德的基本教育方法。这种方法基于人的模仿本性，每个人总是自觉或不自觉地以现实和历史中的某些人为榜样并模仿他们。经过 30 多年改革开放和现代化建设实践的锻炼，我国传媒战线涌现了一大批先进模范人物。这些先进模范人物是职业道德建设的鲜活教材。开展向先进模范人物学习，会使高尚的职业道德和行业正气得到发扬。如果每一个传媒工作者都以先进模范人物为榜样，我们的传媒职业道德建设就会出现新的气象。

第三，奖优惩劣，弘扬正气。对合乎传媒职业道德的行为给予褒奖，对违反传媒职业道德的行为给予惩戒，这是加强职业道德建设的又一个基本教育方法。严格奖惩，可以使受教育者认清什么行为是正确高尚的，什么行为是错误可耻的，从而产生遵守道德的愿望。这样，道德就会由社会外在的规范而成为受教育者内在的需要。奖惩可以分为物质奖惩、精神奖惩、社会奖惩，同时应以精神奖惩、社会奖惩为主，物质奖惩为辅。通过奖惩，陶冶受教育者的职业道德情操，提高履行道德规范的自觉性。

第四，坚持经常，持之以恒。加强职业道德建设要克服一些模糊观念。如果认为抓业务、搞经营是硬指标、硬任务，是媒体赖以生存的东西，而从业人员的道德修养和思想作风建设是软指标、软任务，是无足轻重的东西，那么这种思想认识是极端有害的。那种职业道德和思想教育时有时无，时紧时松，想起来抓一阵，出了问题抓一阵，或是上级要来检查抓一阵，不能坚持经常、持之以恒的做法，也是极不负责任的。职业道德建设属于一种思想政治工作，需要通过长期的、经常性的、潜移默化的思想教育和引导过程才能收到效果。如果仅靠开几个会，学几篇文章，定几条规矩就想解决问题是不现实的。要靠做深入细致的思想政治工作，善于抓住一些典型事例，让大家从中悟经验、找教训、受教育，才能把这项工作做好。

四、建立与完善科学的职业道德规范

我国传媒职业道德失范的现状是值得高度重视的，需要我们采取有效举措加以调控。改革开放以来，有关部门和部分媒体制定了相关的行为规范，但是这些规范偏重于相对抽象的职业道德原则的概括，而且过于简略，缺乏可操作的具体细致约定，职业道德建设多是停留在原始呼唤的层面。要改变这一现状，应从以下几方面着手。

第一，规范条文要明确具体。在利益多元化和价值标准多元化的条件下，个人的道德责任感和社会舆论不足以防止反道德行为的发生，所以需要有较大强制力的行为规则和原则予以调整。过于笼统、原则性的规则，往往被人们视为只是一般性的要求和号召，引不起思想上的重视，在行为上缺乏约束力。例如，有些对虚假报道、有偿新闻的惩罚措施规定："情节严重的，一律吊销记者证。"那么，如何界定"情节严重"？什么情节算是"严重"？有的规定"采访对象属于素有来往的关系要回避"，如何界定、谁人界定"素有来往"？有的规定"文责自负"，究竟自负什么责任呢？在市场经济环境下，纠正传媒职业道德失范，一般性的规定只能起到观念上的警示作用。加强职业道德建设，必须制定具体的、可感知的明确规范条文，才能提高传媒职业道德规范的水准。世界上许多国家对传媒道德规范的要求都是十分具体的。例如，韩国的《新闻道德实践纲要》，从采访准则、报道准则、评论原则、编辑方针，到对采访对象的公开和保护、报道保留时限、禁止情报的不正当利用以及出版物的转载引用等，都做了细致明确的规定。英国广播公司(BBC)2005 年制定的《工作手册——制播规范》,详尽地规定了节目采集、编辑、制作、播出的要求,对每道工序、每个工作岗位都有明确的操作规范,对违规行为都提出了明确的禁止性要求。实践表明,制定细致、具体的规范条文,对是与非、正确与错误、提倡什么禁止什么做出明确的界定,有利于从业人员的遵循,也有利于监督管理。

第二,规范条文要便于操作、易于执行。多年来,由于传媒业一般由党政机关领导,被视为党政机关的一个部分,因而,传媒业习惯于服从他律,自律意识薄弱。无论是领导传媒的部门,还是媒体本身,遇到属于职业道德规范的问题,仍然习惯于通过发布党政文件或行政规章、执行文件和规章来解决。在这种情况下,就需要制定操作性强、细致的、区分明确的规范条文。规范条文要易于理解、便于操作,避免那种抽象的政治化道德要求或工作规定。在人们的思想觉悟还没有达到高度自觉的情况下,缺乏操作性的规范条文往往流于形式,无法得到落实。实践表明,规范条文具有可操作性,能够增强监督管理者的责任心,能够增强对从业人员的约束力。从世界各国情况来看,传媒职业道德规范条文都有较强的操作性。例如,美国新闻职业道德规约中,关于《记者道德律》就规定:新闻记者报道犯罪新闻时,对于有犯罪嫌疑的人,在法庭判决其有罪之前,只能当他为无罪者看待。犯罪新闻的写法,不可使读者大众引起误解或发生偏见。《瑞典舆论家联谊会出版规范》中,关于"尊重考虑"一节中规定:如与案情无关,在新闻标题写作上,不强调嫌疑犯或判罪者的种族、国籍、职责、政治主张和宗教信仰。这些条文既明确,又便于监督和执行。

第三,规范条文要与时俱进,不断修正完善。当前新兴媒体大量涌现,大多数媒体已成为自负盈亏的经营主体,政治新闻不再是传播的主要内容,而民生新闻、娱乐新闻报道的发展速度极快。这种传媒角色的急速转变,使得一些传媒组织和从业人员来不及形成职业意识,不知道应当遵守什么样的职业道德规范。虽然政府管理部门和行业组织制定颁布了一些规范条文,但由于传媒事业发展很快,规范的针对性和及时性缺乏,因而,约束力、执行力不强。一些道德规范就像挂在墙上过时的画,好看但实际作用不大。为了促进传媒事业的健康发展,需要根据变化了的情况,对原有的职业道德规范进行补充和完善,不断制定和提出新的职业道德规范。在世界范围内,一些西方国家已在实践中逐步建立起新闻传媒业以道德规范进行自律的制度,其中一点就是不断地修正和补充道德规范的内容。例如,英国的新闻工作者《业务准则》自 1991 年 1 月正式发表以后,迄今已做过 10 余次修改。其中 1992 年到 1996 年期间,年年根据社会发展情况对其进行修改。1997 年戴安娜王妃死于车祸3个月以后，业务准则委员会对《业务准则》做了其6年历史中最重要的修改，将有关隐私的条款列为第三条。同时，条款中对私人场所的定义作了重大改动，私人场所指可合乎情理地预料到会牵涉个人隐私的所有场所——包括个人的和公共的场所中此类的场所。这一改动的原因，是由于人们担心原先的准则中有关隐私的定义太过严格，无法保护个人在教堂中等场合免受侵扰。不难看出，这些修改总的说来都是根据变化了的情况，使传媒道德规范中一些关键概念的界定更加明确，从而更好地起到警示和约束作用。

第四，媒体要制定自身的实施细则。加强传媒职业道德建设，需要发挥两个方面的积极性，一个是政府管理部门的积极性，一个是媒体自身的积极性。除了政府管理部门制定宏观的职业道德规范外，每个媒体还应根据自身的实际情况，制定具体的实施细则，把宏观的、全行业的道德规范细化为具体的实施要求。政府管理部门制定的职业道德规范是针对全行业的普遍现象而制定的，不可能包括或代替每个媒体的具体行为准则。如果只是号召遵守上级颁布的职业道德规范，而无自身的、具体的、有针对性的实施要求，职业道德建设就难以落到实处。近年来，一些媒体针对自身实际制定了职业道德规范或行为准则，在职业道德建设方面取得了好的效果。如有的媒体规定，从业人员违反了媒体制定的道德伦理规范，并造成一定后果的，就要受到降职、降薪、解雇、开除等处分。这些规定对违规者和其他人员形成了深刻的教育与警示，有效地遏制了违反职业道德现象的发生。实践表明，在目前还不存在一个大多数从业人员认可、并能接受的细致约定的职业道德规范的情况下，各传播媒体依据自身实际制定科学有效的职业道德规范，并采取严格措施加以贯彻执行，是加强职业道德建设的重要途径。

五、加强内部有效监管

现实告诉人们，如果传媒的领导者和管理者只看重经济效益或只对上级负责，不重视传媒内部监管，就会造成传媒从业人员道德失范现象的普遍发生。因此，加强内部监管是加强传媒职业道德建设的重要措施。

第一，强化职业道德教育。传媒职业道德建设过程中，思想教育永远是第一位的。在传媒业发达的很多国家，传媒伦理道德教育向来都备受重视。我国媒体管理部门要克服重业务学习，轻伦理道德，重业务骨干培养，轻理念素养培养的片面认识，把职业道德教育渗透到传媒日常工作中去。可采取会议传达，集中讨论，上岗培训，日常教育，案例警示，纪律整顿等方式，抓好职业道德教育。要教育战斗在一线的传媒工作人员，树立终身学习的理念，除了认真遵守《公民道德建设纲要》等基本道德规范外，还必须遵守传媒工作职业道德准则。要廉洁奉公，正确使用手中的笔，自律自勉，抵得住诱惑，经得起考验。要激励从业人员深入社会实践，在实践中学习人民群众的好思想、好品格、好作风。要着眼于创造一个良好的道德氛围，促使从业人员的道德素养达到一个新的境界。

搞好传媒职业道德建设，要重视抓好岗前培训。世界上传媒业发达的国家十分重视对传媒从业者的岗位培训。日本的传媒机构对招收的新成员，都要经过岗前培训才能上岗。不仅是业务培训，更重要的是进行爱岗爱社的教育。各报社或有“社训”，或有“宗旨”，或有“伦理纲领”之类，对新成员进行这方面的教育，实质就是进行传媒伦理道德教育。从我国的情况来看，从事传媒工作的从业人员，一般都接受过高等教育。然而，对于职业道德方面，往往存在着“教育不足”的问题，普遍缺乏的是职业道德教育和法制教育。岗前准入教育是解决这个问题的好方式。在吸纳招聘传媒从业人员之后，上岗前进行系统的强化教育，能够收到事半功倍的效果。这不仅有利于为工作岗位提供优质的人才补给，而且有利于年轻人不走弯路，使其尽快成为优秀的传媒工作者。

第二，建立严格的职业道德考评机制。任何道德都是制度环境中的道德，传媒职业道德也受制于制度环境的影响。开展各种形式的伦理道德教育是提高传媒工作者道德素养的重要环节和必要条件。但教育并不是万能的，要想收到好的教育效果，还要与一系列日常的检查监督制度相配合，把教育和管理结合起来，把自律和他律结合起来，建立严格的职业道德考评机制。

要定期召开思想、业务、作风讲评会和述职会。每个从业人员都要进行述职，开展自我批评。这是职业道德考评的核心层，是职业道德提升的关键环节。具体可以从以下几个方面进行自评或互评：检查自身是否有强烈的社会责任感、历史责任感；立场、观点是否正确；是否捍卫了公众的正当权益；是否为个人、小集体谋取了不正当的利益等。

要建立媒体内部的评议制度。这种制度主要通过建章立制以及建立奖惩机制来实现。可定期召开内部的民主评议会，在自我批评的基础上，开展民主评议，相互监督，相互取长补短。民主评议的形式多种多样，也可以采用问卷式调查，针对个人业务行为中的职业道德进行民主评议。这种形式可以把一些抽象的道德规范条文化为一个个具体生动的实例，从而在潜移默化中提高从业人员的道德素质水平。要实施严格的奖惩制度。媒体内部应每半年或每个季度对那些履行职业道德、认真按章办事的模范人员给予一定的物质奖励，并大张旗鼓地在内部以及媒体上广泛宣传，提高和强化先进人物在公众中的形象。对于那些没有认真履行职业道德的人员，轻者给予批评教育，重者给予严厉处罚，在内部通报批评或在媒体上公开曝光直至除名。媒体内部的批评机制，要有连续性，要严格按章办事，要有民主决策。

要建立社会、公众对媒体和从业人员的批评制度。这是一种重要的、具有群众基础的传媒职业道德考评机制。可定期开展受众调查，了解传媒从业人员履行职业道德的情况。受众是媒体信息的消费者，同时又是媒体报道的关注者，对媒体及其从业人员的业务行为和职业道德是一目了然的，因此，最有发言权和评判权。可定期召开公众座谈会，聘请普通受众、专家、学者对传媒职业道德建设发表意见，提出建议，也可设立监督、举报电话。公众对传媒从业人员的非道德行为有权通过一定的渠道向有关的管理部门投诉、举报。媒体要为公众的监督创造条件，同时要根据公众举报的线索进行受众调查以及相关责任人的调查，核实情况属实后，根据相关的道德法规进行处理。目前有的媒体成立了专门机构，指定专门干部，负责调查核实受众对媒体报道和从业人员违规行为的批评，每件事情调查核实后都写出及时、负责任的报告，媒体管理部门及时研究处理，有效地促进了职业道德建设。有的媒体在内部有专门的机构负责自律检查工作，接受并处理群众的举报和意见。但是，多数媒体还没有健全这样的机制，我国传媒职业道德建设任重而道远。

第三，创新职业道德建设的管理机制。加强传媒从业人员的管理，既是党和人民的要求，也是广大传媒工作者的共同愿望。对传媒从业人员的道德行为进行制度调控，比开展思想教育、通过批评与自我批评具有更强的约束力。实践表明，如果对违反职业道德的现象做到有纪可依和违纪必究，就会把传媒工作者的行为严格控制在制度许可的范围内，道德行为就势必得到制度的约束。譬如，有的媒体单位创立了“职业道德承诺宣誓”“礼品拍卖和礼金上缴”的管理制度；有的媒体与从业人员签订了“道德规范承诺书”。这些管理制度，体现了传媒公平、公开、透明的管理原则，可使各种“隐形收入”“有偿新闻”等非道德行为无处藏身。从有些媒体单位的经验看，要彻底消除违反职业道德的现象，就要建立和完善采编分离和编营分离的制度。采编分离，就是设立单独的编辑中心和各个采访部，对来路不明的稿件或有“有偿新闻”嫌疑的稿件，编辑有权拒发。编营分离，就是严格执行新闻采编和广告经营分开的政策。采编工作和经营工作互不交叉、互不隶属、各司其职。经营人员专职做好经营工作，不涉及和干预采编业务。坚持两条线运作，坚决禁止向采编人员下达广告指标，坚决分清新闻和广告的界限。具体做到“十不”：不得以记者、编辑、审稿人等身份拉广告；不得以新闻换广告；不得以变相新闻形式播发广告；不得为经营谋利操纵新闻报道；不得以收听收看、订阅报刊为条件进行新闻报道；不得以批评曝光为由强迫被采访报道单位或个人投入广告或提供赞助；不得利用采编报道谋取不正当利益；不得接受可能影响新闻报道客观公正的馈赠；不得向采访报道对象或利害关系人索取财物和其他利益；不得从事与职业无关的有偿中介活动。实践表明，采编分离制度的优越性就在于，让编辑与采访前端脱离利益关系，保持对稿件的独立判断，强化编辑的自主性，切断“有偿新闻”和关系稿件的后路。编营分离制度则从流程上杜绝了非经营性收入的产生，使谋取不正当利益者达不到目的。

后　记

《马克思主义大众化传播方略》一书，是中国传媒大学繁荣发展哲学社会科学的研究项目之一。党的“十八大”再次重申，要“推进马克思主义中国化时代化大众化”这一战略任务，而大众化是马克思主义的理论本质要求。传媒技术的飞速发展，给马克思主义传播带来了新的契机，也给马克思主义大众化传播带来了挑战。在当前，如何进一步推进马克思主义大众化，是我们党及其马克思主义理论工作者面临的光荣而艰巨的历史课题。

马克思主义大众化，是广大人民群众对马克思主义由认知到认同、由认同到信仰、由信仰再到运用的逐步深化和提升的过程。本书对马克思主义在中国的大众化传播进行了历史的和现实的探讨。对传媒与马克思主义大众化的关系、马克思主义大众化传播基本原则、马克思主义大众化传播的基本理念、毛泽东关于马克思主义大众化传播的理论与实践、马克思主义大众化传播与宗教文化的关系、马克思主义大众化传播的话语体系建构、“微”时代的马克思主义大众化传播的现状和原则、马克思主义大众化传播与中国传统文化的关系以及马克思主义大众化传播与大众价值观认同等重大问题，进行了多维视角的思考和探索，初步分析和反省了马克思主义大众化在中国传播的困境与问题根源。

本书由中国传媒大学马克思主义学院教授任素琴担任主编；马成瑶教授、张萍副教授担任副主编，负责大纲撰写和通稿。任素琴教授撰写了第一、三、四章；马成瑶教授撰写了第八、九章；张萍副教授撰写了第五、六、十一章；毛明华副教授撰写了第十章。博士研究生田田撰写了第七章；硕士研究生刘洋撰写了第二章。

在研究、写作过程中，我们参考、吸收了近几年一些专家学者的研究成果，在此谨表感谢。同时，在写作过程中也得到了中国传媒大学领导的大力支持、悉心指导和热情扶持；中国传媒大学马克思主义学院张傅院长、刘东建副院长也对该课题的研究写作给予了细致的指导;中国传媒大学出版社行政与总编办公室张玥主任对该书出版付出了大量心血,对书稿提出了许多宝贵的修改意见,谨在此一并表示衷心的感谢。

几年来,虽然课题组成员做了一些调查研究,查阅了大量文献资料,数易其稿,并且发表和出版了一些阶段性成果,但是由于主客观条件限制,特别是老师们承担着大量的教学任务,也在一定程度上影响了我们的深入研究。因此,本书还有许多不足之处,恭请广大读者和理论界同仁多提宝贵意见。

《马克思主义大众化传播方略》课题组

图书在版编目(CIP)数据

马克思主义大众化传播方略 / 任素琴主编. —北京:中国传媒大学出版社，2018.3
ISBN 978-7-5657-2215-8

Ⅰ. ①马… Ⅱ. ①任… Ⅲ. ①马克思主义—大众传播—研究—中国
Ⅳ. ①G206.3

中国版本图书馆 CIP 数据核字(2018)第 029345 号

马克思主义大众化传播方略

MAKESI ZHUYI DAZHONGHUA CHUANBO FANGLYUE

主　　编　任素琴
副 主 编　马成瑶
策划编辑　张　玥
责任编辑　张　玥
特约编辑　刘　英
封面设计　孙婷筠
责任印制　阳金洲

出版发行　中国传媒大学出版社
社　　址　北京市朝阳区定福庄东街 1 号　邮编:100024
电　　话　86-10-65450528　65450532　传真:65779405
网　　址　http://www.cucp.com.cn
经　　销　全国新华书店

印　　刷　北京玺诚印务有限公司
开　　本　787mm×1092mm　1/16
印　　张　11.75
字　　数　236 千字
版　　次　2018 年 3 月第 1 版　2018 年 3 月第 1 次印刷

书　　号　ISBN 978-7-5657-2215-8/G·2215　**定　　价**　55.00 元